漫步
语文教学之路

一个
青年语文教师的
专业成长手记

张 驰 著

上海交通大学出版社
SHANGHAI JIAO TONG UNIVERSITY PRESS

内容提要

本书是作者从教十多年来关于语文教育教学的实践与思考成果,由"向内求:阅读与倾听""向前走:备课与上课"以及"向外看:观课与评课"三部分内容构成,具体、真实地展现了青年语文教师的专业成长之路,适合有志于从事语文教育教学的读者、初登讲台的青年教师,尤其是青年语文教师阅读使用。

图书在版编目(CIP)数据

漫步语文教学之路:一个青年语文教师的专业成长手记/张驰著. 一上海:上海交通大学出版社,2024.9
ISBN 978-7-313-31505-2

Ⅰ. G633.302
中国国家版本馆 CIP 数据核字第 2024ZG6580 号

漫步语文教学之路——一个青年语文教师的专业成长手记
MANBU YUWEN JIAOXUE ZHILU —— YIGE QINGNIAN YUWEN JIAOSHI DE ZHUANYE CHENGZHANG SHOUJI

著　　者:张　驰
出版发行:上海交通大学出版社　　　　　　　地　　址:上海市番禺路 951 号
邮政编码:200030　　　　　　　　　　　　　电　　话:021-64071208
印　　制:上海新华印刷有限公司　　　　　　经　　销:全国新华书店
开　　本:710mm×1000mm　1/16　　　　　　印　　张:17.75
字　　数:261 千字
版　　次:2024 年 9 月第 1 版　　　　　　　　印　　次:2024 年 9 月第 1 次印刷
书　　号:ISBN 978-7-313-31505-2
定　　价:88.00 元

参天之木必有根

张驰是我的学生，一个让我有点小骄傲的学生，因为他的硕士论文《沪教版初中语文教科书诗词曲注释研究》被评为全国第五届教育硕士专业委员会学位优秀论文。这件事说大不大，说小也不小。一个学生毕业论文写得好，这本身可能不是什么大事，但是在这篇论文形成的过程中，我却看到了一个年轻学子的认真、踏实和见识。

教育硕士学位论文规定的字数是 15 000 字以上，但是张驰的论文写了85 000 多字！如果不是对研究这件事本身的热爱，不是对其所研究问题的执着，谁会下那么大的功夫？这种超乎标准的自觉，我相信是张驰后来不断成长进步的原因之一。从选题上来看，这就是一个需要大工作量的题目。上海的义务教育是五四学制的，初中有四个年级，八本教材，其中的诗词曲数量不少，注释更是纷繁复杂，就是梳理一遍，也得花费很多时间和精力。这种"苦差事"，张驰做了。更重要的是，论文不是堆砌材料就能完成的，需要有思考、有眼光、有识见。张驰通过对材料的爬梳，从注释的准确性、适切性和规范性三方面入手，指出教材存在疏漏诗歌创作历史背景及版本知识，忽视词句表层含义和学生认知基础，注释形式编排缺乏规范和统一，以及注释语言简明不当等问题，并提出明确注释的功能价值、遵循注释编写的原则以及建立注释的标准体系的建议。我在这里之所以要不厌其烦地把这篇十年前的论文拿出来说，是因为我在拿到手头这本书的样稿时，看到这种锲而不舍的精神和专注务实的态度正在张驰身上延续。在毕业论文中，他已经围绕教师的课前备课、课堂教学和学生的自主阅读三方面对诗词曲注释的应用提出了建议,十年后,张驰已经成长为一个成熟的教师,对语文教育教学有了更深的理解,他的研究很明显地更偏向于课堂教学实践,但这并未磨损他善于学理思考的长处,而是把两者结合得更紧了。这是基层教师专业发展上的一个非常重要的特征。

张驰的这本书由三个篇章组成,上篇是向内求:阅读与倾听,中篇是向前走:备课与上课,下篇是向外看:观课与评课。这三篇就像三条各有特色又相互交错的抛物线,清晰地画出了一个教师成长的轨迹。

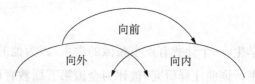

我曾在拙著《语文素养和语文教师的素养》中,把语文教师的素养归纳为理论修为、科研能力、教学水平和文学品质四个方面。这个归纳目前看来可能并不十分准确,但个中的一些元素,直到十多年后的今天,也还是一个教师必不可少的。比如,教师的理论修为。毋庸讳言,当下的基础教育"卷"得很厉害,教师的辛苦更是有目共睹,在这样高强度的工作压力下是就势"躺平",还是努力开创,不断地充实自己,让自己在专业发展上有更大的进步,这是一个青年教师有没有可能成长为优秀教师的前提。没有这个动力,可以说是一切免谈。如果有这个意愿,那么接下来首先要做的,就是理论修为。孔子曰:"工欲善其事,必先利其器。"没有认真踏实的学习,只是追着层出不穷的新名词疲于奔命,很快就会捉襟见肘。实际上,希望教师有理论修为,并不是一定要求教师去读什么高头讲章(能读自然是好事),只要不停息地有学习的愿望,不停息地在学习、在思考,就是一种修为。我曾经根据《于漪全集》归纳过于漪老师的阅读情况,现在我也用同样的方法,梳理一下张驰所阅读的书目,我觉得那里面大概可以分为这样三类:一是学习理论和教师专业成长方面的论著,二是有关语文教学的论著,三是文学(文艺学)理论和文学作品。张驰所读当然不仅于此(从后面的参考文献也可看出),但这张阅读地图却可以给基层语文教师提供一些参考:要获得专业上的成长,这些方面是不能不下功夫的。学习理论(可能涉及心理学、脑科学等)虽然相对抽象和宏观,但对我们的教学却有高屋建瓴的引领作用。文学理论和文学作品，更是作为语文教师的"底气"。一个语文教师，如果只在教学技能技巧上花功夫，而忽略了中国语言文学的基本功，就难免步入花拳绣腿的路数。张驰老师因为有比较好的理论储备，所以不论是上课还是评课，都给人一种既有"天（理论）"也有"地（实际）"的感觉。比如《咏雪》这篇课文，本身不足百字，张驰老师在评课时不仅对单元目标、编者意图、教学聚焦点、教学价值、学情预判、教学资源等做了周到的评述，更就文体特征、写作背景、文章的内容和主旨、文章的手法和语言等方面提出了自己的看法。前者我们把它看作是教学相关，后者则是文本相关，但并非后者才是理论，前者就是实际。它们只是专业范畴里的两个方面，各自都有自己的理论探究和实践探索。张驰努力在这两个方面都有所耕耘，那么在他的语文世界里，天地自然就广阔了。

这本书还有一个特点，就是特别强的交互性。本书的三个篇章，既包括张驰与费希尔所谓"不在场人"（作者）以及一些在场演说者的交流，也包括张驰主动做出的、与各种"潜在对象"（巴赫金语）的交流。在这个交流的过程中，有大量的"×××如是说"，还有更大量的张驰本人的所思所想。这种强交互性让我感觉到两点：第一，作者是勤勉的，他不断在汲取，同时也在不断地输出。这种输出有时是对汲取对象的直接回馈，有时则是自己思考成果的展示，有时则是两者的结合。比如，徐林祥教授认为，于漪老师的《语文教学谈艺录》"准确揭示了语文教学的目的和任务；辨证阐述了语文教学的性质和特点；凝聚渗透了语文教学的情感和智慧"。张驰读后的反应是："如果让我再添一条，我想说：（它）精心汇集了语文教学的方法和要领。"很明显，他不是在简单接受某种观点，而是借力更往前跨进了一步。所以，这种勤勉不仅是体力上的，更是思想上的，是思想的勤勉。他有时甚至让我想起了那个"负箧曳屣行深山巨谷中"，不辞辛苦致力于"援疑质理"的青年书生（他后来成了大腕又另当别论）。第二，作者是开放包容又勤于思辨的。大到权威专家，小到业内同仁，别人说的话、做的事全都纳入了他思考的范畴之内。我从事教师教育多年，发现一线教师有两种心态特别值得注意：一种是"积极的"，凡是听到的都觉得很对，要照做。热情固然可贵，但如果根不深、蒂不固，囫囵吞枣，就难免画虎类犬。另一种是"消极的"，思想和行动的边缘都十分坚硬，很难接受新的东西。在当下高速发展的社会里,这样的固步自封自然是行不通的。相比之下,开放型的心态就很可贵。开放就是能包容各种各样的东西,包括那些不那么金光闪闪的东西。有些教师但凡参加教研活动,就希冀专家能口吐莲花,就期盼展示课能拨云见日,一旦失望(如果怀抱这样的期待,失望几乎是一定的),就觉得研训无效。其实,营养永远是自己摄取的,即便别人把食物喂到你口边,能不能摄取仍是自身的事。从各种信息中发现有营养的因素,是教师思辨能力的重要表现。在手头这本书中,我们可以很清晰地看到张驰是如何在一次次的教研活动中博采众长又经过自己的思虑而汲取营养的。相信这种自带的强交互性,也会和读者产生良好的交互作用。

教师的职业生涯是一棵有生命的树,它可以长得根深叶茂,枝繁果丰,就如我们所看到的许多教育楷模以及数以万计的优秀教师那样,但如果我们不注意自我成长,也可能让职业生涯之树枯萎嶙峋,枝叶凋零,甚至倒伏夭折——这是我在某本书中写的一段话,翻阅张驰这本即将付梓的著作,又让我想起了这些话。张驰应该是正在拔节生长,希望他的书也能为更多教师的成长助力。我们在这里面,读到的应该不仅是他怎么读书、怎么听讲、怎么上课、怎么评课,也应该看到他是怎么成长的。参天之木,必有其根。理论修为、实践探索、不懈努力、开放包容、勤于思辨,这些都是教师专业成长的根本。衷心期望张驰以及更多的青年教师守护根本,在不远的将来成长为教育界的参天大树。

是为序。

王意如

华东师范大学中文系教授,教育部《义务教育语文课程标准》修订组专家
上海普通高校立德树人人文社科重点研究基地语文教育研究中心常务副主任
中小学(中职)语文国家教材建设重点研究基地学术委员
《中文自修》杂志主编
2024 年春暖花开时

自　序

　　我是亲友同事口中的"90后"语文教师，如果把教语文当作是一条修行之路的话，那我在这条路上跋涉也有十余年了。在这段非凡的修行旅程中，或有摸爬滚打、踟蹰不前的迷茫，抑或有沾沾自喜、自鸣得意的雀跃。

　　原以为，语文就是一门学科，语文教师就是一份职业罢了。只有在"昨夜西风凋碧树，独上高楼，望尽天涯路"（苦思无果），历经"衣带渐宽终不悔，为伊消得人憔悴"（追求因果），最终在"众里寻他千百度，蓦然回首，那人却在，灯火阑珊处"（品尝成果）之后，才有了别样的领悟：语文也可以是一种生命的姿态、生活的方式，语文教师也应该是一份厚重的责任、永恒的使命。

　　前不久，看到复旦附中王希明老师在《追寻语文教学之道》中有这样一段话，于我心有戚戚焉：

　　　　语文与其说是一个学科，不如说是一种生活方式。我非常认同《语文学习》杂志封面上的那句话："语文学习的外延与生活的外延相等。"古人云："劈柴担水，无非妙道，行住坐卧，皆在道场。"我心里于是常常有个朴素的想象：我正走在一条寻道之路上，如同旅行者的每一步正靠近目的地，我的每一次阅读，每一次授课，每一次与学生交流，每一次提笔撰文，都在接近真正的语文教学之道。

　　思绪又与另一重记忆关联起来，建平中学郑朝晖老师在《满眼繁花——一个语文教师的成长手记》中也有类似的表达：

语言学习实际上内含的是生活方式、生命态度的学习。语文学习有时候就是潜移默化地改变着我们的心性和人生方式。语言代表了一种生活方式，是某种文化支配下的生活方式。学语文，就是学会像一个真正的中国人那样思考与表达。

因此，我愿意相信，语文教师只有建立起正确的语文观，加之关键能力的培养和必备品格的锻造，才能在语文教学之路上真正做到游刃有余，行稳致远，而不是在"文化""语言""思维"与"审美"的小路上，兜兜绕绕，溯洄从之，溯游从之，以己昏昏使人昭昭。

语文教师语文观的建立尤为重要，但它是一个长期性的工程，"阅读""实践"与"反思"是必不可少的功夫。有一天整理文件，当十多年来由"阅读""实践"与"反思"涂鸦而成的文字被倒腾出来的时候，猛然发现留在过去时光里的它们又"活"了过来，组合在一起如星星闪耀，点缀着我的"另一个童年"——一个青年语文教师的童年。于是，我脑海里有了一种将其整理成书稿的"冲动"。

巴尔扎克说："童年原是一生最美妙的阶段，那时的孩子是一朵花，也是一颗果子，是一片懵懵懂懂的聪明，一种永远不息的活动，一股强烈的欲望。"冰心也说："童年是梦中的真，是真中的梦，是回忆时含泪的微笑。"正因为如此，本书中的文字没有过多的学理层面的论述，也没有刻意地赶时髦、盲目地蹭热点。即便有稚嫩粗疏、欠缺思考，甚至是流于自大、失之谦虚的表达，我没有刻意地更改矫正，而是尽可能原生态地保留住过往的真实与真实的过往，想努力还原出一个"90后"语文教师真实的成长轨迹。

和一般教师的教育教学类著作不同，他们的立足点往往是"现在"，在阐述现有的高屋建瓴的理论认知、提供现有的丰富翔实的实践案例之后，希望读者朋友能够汲取精神养分、接受理论观点以供其在学术领域的"再生长"，而我的立足点却是"过去"，回观过去走过的成长之路，是为了驻足冷静沉思，洞悉过去的浅陋，是为了持久沉潜蓄力，认清现实的严峻，是为了重新出发上路，迎接未来的挑战。所以，两者殊途同归，本质上又都走向了一致，那便是都希望对未来的人或事产生积极的影响与意义。因此,如果我的这些由回忆堆叠而成的文字能够给到同样是青年教师的朋友,尤其是青年语文教师一个成长参照的话,我想,那是我莫大的荣幸。

我把这本小书命名为"漫步语文教学之路",主要呈现三种"漫步"的方式,即"向内求:阅读与倾听""向前走:备课与上课"与"向外看:观课与评课"。

上篇"向内求:阅读与倾听"主要收录了我日常的阅读体会和讲座心得,包含自己求学就读期间和语文教师培训基地活动学习期间的部分文章,比如在聆听兰保民老师《基于学生学习,改进教学方式》讲座之后,我结合教学实践撰写了《语文教学:从"必然王国"通往"自由王国"》,更加坚定自己的语文教学主张:坚持思考和改变每一个生命学习的困境;坚持倾听和接纳每一个生命追问的声音;坚持创造和建构每一个生命成长的课堂。

中篇"向前走:备课与上课"主要收录了我在日常备课、上课实践过程中的思考与研究成果。比如在作业设计实践后,我撰写了《初中语文线上教学"三段式"作业设计与实践思考》,道出了真实的感受:课堂(无论是线下还是线上)始终都住着"学生",住着"人",这同时也意味着住着"未来",住着"希望"。作业的设计应该从"完成任务""执行命令"的藩篱中解放出来,作业之"作"在于精耕细作,它是一种积极的创作;"作业"之"业"在于业精于勤,它是一种努力的姿态。

下篇"向外看:观课与评课"主要收录了我在语文教师培训基地以及区域教研活动过程中观课、评课的部分文章。比如在观"书戴嵩画牛"一课的教学后,我在《文言文教学教什么》观评课心得中得出了文言文教学三个层面的教学指向:即"学习文言""研习谋篇布局的章法,体会炼字造句的艺术"以及"关注文化的传承与理解"。在观《那个星期天》一课的教学后,我在《关注"生活经验"和"语文经验"》观评课心得中得出了阅读教学的三条基本路径:即"唤起补充学生的生活经验""指导新的阅读方法"与"交流分享语文经验"。

"向内求""向前走"与"向外看"正好对应了青年教师"阅读""实践"与"反思"三种修炼方式,它们组合在一起构成了青年教师专业成长的必要路径。我始终相信,语文教学是一条需要不断摸索前行的修行之路,语文教师想要取得"真经"收获成长,就必须历经这条"光荣的荆棘路",我会继续用"漫步"

的方式在这条路上"一登一陟一回顾",用虔诚和勤勉去成就一个更好的自己。

生命中第一本小书能够顺利出版,得益于很多要感谢的人。

感谢我的工作单位上海市澧溪中学,"澧溪一家人"永远是我强大的后盾,"澧溪精神"永远驱策着我不断前进,特别是朱国花校长的鼓励引领。没有她,或许我还是那只"温水里的青蛙",或许永远也"跳"不出一片崭新的天地。

感谢我的硕士研究生导师王意如教授深情赐序,王老师伴我已有十年的岁月,每当我在专业之路上想要获得更多成长的支持时,她总如母亲一样给予我一切。遇到良师是我一辈子的幸运,而我天性愚钝,不善表达,努力是最好的报答。

感谢我的家人对我的包容和照顾,让我可以心无旁骛地追求我的语文教育理想;感谢我的师友,每一声提点指导、肯定期许与批评建议都是我前进的动力;感谢我的学生,没有他们的追问,就没有我认真的思考;没有他们的热爱,就没有我自信的表达。从另一重意义而言,是他们成就了今天的我。感谢上海交通大学出版社臧燕阳编审对书稿进行编辑校对,并提供了珍贵的修改指导意见,感谢为本书出版付出辛勤努力的所有人。

感谢生命中所有爱我的人。

我答应你们,我会坚定勇敢地漫步在语文教学之路上。在路上,我永远年轻,永远热泪盈眶(凯鲁亚克《在路上》)。

最后,借弗罗斯特的诗歌《未选择的路》献给每一位读者朋友,也献给那个被称之为是"90后"语文教师的自己——

黄色的树林里分出两条路,

可惜我不能同时去涉足,

我在那路口久久伫立,

我向着一条路极目望去,

直到它消失在丛林深处。

但我却选择了另外一条路,

它荒草萋萋,十分幽寂,

显得更诱人,更美丽;

虽然在这条小路上,

很少留下旅人的足迹。

那天清晨落叶满地,

两条路都未经脚印污染。

呵,留下一条路等改日再见!

但我知道路径延绵无尽头,

恐怕我难以再回返。

也许多少年后在某个地方,

我将轻声叹息将往事回顾:

一片树林里分出两条路——

而我选择了人迹更少的一条,

从此决定了我一生的道路。

张　驰

2024 年竹外桃花三两枝之际

目 录

上篇　何内求：阅读与倾听

中篇　向前走:备课与上课

下篇　向外看：观课与评课

附录

向内求：阅读与倾听

内求者乐得其性。

——王安石《礼乐论》

技进乎艺，艺进乎道

——我读《语文教学谈艺录》

读《语文教学谈艺录》总是带着敬意的，兰保民老师说："于漪老师的《语文教学谈艺录》是她长期从事语文教学工作的智慧结晶，是由实践升华而成的一部堪称'化碧之作'的语文教育学""在语文教育史上多少有点像但丁的《神曲》，总结了一个时代，也开启了一个时代。"无论是对于语文教育教学理念的传递，还是对于语文教学实践方法的指导阐述，于漪老师在书中都是娓娓道来，既情深意切又有理有据，于我而言，都是一种无比强大的精神力量的感召。

一、宏观把握与整体理解

《语文教学谈艺录》总共 12 章，每章 3 到 6 节不等，构成了一个语文教学艺术研究的完整体系。全书的内容架构可以这样理解：第一部分：语文课程的性质与功能（本体论知识——理论阐释）（第 1—2 章）。第二部分：语文教学的方法与实践（方法论知识——实践论述）（第 3—11 章）。其中，第二部分第一层次：课堂教学总体定位思考（第 3 章）；第二层次：教学目标（第 4 章）、学习兴趣（第 5 章）、诱导发现（第 6 章）、语言思维训练（第 7 章）、教学节奏（第 8 章）、朗读（第 9 章）、积累（第 10 章）、写作（第 11 章）；第三层次：教师修为（第 12 章）。

二、理论指引与体会感悟

"理论阐释"部分的第 1 章中，于漪老师指出：

　　语文学科是一门实用而多彩的人文学科。我们进行的是母语教学,语言和文化不是两个东西,而是一个整体。语文学科的工具性和人文性是一个统一体的两个侧面,不可机械地加以割裂。没有人文,就没有语言这个工具(语言和人是俱在的,不是独立于人而存在的一种工具);舍弃人文,就无法掌握语言这个工具。说语文学科具有人文性,绝不是排斥它的科学精神;说语文学科具有工具性,也绝不是削弱它的人文精神,不存在限制这一个,张扬另一个的问题,应沟通交融,互渗互透。

　　只有弄清楚语文学科的性质,在教学实践中把握工具性和人文性本质,把语言的工具训练与人文教育有机结合起来,才能激发学生热爱祖国语言文字的感情,有效地提高语文能力,在他们心中撒播做人的良种。

于漪老师对语文学科的性质进行了"正本清源"。只有正确深刻地理解透语文学科的根本性质,语文教师才能知道语文教育教学应承担的责任和使命。上位的理论思考才能决定下位的实践基础,于漪老师的论说让我对语文学科有了更为客观、系统的认识。

在第 2 章中,于漪老师指出:

　　语文学科是一门多功能的育人学科。以语文智育为核心,渗透德育和美育,培养素质与发展智力,讲求综合效应。语文教学在学生素质、能力、智力方面发挥重要的培育作用,实质上是力求实现"学力形成"和"人格形成"的统一,也就是在教学过程中既有形成语文能力的侧面,又有形成个人思想情操、思维品质和行为方式的侧面,二者有机地、和谐地统一,教学就能获得综合效应,学生就能多方面得到培养。

　　紧扣语文学科性质,引导学生在学习语文过程中提高思想认识、道德修养和审美情趣;在领会思想内容的同时加深对语言文字的领悟，培养语文能力。融合的途径与方法很多，可因文而异。在教学过程中，紧扣课文特点，针对学生实际进行德育、美育渗透，思想内容与语言文字能双放光彩，给学生以语言上的领悟和情操上的熏陶感染。

这段论述让我明白了语文作为教育功能的"复合性"。语文教师不能狭隘地理解为我就是教"语文"，得一个语文"分数"的。"语文"的内涵太丰富了，它所承担的育人任务是很厚实的。语言文字和思维能力是语文课要"教导"的，德育和美育也是语文课要"熏染"的。语文课程追求的是"综合效应"，力求实现"学力形成"和"人格形成"的统一。我洞见了自己对于语文学科理解的局限和渺小，自己先前对语文的认识真的是井蛙观天，管中窥豹。有了于漪老师的启发，我才深感语文教师的厚重使命和重大责任。

三、实践指导与方法习得

在"课堂实践"部分，于漪老师就像一个手把手带教的师父一样，语重心长地教导我把每一个教学环节具化到每一个教学细节。如"教学目标"的设定，她强调："语文教学目标的制定要从两个维度来考虑：一是语文知识、语文能力训练要达到的目标；二是情感态度价值观，也就是德育与美育方面熏陶的要求。二者在教学过程中不应分割，而应融合，方法指导渗透其中……制定教学目标的过程实际是熟悉课程标准、钻研教材的过程，也是运用系统论、控制论等理论于课程教学之中，提高课堂教学有效性的过程。"

如"教学节奏"的掌控，她指出："要有效地把握教学流程，必须：每个阶段、每个环节的设计要服从教学目的，避免旁逸斜出；教师组织学生学习的工作要贯穿始终，使每个阶段学生都学习情绪高涨；学生语言和思维的训练犹如红线贯穿各个阶段；课时分配合理，避免前松后紧或草草收场；有一定的速度，注意培养学生适应现代生活节奏的能力，避免课总是慢镜头、慢动作。"

如"朗读教学"的实践，她强调："学生的语文能力是教师讲不出来的，主要靠学生自己大量接触并有意识有目的地去学习规范、生动、优美的语言，朗读课文是接触、理解、消化、吸收语言的一种有效方法，学生自己朗读，教师指导得法,绝不会浪费时间。文章能不能读得流畅,具体地反映一名学生的口头表达能力、思维的敏捷程度和对文字的感悟能力。要训练学生读得流利,须从三方面入手:一是加深对课文的理解;二是朗读时对停顿、重读和语调的把握特别注意;三是增加训练次数,多多揣摩,力求熟练。"

四、名家点评与个人思考

徐林祥教授在《教书育人是于漪语文教育思想的核心价值——探〈语文教学谈艺录〉的价值》中指出:"《语文教学谈艺录》准确揭示了语文教学的目的和任务;辨证阐述了语文教学的性质和特点;凝聚渗透了语文教学的情感和智慧。"如果让我再添一条,我想说:(它)精心汇集了语文教学的方法和要领。

邓彤老师说:"于漪的意义不仅在于她的教学艺术,更在于她以自己的整个人生诠释了教育,或者说,她将自己的生命与语文、与教育融为了一体。打个未必恰当的比喻:于漪对语文教育的影响,类似于化学反应而非物理反应,于漪对语文所产生的影响绝不限于一招一式的技艺层面,而是深入到语文教育分子原子内部的质的改变。"我想邓老师说的是在理的,于漪老师《语文教学谈艺录》的作用就是实实在在地"催化"我的语文教学细胞,产生无穷新的能量。

李百艳老师说:"《语文教学谈艺录》一书充分展现了于漪老师作为一代著名语文教育家在数十年教学中'明语文之道、优教学之术'的实践与思考,为扫除语文教师的'道术之惑'、解决'难教之苦'提供了一个经典的范例。""有高屋建瓴的'论道',也有异彩纷呈的'例证';既有对'文'的精辟分析,也有对'人'的深刻洞察;既体现了教学的科学性,也彰显了教学的艺术性。"这真是精辟而深刻的评介!"论道"是理念引领,"例证"是实践指导,两者相辅相成,对于语文教师的专业成长是裨益十足的。

读完于漪老师的《语文教学谈艺录》,我掩卷而思,不禁赞叹:《语文教学谈艺录》真正诠释了语文教育教学的境界:技进乎艺,艺进乎道! 我还年轻,我会以它作为自己语文教育教学的指引,虔诚在心中,勤勉在脚下,坚实自信地行走在语文教学之路上!

语文教学：从"必然王国"通往"自由王国"

——我听《基于学生学习，改进教学方式》

己亥阳春三月，玉兰飘香时节，兰保民老师为学员们开设了"基于学生学习，改进教学方式"的专题讲座。有别于以往流于形式、全程围绕理论、枯燥乏味的讲座，此次兰老师开设的专题讲座于我而言意义非凡，它在我的心中产生了很大的触动。窃以为这是一次尤为"关键"的讲座，对我的语文教学起着尤为"关键"的影响。

在我看来，它的"关键"就在于它使我重新认识并理解了新时代的语文教学，促使我重新审视自己的语文教学现状，进而展望自己未来的语文教学。它颠覆了我对语文教学固有的传统守旧的认知结构，解答了我留存在心中许久的教学疑惑，引领我的语文教学从"必然王国"迈向"自由王国"。

讲座伊始，兰老师带领我们对教育工作做了一个历史性的回顾。教育的变化经历了三个时代：首先是学徒制时代，也就是冯友兰所谓的"子学时代"、卡尔·雅斯贝尔斯所谓的"轴心时代"，注重的是示范、观察、指导和实践；往后到了16、17世纪，随着科学技术的发展，人类来到了注重知识与技能传授的"普遍学校教育时代"，它注重的是以讲授和传递为主要特征的全员成功、学科知识和教学主义；再往后发展至今，则来到了信息更替、知识更新极为迅捷的"信息时代"，仅凭已学的知识已不能满足时代的需求，我们便来到了"终身教育时代"，注重的是个人选择、学会学习。

这不禁让我想到了谭轶斌老师在《语文教学的现实与图景》中指出："当教育从学徒制时代，进入普遍学校教育时代，再进入终身学习时代，当能形成这样的理解——教育的'祛魅'，即把教育当作流水线，把学生或当作产品，或当作知识消费者。教育的'返魅',就要把每一个学生都作为'完整的人'对待,不是重在学会知识,而是重在学会学习;不是重在工具理性,而是重在价值理性。""祛魅"本属"必然王国"的范畴,"返魅"构筑的其实就是"自由王国"的图景。

在"自由王国"里,语文教学设计应从"传递—接受"范式转向"平等对话"范式。语文教师应摒弃以知识传授为中心的教学设计,从"容器教学"转向"人的培养",关注情境对认知的作用,告别"教教材",走出知识本位,从仅仅关注学科逻辑转向关注学科逻辑与心理逻辑、内容逻辑的整合,形成学习逻辑。语文课堂实施,应该由控制转为交互。语文课堂必须改变教师"独白"的现状,让学生的力量充分发挥,从"单向度"教学走向主体性对话,从教师的"教"走向学生的"学",从"教书"走向"育人"。

因此,语文课堂里的学生不仅仅是一个个认知体,而是一个个完整的生命体。语文教师必须放弃指令型课程范式中所扮演的控制者角色,成为开放性、多样化课程范式中学生学习的有效促进者,使教学从"重教"向"重学"转化,完成学生这一学习主体主动参与学习,实现生命激扬的深刻转型。

愚昧之一:沿用"传统教学"

1953 年 5 月,苏联教育专家普希金通过对北京女六中的一堂观摩教学课《红领巾》的评议,尖锐批评了我国长期流行的"先生讲,学生听"的语文教学方法,引发了新中国成立后第一场具有全国影响的语文教学改革。这场改革推动了各地教师学习苏联的热潮,一时之间"红领巾"教学法风靡全国,几乎成了语文教学的唯一方法。常规程序是:感知——理解——巩固——运用。其基本要素有:①解题,介绍作者和时代背景;②初读(或范读)课文,讲解生字词;③分析课文,即教师串讲,一般是分析结构、划分层次、讲解大意,这是教学也是一般听课、评课的重头戏;④总结中心思想;⑤总结写作特点;⑥课堂练习或布置作业。回溯我的教学历程,也有明显沿用"红领巾"教学法的痕迹。公式化的教学显然是以"教"为中心,目中无"生",真是愚昧之举!

兰老师指出:从三维目标到核心素养是我们教学的一大重要转向。尤其是核心素养的提出,必然使各个学科从重视结果走向重视过程,在过程中让学生得到不断发展,让学生建构自己的核心素养,促进素养的提升。教师一定要思考"教"的过程、"教"的方法，让学生经历一个学习的过程，让学生获得一种学习的方法。

说得真有见地啊！理论言说之余，兰老师便以《松鼠》《散步》为例，提出了引人深思的问题：布丰在《松鼠》第一段写道："松鼠是一种漂亮的小动物，驯良、乖巧、很讨人喜欢。"最后一段却有："……松鼠也是一种有用的小动物。它的肉可以吃，尾毛可以制成画笔，皮可以制成皮衣。"作者为什么要写松鼠肉可以吃呢？莫怀戚在《散步》第一段写道："我们在田野散步：我、我的母亲、我的妻子和我的孩子。"作者为什么要把"我"放在最前面写？作者是不是显得很没有礼貌呢？

这让我真切地认识到"教"是远远不够的。作为语文教师，我们还要思考学生的"学"，将学生的"学"与我们的"教"做到真正同步。在教学的同时，不仅要思考学科逻辑，还要思考学生的心理逻辑。因此，要想上好一堂课，就一定要找准学生的动情点、兴趣点，然后带动学生学习，让学生学有兴趣、学有所得、学有方向、学有追求。

愚昧之二：怪罪"应试教育"

"比喻句作用生动形象地写出了……""说明方法是举例子，作用是……""这篇文章表达了……的情感。写下来！背出来！明天默！"强迫学生用宝贵的时光学习无价值的东西，或是重复简单的过程，说轻了是浪费时间，实则是糟蹋生命。"一考定终身"的评价方式让有天赋的学生不能顺其天性得逞其能，一道"达标"的绳子驱赶亿万学生齐上跑道。每次都心安理得地把"罪恶"的矛头扔给"应试教育"，殊不知自己才是那个真正屠杀生命的"屠夫"。

霍军老师在《我们与差生》中写道："我们（语文教师）就是要利用应试的实用性、功利性、残酷性来进行素质教育，教会学生面对生存、适应生存和超越生存的从容、镇定、优游的心态。教师要带领学生以艺术化的、诗化的生活态度和生活方式去化解单纯残酷的生存竞争带来的焦灼空虚，去遏制物质主义带给我们的人性滑落。这就是我们这一代教师的宿命。"

而我自己却在"应试面前"先缴械投降，这还怎么教学生"独立之精神""自由之思想"？连我自己都"跪着教书"，这还怎么教学生"站着说话"？连我自己都是分数的"俘虏"，这还怎么让学生在课堂里享受语文的"快乐"？

讲座尾声阶段,兰老师分享了他在芬兰交流时看到的母语教学的案例。这节课不但整合了不同学科的资源,还真正调动了学生学习的积极性,更将合作精神、探究精神融于教学过程之中,真正培养了学生解决问题的能力。国外精彩优秀的教学案例使我们明白除了学科知识之外,还要让学生获得学习的体验,让学生经历学习的过程。在学习过程中,激发学生的学习兴趣,提升创新能力、沟通能力。国外的教学主要是以活动化的课堂为主,他们将教学内容转化为一个个任务,以任务来驱动学生的"学",根据相关的任务,整合资源为学生设计一系列的活动。这是值得我们借鉴和学习的地方,而不是终日抱着"教参"过活!

愚昧之三:信奉"教学参考"

从教初始,总觉得自己对文本拿捏不准,总是畏首畏尾,不敢肯定自己的思考,凡是教参上没有的东西总怕自己解读有误。《二十年后》中"杰米"有重情谊的一面,也有虚伪冷漠的一面,"教参"上没有言明便不敢提及!《藕与莼菜》里不单单是作者对故乡的思念,也蕴含着一种"文化丢失"的"愁绪","教参"里没有便觉得自己错了!殊不知所谓"教参",不过是初上讲台者的一点支撑,走不稳,怕摔跤,要用根手杖,而我硬是把"手杖"当成了自己的"脚"!

不禁想到毕淑敏在《精神的三间小屋》中说的:"在我们的小屋里,住着所有我们认识的人,唯独没有我们自己。我们把自己的头脑变成他人思想汽车驰骋的高速公路,却不给自己的思维留下一条细细的羊肠小道;我们把自己的头脑变成搜罗最新信息和网络八面来风的集装箱,却不给自己的发现留下一个小小的储藏盒。"语文教师如果连属于自我的东西都没有,只是"教参"的播报员、PPT的播放者,还能称之为"师"吗?

兰老师的讲座犹如将一个深陷泥潭的我打捞而出,让我彻底清醒,免于在"应试"的漩涡里苟延残喘,真有醍醐灌顶之感。讲座完后,我回到家里,独处书房,脑海里仍一直回荡着老师讲座过程中的名言警句,久久咀嚼,慢慢寻思。"关键"的讲座推动"关键"的反思,"关键"的反思转化成"关键"的实践行动。

觉醒之一:善于倾听和接纳每一个生命追问的声音

执教关汉卿《四块玉·别情》时讲到女子与爱人缠绵的相思之情,有位学生问道："关汉卿为什么要假托一个女子表达这样一种儿女情长呢？这里面是不是有什么深意呢？"众人思忖之际，另外一位学生高举小手，回答道："和李商隐有异曲同工之妙！"众人疑惑之际，便专注地听这位学生娓娓道来："李商隐《无题》诗，'相见时难别亦难'那首诗不也是表面上写爱情，实际上另有所托吗？爱情只是一种说法，还有'理想说''君臣说'……那'杨花雪''溪''山'可能是主人公实现理想过程中遇到的坎坷、磨难，可能是实现自己政治理想过程中遇到的奸佞之臣，堵塞了言路……"面对这样发人深省的追问，听到这样精彩淋漓的回答，我心里不禁暗自窃喜：学生能根据文本做深入的思考和提问，能利用已学的知识嫁接未学的知识，这种迁移不就是我们苦心追寻的"会学"吗？倾听和接纳每一个生命追问的声音，自会拥有更多未知的发现。

觉醒之二：勤于思考和改变每一个生命学习的困境

给初三学生讲梁启超先生的《敬业与乐业》，这是一篇议论性的演说稿。初上一个班，感觉整个班学习兴趣不大，积极性不高，无法完成既定的教学目标。考虑到初三学生的年龄特征和应试压力以外，我发现其实是学生在面对这样一个篇幅较长、引经据典丰富的文本的时候，心里已经打了退堂鼓——对于议论性文本的阅读不得法。于是，我尝试改变思路，下移教学目标，转换教学方式，利用思维导图——可视化工具来帮助学生先把握住作者的观点，进而梳理出文章行文思路。在此基础上，再让学生抓住名言事例，细细体会揣摩作者是如何将抽象的道理说清楚、说动人，起到教导的效果。经过调整，教学效果得到了明显改善。这也给了我很大的启示：当学生学习兴趣消沉之时，一定是其碰到了困境，教师这个时候一定要"搭把手"，"扶着""鼓励着""引导着"和学生一起跨过去。在"山重水复疑无路"之际，搭一座桥，造一段梯，引一点路，学生定能发现"柳暗花明又一村"！

觉醒之三：敢于创造和建构每一个生命成长的课堂

学习《伤仲永》和《周处》两篇古文，尝试着让学生用线条标示出"方仲永"和"周处"两个人的人生发展态势，结果呈现出两条截然相反的线条。在这发现背后，无需教师过多的说教，因为他们已然懂得高起点不代表有大成就，低起点未必就不能成才。人生是掌握在自己手里的，努力奋斗方能成就精彩人生。如此,每一个生命在潜移默化中都收获了成长,这种"润物无声"之感真好!《溪水》里不愿被束缚的生命,《百合花开》里努力拼搏的生命,《我不是懦夫》里与逆境抗争的生命……学习语文,其实就是与学生一起感受生命的真谛。在生命的不同展现形式中使学生拥有更多情感的体验、真善美的感知、精神的感召以及生命的滋润和成长。

行走在由"必然王国"通往"自由王国"的语文教学之路上,语文教师绝不能做"匠",语文课堂也不是工匠练习所,不能把自己不能接受的东西强行灌输给学生。语文教师要教他们正常说话,坦诚地表达自己的观点,让他们在未来成为真正的"人"。

我要用脚踏实地的奋斗去展现浪漫主义的情怀,深刻的热爱和执着的追求都和阿拉伯数字无关。我要学着精简教学目标,凝练教学线条,整合教学板块,减慢教学节奏。给学生更多的思考时间和思考自由,让课堂上生命的发展真正在场。谭轶斌老师说:"为了更好地实现未来语文课程与教学的图景,首先需要教师的转变。如果借用海明威的理论来构建一个教师专业发展冰川模型,那么冰川之上的显性品质是教师的专业素养,包括教师的本体性知识、条件性知识、实践性知识等;冰川之下的隐性品质则包含了教师的仁爱、开放心灵、合作共享、自我悦纳、不断接受新理念并努力完善自我……"

诚然!显性的品质和隐性的品质都是作为语文教师的我们努力寻求转变的目标,而教师的转变一定会带动学生的转变、带动课堂的转变。从明天起,做一个快乐的语文老师,面朝生命,静等花开!从明天起,做一个有情怀的语文老师:

坚持倾听和接纳每一个生命追问的声音!

坚持思考和改变每一个生命学习的困境!

坚持创造和建构每一个生命成长的课堂!

认识自己的影响力，做热忱和灵慧的教师

——我读《可见的学习》

特级教师常生龙指出，要写好读书笔记，首先要认真阅读一本书。如果没有精心的阅读，没有将整部作品通读一遍，就很难从整体上把握作者的写作意图以及作品的精妙之处。

因此，对于澳大利亚墨尔本大学学者约翰·哈蒂教授的《可见的学习（教师版）——最大程度地促进学习》，我读得非常"慢"，以期达到"精心"阅读的程度。我花了将近一周的时间将全书读完，每日约 30 页，不贪多求快，读完之后马上进行重要信息的提取和回温。在新内容圈画感知和旧内容提取整理的"双流程"阅读模式下，我终于读完了此书。常老师认为读书笔记主要有三种形式，分别是书评、读后感和札记。受他的启发，我姑且就想以他所述的三种形式来呈现我读《可见的学习》的阅读心得。

一、札记的形式

札记是一种常见的读书笔记类型。在阅读中，对某一句话比较感兴趣，将其记录下来，并随手附上一两句自己的感想和体会，这些内容积累起来就是札记。哈蒂教授的《可见的学习》可谓是"金句"迭出，摘录感触尤为深刻的几句以作分享。

教师需要更多地谈论学，而不是教。

【笔者批注】教学是为了提升学生的学习能力。学习能力不仅仅是让学生记住一些知识，更重要的是学以致用。而在如今的实际教学中，教师更关心的常常是教学计划的完成情况，而不是学生学到了什么。陶行知先生就曾

说过:"教师不重在教,而应重在引导学生怎样去学。"

教师需要参与对话而不是进行独白。

【笔者批注】所谓学习就是与教育内容的题材(主题)对话,是与教室中的教师、与同伴对话,与自身对话。学习既不是学生个人孤立的活动,也不是没有教师介入而进行的活动,它是在教师介入下,学生自主地、合作地、在不断的反思中进行的活动,这才是学校"学习"的本质。

教师需要具有指导性和影响力,并且能以关爱、积极和充满热忱的态度参与教与学的过程。

【笔者批注】教师应转变的三个观念:关系第一,知识第二;联系第一,记忆第二;探究第一,讲授第二。师生之间、同学之间,人与环境之间真诚的关怀、相互信任和尊重的关系,理应发生在教学内容之前。

对学生成就影响最大的是教师的信念和奉献。真正发挥作用的是教师在工作时所有的某种态度和信念体系——热忱和灵慧。

【笔者批注】爱默生说:"有史以来,任何一项伟大的事业没有不是因为热忱而成功的。热忱是我们追求幸福必备的核心精神。"热忱是一种素质,是一种性格,是一种积极的心理状态,对认准的事情坚持不懈地去追求。热忱是一股强大的力量,热忱是行动的动力。

教师和学生必须清楚每堂课的目的,理解学习是一个断断续续的充满错误的过程,还要认识到课堂中所有人都应该参与到学习中。

【笔者批注】无论是整学期教学,还是每一节课的学习,在开始之前教师都要给学生一张清晰的"地图",让学生知道自己的起始位置在哪里,要到达的目标位置在哪里。当学生对学习目标和内容有比较清晰的认知时,他就能对自己的行为做出预判,并选择适合的路径向目标靠拢。

教师认为学生学习的成功和失败取决于他们作为教师做了什么和没做什么,我们是变革者!

【笔者批注】教育要找寻真正的起点。学校和教师要谨慎判断工作的性质和价值;要最大限度在思想、言语和行动上给学生自由;教师的主要作用是进一步激发学生求知的动力。第一,让学生明白,在课中学到的所有原则和法则,都可以用现实生活验证;第二,尽量让学生来选择学习任务,而不是教师越俎代庖；第三，相信对每一个学生来说都有一扇成长的门虚掩着，教师的任务就是要想方设法找到这扇门，然后温柔地将它推开。

二、读后感的形式

读后感的目标受众是自身，是自己在阅读一本书的过程中，对某些方面特别有感触，而后有感而发写成的文章。读后感不一定要对整本书做价值判断，只要在某些方面有感触，就可以有感而发，写出自己的心得体会来。

读哈蒂的《可见的学习》一书对我的触动非常深：

（1）对教育的认识理解以及教师的角色功能有了更高位的思考，有些点睛之言甚至可以说是颠覆性的，特别是"灵慧"和"热忱"两个词对我的影响深远。这些都属于认识论的范畴。

（2）哈蒂在书中展示了教学过程中各个环节需要特别注意的关节点，比如：

● 备课的四个关键因素——学生起始表现水平、目标水平、进展速度以及备课中教师的协作和批评。

● 教师要对学生的一些自我过程（自我效能、自我设障、自我动机、自我目标、自我依赖、自我贬低和自我曲解、自我完美主义、无助和社会性比较）要予以特别关注，并在必要时加以修正。

● 教师要减少讲授比例，增加倾听比例，破除"IRE 模式"——教师发起（teacher initiation）——学生回应（student response）——教师评价（teacher evaluation）。

● 注意力应放在我们对学生学习的影响。如果学生没有发生学习，那么意味着他们并不需要"更多"的教学策略，而是需要"与之不同"的教学策略。

● 教师需要关注学生干什么、说什么、做什么或写什么去推测学生理解什么、知道什么、感受什么、思考什么，依据这些观察修正他们关于学生的理念。教师需要寻求从这类评价中获得的反馈，这样他们就能修正自己的教学。

以上种种对指导自己的教学实践非常有帮助，这些都属于方法论的范畴。

（3）哈蒂的许多理论言说勾连起我脑海里许多已有的观念和认知。

如于漪老师所言："教师要有理想信念，心中要有一盏明灯，教师的工作是双重奏。一重奏是你自己的人生,一定要奏响中国特色教育的交响曲。与此同时,还要引领学生走一条正确健康的人生路,因为你是人生导师,你是要塑造灵魂的;教师一定要在学术素养上下功夫,要有真才实学。育人是教师最大的基本功;教师要了解孩子,知心才能教心。""双基"本质上是工具论,主要对象是知识,而"三维目标"则关注人本身。教育就是以人为本,这是回归到了教育的本质。

如谭轶斌老师所言:"教育的返魅就是要把每一个学生都作为'完整的人'对待,不是重在学会知识,而是重在学会学习;不是重在工具理性,而是重在价值理性。"语文教学应从"传递——接受"范式转向"平等对话"范式。摒弃以知识传授为中心的教学,从"容器教学"转向"人的培养",关注情境对认知的作用,告别"教教材",走出知识本位,从仅仅关注学科逻辑转向关注学科逻辑与心理逻辑、内容逻辑的整合,形成学习逻辑。语文课堂必须改变教师"独白"的现状,让学生的力量充分发挥,从单向度教学走向主体性对话,从教师的"教"走向学生的"学",从"教书"走向"育人"。

如程红兵老师所言:"如果我们仍然以昨天的方式教育今天的孩子,无疑就是掠夺了他们的明天。"面向未来的教育必须打破传授"死"知识的桎梏,我们原来的知识停留在信息,停留在静态的知识本身,而现在的知识应该强调的是获取的过程,求知的过程是知识,这才是知识的新概念。

如兰保民老师教诲:"高高山顶立,深深海底行。"沉潜,是语文教师的基本姿态。追求有境界的课,努力实现课堂教学由"能品"向"妙品"乃至"神品"的跨越攀升,固然是一个艰难的追寻过程,但是,要想在这个艰难的过程中让自己成为一个负重的舞者,首要的一点就是要懂得尊重,尊重学生的学习基础,尊重学生的认知规律,尊重语文学习的原生状态。

哈蒂的《可见的学习》促使我把许多教育教学的理念和方法融会贯通起来,再也不是散点状认知。

三、书评的形式

书评往往是对一本书的价值判断。要能说出这本书的优点或者缺点所在,这是对作者价值观的一次梳理,也是读者将自己的价值判断和作者在书中的观点进行互动，找寻到契合点的过程。书评的目标受众是他人，写作意图主要是向他人推荐一本书，吸引大家一起来阅读。

本书的核心概念是"可见的学习"，可见包括双重内涵：可见的教和可见的学。首先，指让学生的学对教师可见，确保教师能够明确辨析出对学生学习产生显著作用的因素，也确保学校中的所有人（学生、教师和学校领导）都能够清晰地知道他们对学校学习的影响。其次，指使教师的教对学生可见，从而使学生学会成为自己的教师——这是终身学习或自我调节的核心习惯，这也是热爱学习的核心属性，而无论是终身学习还是热爱学习，我们都希望学生将其视为要务。

《可见的学习》是哈蒂及其团队耗时 15 年，对 20 世纪 70 年代末至 21 世纪初、涉及 2.46 亿学生的 900 余项教育实证研究结果进行的一次工程浩大的分析和总结。《可见的学习》全文 297 页；参考文献和附录长达 101 页，大量的数据、真材的实料，光是这种"前无占人"的实证素养和科学精神就让读者为之敬佩。

《可见的学习》建立在 800 多项（现在是 900 多项）元分析基础之上，涵盖 50 000 篇文章，提供大约 150 000 个效应量，涉及 240 000 000 名学生。哈蒂指出：如果成功的标准是"提高学业成就"，教育研究中 95％以上效应量都是积极的。用于断定教和学中"什么起作用"的"门槛"在很多时候被不恰当地设定在零点。效应量至少到 0.40，将 d＝0.40 视为识别是否有效的转折点。我们所做的事情中有一半会对所有学生产生超过 0.40 的影响，但还有一半的学生受益小于 0.40。

袁振国教授在《中国教育需要实证研究》中说道："实证研究是当今国际教育研究的主流话语和主要方法，与之相比，我国的教育实证研究明显落后，教育学术期刊发表的实证性研究论文，还不到论文总数的十分之一。"哈蒂基于实证主义对教育教学的研究为我们展现了西方教育思想中对"实证"的看重。

在英国，这本书被誉为"教育圣经"，《泰晤士报·教育副刊》称哈蒂发现了教学的"圣杯"；在德国，它被誉为教育者的《哈利·波特》，《明镜周刊》认为哈蒂的研究使教育改革的讨论"回到事情本身"；在北美，众多教育专家呼吁运用哈蒂的研究结果来改进课堂教学；在澳大利亚和新西兰，几乎每个课堂都有哈蒂的影子。在哈蒂教授的研究中，教师的影响是巨大的，不仅仅是自身，更是贯穿课程、教学、学校等多个领域。

《可见的学习》中有这样一段话："我们大部分人想念最喜欢的教师是因为他们的关爱如此之深，我们能够感受到他们对所教学科的热忱和兴趣，他们付出了额外的努力以确保我们有所理解，他们容忍并了解我们的错误，他们为我们达到成功标准而祝贺。"我希望我也能成为这样的教师，认识自己的影响力，为成为一个热忱灵慧的专家型教师而不懈努力！

化用兰老师的话：我当虔诚在心中，勤勉在脚下，一步一个脚印地向着自己心中的圣地迈进。尽管路漫漫而修远，而我又天资愚钝，意根浅薄，但我坚信，前有贤哲召引，途有良朋携领，我当能够行走到我心中的麦加。即使失败了，我也可以无愧地说：我，是一个朝圣者。

单元教学视野下的课堂教学反思

——我听《单元教学设计》

上海市教委教研室初中语文教研员曹刚老师应兰保民语文教师培训基地的邀请,为基地学员们做了题为《单元教学设计》的专题讲座。通过讲座,肃清了我们以往对语文单元教学认识的误区,明确了语文单元教学的价值功能,领会了真正的语文单元教学设计的具体操作方法。反观自己平时的语文课堂教学,无论是课堂教学层面还是观念理论层面,对"单元教学"的思考和实践都是非常欠缺的,更有固步自封、抱残守缺之嫌。

感谢曹刚老师的倾情相授,让我对"单元教学"有了新的思考,也觉得很有必要基于单元教学视野对自己的课堂教学进行反思。如果说革新始于观念,那么观念的革新带动的反思,必将撬动教学实践的革新。

犹记得讲座伊始,曹老师便指出:每个老师每天的工作就是将国家课程进行校本化实施,在实施过程中需要关注目标的逐层传递。任何一门学科都有课程要求,而课程标准就是最高要求。单元目标上接课程标准,下接年级目标、单元目标和课时目标,四个目标是从上位往下位逐层分解的过程。单元教学首先要聚焦目标,即树立起单元目标的聚焦意识;其次要贯通学法,即破解单元目标背后的思考过程,关注目标背后的学习方法(路径)。

自己以往对语文学科课程的认识非常局限,着眼点非常狭小,没有从宏观的角度(课程角度)去审视语文学科的教学。正因为自己看语文学科的视角是"管中窥豹""井底之蛙"式的,所以对整个语文学科的认识就是以偏概全、不成科学体系、不成逻辑序列的。曹刚老师从国家课程校本化实施的角度来谈论单元教学,让我一下子明确了"单元教学"所应承担的角色,"应然"

状态一目了然。

那为什么要有"单元教学"呢？除了上述国家课程层面的要求，曹老师从三个方面给予了"实然"方面的解答。

1. 加强教学内容结构化

较少开展以单元、主题、模块为单位的结构化研究与实践，常常是将单课教学的简单叠加等同于单元教学，对于单元中每篇课文的教学多是平均用力，较少思考单元各篇课文之间的联系。教材处理、教学实施多处于"碎片化"状态，没有充分发挥单元教学的"整体大于局部累加"的效益。

反观我的课堂教学，的确如此，整个单元四五篇课文基本上都是平均用力，大多是以课文叠加的形式来完成整个单元的教学任务，"碎片状"倾向尤为明显。比如沪教版七年级第一学期第二单元"故乡情思"有四篇经典课文：鲁迅《社戏》、牛汉《滹沱河和我》、叶圣陶《藕与莼菜》和萧乾《枣核》，我就如曹老师所言一篇课文一篇课文地"墨守成规"式地往后讲授，丝毫没有"单元教学"的意识；再者，即使偶有"单元教学"的意识，也只是将内容主题简单地随心所欲地进行对接，没有内在学法（思考路径）的衔接，对"单元教学"的认知存有严重误解。如教授沪教版七年级第一学期第七单元"技艺超群"五篇课文时，我就很粗糙地将五篇课文的内容主题给学生们"拎"了出来——卖油翁酌油技艺高超、王叔远雕刻技艺高超、口技表演者技艺高超、王小玉说书技艺高超，现在想想，真是"毁"人不倦！学生要这些结论干什么用？难道他们读不出来吗？仔细想来，课文背后最重要的思考路径没有教授，却过多地纠缠在事实性知识层面，只抓文本共性，缺少文本个性解读。这不仅辜负了这些经典课文，也辜负了学生对新知识的那份渴求。当初的我所理解的"单元教学"无非就是我减轻自己教学量（任务）的借口，真正的"单元教学"又岂是我三言两语所谓"整合"就能"搞"出来的？这是极为严重的认知偏差，感谢曹老师的讲授，让我明白了"单元教学"是要有单元目标统领的，是要考虑课型定位的，是要有思考路径的迁移的，也要考虑读写之间的逻辑转换的等等一系列需要细思量的方面。"单元设计"就像是个庞大的工程一样，必须追求严密的精心设计，而不是随心所欲，信手拈来，胡编乱造。

2. 提高教学、作业、评价的一致性

在相同的时间段内,相同的学习内容如何适应不同基础的学生,需要课程实施者对教材的学习内容从功能定位上做出新的规划来解决这一问题。要聚焦单元教学目标设计教学、作业、评价,要提高教学、作业、评价的一致性。

这一说于我而言真是当头棒喝! 我平时在做教学设计的时候有没有考虑过学习内容如何适应不同基础的学生呢? 答案是否定的。自己平时的课堂教学顾及所谓教学进度的情况居多,关注学生学习实际的情况居少。即使有时候想到了不同层次的学生会有不同的学习效果,也只是顾及了一部分学有余力的学生(或学习困难的学生),总归要耽误另外一部分学生有限的学习时间。面对这种曾经认为是无可调和的矛盾,我想其实是自己缺少"单元教学"的意识。有了"单元教学"的意识,我就会有意识地围绕单元进行课堂问题的设计、课后作业的设计,分层教学、分层作业的设计就不再流于口头形式,而是真正落实在具体的教学实践过程中。比如学习白朴的《天净沙·秋》和马致远的《天净沙·秋思》两首元曲作品后,我就可以尝试进行分层作业的设计:初阶要求可以拟定为每一位学生用自己的话描绘两首曲中的内容,做到准确无误;高阶要求则可以拟定为在描绘的过程中追求美感的现代诗的表达。如此一来,对每个学习层级的学生都做到了顾及。每一位学生都能在自己学习的基础上,得到能力的训练和提升。

此外,当曹老师举例说及某个语文老师的课堂教学内容、作业设计内容和测验评价内容三者出现极大的不一致性时,我内心也立即作出了回想(反思),我是这样的老师吗? 我庆幸我还没"糊涂"到这个地步,这当然是极端的个案,但是里面所折射出的问题却是值得引发我足够的关注和重视的。就如曹老师所言,"单元教学"意识应该促使每一位老师思考自己的课堂教学内容的设计和作业的设计、测验评价的设计是不是保持在同一个"点"上,三者都趋于同一个"点"上,才能真正地将语文教学落到"实"处!

3. 创设有效的学习经历

学生的学习主要是为了积累关于认知世界的经验。一部分来自于理论性的知识传统,表现为命题或陈述性知识(又称言述知识、间接经验);另一部分来自于实践智慧(又称默会知识、直接经验),其内涵包括行动、智力和能力。

我不断地追问自己：学生在自己的语文课堂上有有效的学习经历吗？这个问题似乎很难界定，似乎介于"有"和"无"之间的中间地带。正因为"模糊"，才让我真切意识到"学生"在语文课堂上的有效学习经历是不够的。回头想想，我现有的绝大多数的语文课堂教学多是"纸上谈兵""空中楼阁"式的教学。停留在"理论结果"层面居多，疏于"过程方法"的指导；停留在"语言表层"居多，失于"语言内核"的深入挖掘。比如《背影》的教学，诚如曹老师戏谑所言："我有一个好父亲，我父亲爱我，我很想他"，课堂上无非就是这些浮于文字表层的东西的讲授——而这些其实孩子们都读得懂，真正潜隐在文字背后的情感意蕴内涵我却没有引导学生充分地去感知经历、感受理解、感悟体会。又如石钟山的《雁》的教学，我的教学还是"空谈"爱情、梦想、尊严、自由的"泛主题"，没有让学生在文字建构的文本情境里真实而又充分地去体验作者对生命的一种思考和追问——《雁》其实是对心灵的拷问。

　　林林总总，自认为"反思"的深度和广度都还远远不够。学者范·梅南等人提出了教师反思的三种水平的界说：技术合理性水平、实践行动水平和批判反思水平。北京师范大学申继亮教授在此基础上提出了教学反思三水平：教学技术水平（前反思水平）、理论分析水平（准反思水平）和价值判断水平（反思水平）。不论参照哪一种反思水平，我的"反思"充其量也只能属于"中阶"水平（很多时候属于低阶水平），"反思之路"有待不断求索、铺展、拓宽、延伸！

我和苏霍姆林斯基有个约会

——我读《给教师的建议》

有一天午后,一个20多岁的年轻人坐在图书馆的某个角落,翻阅着苏联教育家苏霍姆林斯基的《给教师的建议》。整整一个下午,这个年轻人始终没有离开过这块尺寸之地。他就这样一个人默默地阅读,静静地思考,甚至连旁人都从未打扰过他(这也是他日后最深表谢意的)。这个年轻人就是我。我就这样在一个百无聊赖的午后,穿越时空的局限,徜徉在苏霍姆林斯基"光辉万丈长"的思想内心世界。几个小时下来,我的心里犹如亮起了一盏阿拉丁神灯,这盏明亮剔透的神灯所散发出的光芒点亮了我之前所有的未知和彷徨,让我深深地体悟到教育所传递出的无比巨大的信念和力量。感谢苏霍姆林斯基,感谢《给教师的建议》,当然,也要感谢上天的垂怜和眷顾,让我能与他在邂逅之初就来了次"私人约会"。

在《给教师的建议》一书中,最让我铭记于心的是苏霍姆林斯基始终在强调"阅读"的重要性。为此,我深表理解和赞许。他说:"真正的阅读能够吸引学生的理智和心灵,激起他们对世界和对自己的反思,迫使他们认识和思考自己的未来。没有这样的阅读,一个人就会受到精神空虚的威胁,无论什么都不能取代书籍的作用。"另外,他在《帕夫雷什中学》一书中说道:"一所学校可能什么都齐全,但如果没有为了人全面发展的丰富精神生活而必备的书,或者如果大家都不喜爱书籍,对书籍冷淡,那么就不能称其为学校;一所学校也可能缺少很多东西,可能在许多方面都很贫乏简陋,但只要有书,有能为我们经常敞开世界之窗的书,那么,这就足以称得上是学校。"由此,可以看出,苏霍姆林斯基一直以来都坚信书籍和阅读是对学生进行智育教育的重要手段。他说:"课外阅读,学生就会发现他们对周围世界中不懂的东西越多,他们求知的愿望也就越明显,那么课内听课的兴趣就会越高。"在我看来,阅读的魅力就在于能教会学生思考,而思考会变成一种激发智力思维的刺激,这种刺激进而能够开拓他们的求知阈限,从而强化其思考意识和能力,难道不是么?

不仅如此,苏霍姆林斯基同样认为阅读还能对学生的德育教育产生积极的引导作用。他认为,在青少年中间发生的那些日益使社会感到不安棘手的不良现象——如酗酒、抽烟、群架,产生这些恶劣现象的原因就在于在学生时代里,他们的智力兴趣极其狭隘和空虚。一言以蔽之,即一定程度上缺乏对阅读的喜好和思考。所以,当他们长大后,所感知的精神世界是粗鲁的、卑劣的。为此,这种逼仄困窘的精神处境迫使他们要去寻找一种潜在的冒险刺激感来寻求某种心理上的满足,以此来平衡内心的空虚和惶恐。

由此,我们能够体会到阅读对于学生德育的重要意义。正如苏霍姆林斯基说的那样:"真正的自我教育是从第一次被一本书震撼开始的。那一刻,你独自面对了自己的良心。"所以,教师应该引导学生积极阅读,更应该给与学生充裕的时间和空间去阅读。只有这样,一个个天真稚嫩的灵魂才能更多地接触到名人传记、英雄故事书。从那一刻起,他们也就开始学会了用英雄的眼光来衡量自己,用善良和道德的尺度来警醒自己,从人类历史的道德财富中找寻到属于自己的榜样。我想,阅读所带来的这种思想教育功效是枯燥乏味的思想政治理论课所无法达到的!并且,我相信,学生通过阅读所领悟的那点知识或信仰终将成为他们毕生有用的精神财富,成为他们心中最值得珍藏和回忆的那一部分,难道不是么?

只是,我们现在的学生被物质和利益牵绊着,被喧嚣和浮躁包围着,他们太缺乏含有人文情怀的读本去认识自我、感受生活。他们太渴望,甚而太需要通过阅读来构筑自己强壮的精神骨架,寻找那曾经失去的真诚的感动,树立起最初的那份最纯真的信念。对于这一切,我认为,教师应该发挥"人类灵魂工程师"的职责,勇敢地站出来,积极地引导学生阅读和思考,而不是以违反纪律为由没收学生的课外书籍,将其埋于书海题库中。

苏霍姆林斯基在《给教师的建议》中反复强调:"要使学生愿意学习,必须使他有一种丰富多彩的、引人入胜的智力生活，让他们经常不断地亲身感觉和体验到运用知识的快乐。"无独有偶，这让我联想到千年前孔夫子也是如斯教育弟子的，他说："知之者不如好之者，好之者不如乐之者。"可是，我们现在的教育为什么会每况愈下呢？教育的现状已然沦落成将一颗颗纯洁天真的心灵压榨成只会做题的考试机器。每每想到此等教育境况，我都会不由自主地唏嘘不已。我想，假若苏霍姆林斯基先生看到这种劣质的教育环境的话，他也会横生愤懑之情和凄恻之心的。这已然跟他当初创设的教育理念和教育思想相背道而驰了，这让他怎不生愤怒之意，怎不发悲哀之怨呢？

所以，我们应该呼吁让阅读重新回到学生的学习生活中，只有这样，学生在自主学习获得知识，加强自我修养的同时，也将大大增加对学习的热情和兴趣。不仅如此，我们也应该强调教师阅读的必要性。正如苏霍姆林斯基在书中所说："读书不是为了应付明天的课，而是出自内心的需要和对知识的渴求。如果你想有更多的空闲时间，不至于把备课变成单调乏味的死抠教科书，那就要读学术著作。应当在你所教的那门学科领域里，使学校教科书里包含的那点科学基础知识，对你来说不过是入门而已……"诚哉斯言！因此，作为教师，也应时常"下水"阅读。每天不间断地读点书，就好比潺潺小溪，每日不断地注入思想的大河，进而哺育滋润学生的成长。

苏霍姆林斯基说："无限相信书籍的力量，是我教育信仰的真谛之一。"的确，他的教育信仰不仅仅局限在对于阅读的重视。他在《给教师的建议》中还表达了许多先进的教育理念和教育思想。比如他强调学生最需要的是自由时间，家庭、学校都应该给予学生自己足够的可以支配的空余时间。再者，苏霍姆林斯基也认为大自然是儿童的第一堂课。他要求学习不应该局限于课堂内所学的死板枯燥的理论知识，更应该来到户外，投入到大自然中去学习。这样的学习，不仅有趣、富有意义，同时也更适合儿童的身心发展和成长。

除此之外，苏霍姆林斯基还特别注重对学生进行劳动教育、爱情教育等等。他呼吁要让学生的个性得到充分的发展。因为他认为，学生都是具体的，其禀赋、才能、爱好和特长是各不相同的，这跟孔子"因材施教"的教育思想是不谋而合的。为此，苏霍姆林斯基说："教学和教育的艺术和技艺就在于揭开每个儿童的力量和可能性。"同样，他也顾及了学生的健康成长和发展。

他强调要慎重对待惩罚,"惩罚是一种敏感性强,不无危险的教育手段。"联系一下实际来看,在当下的中小学教育中,教师往往在运用这种手段时掌握不好分寸,以致存在着潜在的教育暴力倾向。为此,我觉得所谓的"惩罚"应该遏制和避免,正如苏霍姆林斯基说的:"谅解对一个人在精神上的触动要比惩罚强烈得多",难道不是么?

苏霍姆林斯基作为教育事业的先驱,他的一生留下了太多太多彪炳史册供后人瞻仰的教育思想,其中的大部分在今天看来,还是具有非常积极的促进意义的。在我看来,其不朽的生命力见证了他的伟大,而他的伟大正是源自于他对教育的满腔热忱和忠贞不渝。我就这样细细地咀嚼着苏霍姆林斯基博学的教育思想,无论是教育实例,还是教育理论的分析,他都用最朴素的语言、最浅显的道理和我"交谈"着。但每一句朴实的语言,每一个真实的故事,都让我感到如此的刻骨铭心。因为渗透在那里边的是他用一生的心血所换来的成果。同样,那里边饱含着他对教育无私的"大爱"。当然,从《给教师的建议》中我所能领悟的只是他渊博教育思想中的一小部分而已,简直是沧海一粟,荒漠一隅。但是,就是这一小部分已然让我感知到了他的伟大和崇高,其思想的精辟和不朽。

也许正因为有了和苏霍姆林斯基初次邂逅的"约会",才让我这个年轻人走进了他的内心世界。从此以后,这个年轻人的心里永远装着他的名字和思想,因为他影响了他的一生。

摸到"作文教学"的"门"

——我听《写作教学支架设计与运用》

我从教语文也有些年头了，一直在"阅读教学"的泥潭里"摸爬滚打"，好歹自认为积累了点儿"阅读教学"的门道。至于"作文教学"方面，只能无地自容地说连"门"都还没摸到。非常感谢邓彤老师带来的《写作教学支架设计与运用》的讲座以及他的专著《微型化写作教学研究》，让我对"作文教学"有了"入门"的意识。他启发引导我开始真正思考"作文教学"的现状、困境以及可以做出努力尝试的教学路径，让我摸到了"作文教学"的"门"，做好了"入门"的准备。

邓彤老师指出教师可以围绕"写作教学系统"，即知识经验、写作机会、学习活动和修改评价四个维度反思自己的写作教学。据此，我开始细细回溯我少有的、令人汗颜的作文教学。

（1）知识经验反思。自认为掌握的写作知识不宽裕、不完整、不系统，大多都是零敲碎打状的。至于写作经验，作为语文教师自我感觉还是有一点的，有的时候也会有意识地、有设计地转授给学生，但学生往往只能在认知层面意会，在写作的实践层面收效甚微，不尽如人意。究其原因发现，自身写作经验的传授于学生而言是一个不断"输入"的过程，而学生依据"输入"需要内化变成自己的写作表达，从而达到"输出"的结果。最大的症结就在于"输入——输出"的过程中其衔接转化是断裂的，缺少教师有效的指导和帮助。我想，这就是邓老师要建构《作文教学支架》的目的所在！也就是要在"输入——输出"这一过程中建构转化支架，帮助学生顺利转化，收获写作实践的有效成果。

（2）写作机会反思。自己想当然会认为每学期提供过很多写作的机会给学生啊！细细思量，充其量只是抛个"题目"（话题）或要求，说几句建议和想法，然后就让学生"八仙过海，各显神通"了。而且，课堂写作少，课后或家里完成的情况居多。为此，自我检讨，提供给学生的写作机会其实是大大不够的。平时碍于阅读教学或质量检测，往往会挤占作文教学的时间。其实这是非常不可取的，这是赤裸裸地剥削学生的写作机会。

（3）学习活动反思。苦于自己作文指导教学的伎俩局限，我在作文教学经历中对学习活动的设计少之又少。特别是邓彤老师所提供的情境式、任务式的写作学习活动几乎没有。这是自己的短板，今后的作文教学的确需要考虑对学习活动（过程）的有效指导和设计。

（4）修改评价反思。自认为是上述四个维度里着力最多的。每每评改学生作文，总会给出总体评语、优点可取之处、不合理需修改之处。除此以外，也会落实到字词句的纠改。再如语言的表达是否准确、前后句子的逻辑关联是否紧密等等。但是修改归修改，评价归评价，后续的持续关注、过程监控、即时反馈很少，由此也导致学生对评价语看之而已。再者，评价修改主体单一，剥夺了学生自己修改评价作文的权利。为此，这方面虽说着力点颇多，却依旧是"事倍功半"的态势，更加合乎逻辑、趋于客观的修改评价体系（方案）还未真正搭建起来（形成）。

通过邓彤老师的倾心讲授以及对其专著《微型化写作教学研究》的阅读，我对"写作教学支架设计"这块有了很多前所未有的认识和理解。

（1）一种动态概念。我明白了支架是一种支撑学习者顺利学习的框架，它关注学习任务、学习环境及其与学习者之间的关联。写作学习支架提供支撑学习者学习的临时性框架。作为辅助性的写作教学内容，支架是一个动态概念，是一种评价工具。设置写作教学支架是为了服务于写作学习者在写作学习过程中所形成的特别需求以及所遇到的特别困难。简言之，写作教学支架的功能有概念支持功能、元认知支持功能、过程支持功能和策略支持功能。为此，支架的设计必须具有针对性，必须聚焦学生在写作学习过程中遇到的某些实际困难。

（2）两条设计路径。设计写作教学支架有两条路径：一种是分化。通过分离内容的方式,将有些元素作为写作教学核心内容处理,另将其他元素作为支架处理。二是简化。对一些无法切分的内容进行有关减少复杂性、降低难度的处理。

(3) 三个学情节点。设置写作教学支架要关注三个学情节点:任务过于复杂时,通过设置支架分解任务;任务难度过大时,通过设置支架降低坡度;学生缺乏动机时,通过设计支架增加学习兴趣。此外,还需要关注教学设计节点上前期预设支架和实施过程中的即时生成支架。

如此种种,让我从学理层面对写作教学支架的特征、功能、类型以及支架设置的原则、路径、时机、方式有了大致的了解和认识。当然,这些了解和认识目前也只是停留在在概念认知层面,还需要不断识记、整理、内化、重构,融合形成自己新的认知结构,再试图转化成自己成功的作文教学实践。这样一个过程还需要不断的学习思考和实践反思,还需要长久的实践经验的累积。无论如何,这都将是一个基于实现作文教学困境转变的努力的过程。

邓彤老师在阐述写作教学支架设计理论之余,也配以许多有趣详实、操作性强的作文教学支架运用案例来帮助我们加强理论的建构,提供有效的模仿路径,让我们在未来作文教学实践中有"门"可入、有"路"可导、有"法"可循。

(1) 叙事类写作学习支架。邓彤老师指出:要写好一个叙事,三个要点很重要,即愿望、障碍和行动。目的就是愿望,障碍就是遇到的困难,行动就是去克服困难取得成功。可以采用不同类型的"故事模板"。这真是让我大开眼界,受益无穷,我对他的学术智慧委实感佩。他所介绍的"竞争模板""丑小鸭模板""灰姑娘模板""渔父模板"等等都是非常具有典型特征的故事叙述模式,概括精准、阐述到位,更深得我心的是它可以很好地融入到学生写作的实践中去,"支架"的功能凸显是很显著的。为此,自己平时的作文教学也可以运用此类模板,在此基础上,还可以和学生一起去开辟新的故事模板。

(2) 议论文写作学习支架。在邓彤老师的课例里,他要求学生运用"鱼骨图"分析电影《泰囧》热映的主要原因。学生通过讨论,最终确定了四个分析维度:影片制作、市场推介、档期选择和文化现象,如图 1 所示。根据这四个维度,再引导学生往下逐层梳理下位的具体原因。由此可见,邓彤老师运用"鱼骨图"的教学支架在帮助学生"归因"、梳理方面的作用是尤为突出的。这启发了我平时对学生写作思维的训练也要尤其关注,我也应该适时地运用"思维导图""鱼骨图"等可视化工具来帮助训练学生的写作思维,丰富有效的思考路径。

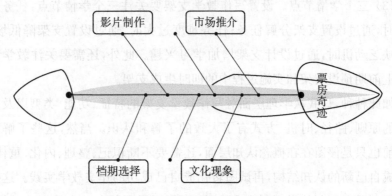

图 1　电影《泰囧》热映的四个分析维度

(3)诗歌写作学习支架。邓彤老师诗歌写作教学支架的案例以教科书中的课文雷抒雁的《雨》这一首诗为依托,提炼出诗歌写作支架,进而尝试写作实践。第一步:事情框架;第二步:比喻美化;第三步:比喻拓展(升华)。结合自己年少时代懵懂的诗歌写作经验,发现邓彤老师所总结的"支架"概括性真的很精准,方法路径真的很明晰,实用操作性真的很强。这样的操作不是说任何诗歌都是一个模子里刻出来的,不是固化诗歌的创作,而是提供了诗歌写作学习最开始、最启蒙的一点帮助和指导的作用,所谓"支架"的作用便在于此。

当邓彤老师吟咏学生以"死神"为题写出的佳作时,我的内心对这个"诗歌写作支架"是满心欢喜的。

假如我是死神,不会带上凶残的面具,不愿给你带来悲哀,不会让你感到痛苦和恐惧。我愿像农夫收割庄稼一样,温柔带走你的灵魂。让你有尊严地安详漫步到生命的终点。我是死神,我收割生命,宛若温情的农人。

这样的写作多美,多好! 支架是有用的,学生是有灵性的。这不得不让我再一次对邓彤老师的作文教学智慧萌生无穷的敬意。讲座已结束,《微型化写作教学研究》还会慢慢研读,正如王荣生教授的评价:"这本专著必将在我国语文教育研究史上留下一个鲜明的足迹。"

文本解读需要建立正确的解读观

——我读《当代文学理论导读》

拉曼·塞尔登、彼得·威德森与彼得·布鲁克合著的《当代文学理论导读》的架构非常清晰,除去引论部分,总共 10 章,分别是"新批评、道德形式主义与利维斯""俄国形式主义和巴赫金学派""读者导向理论""结构主义理论""马克思主义理论""女性主义理论""后结构主义理论""后现代主义理论""后殖民主义理论"与"男同性恋、女同性恋与酷儿理论"。

正如本书译者在前言里说到的,有论者指出这类书的不足,以为难免有以偏概全之弊,而且越是好的"导读"越可能误导读者,使他们忘记了原作。这种意见无疑有一定正确性。我们必须认识到,再好的"导读"也是作者对原著的一种个人读解,不可能没有读解者个人主观的印记。因此,它绝不可能代替对原著的研读。正因为如此,本书作者在"引论"中明确表态说:"《导读》无论如何是不能取代理论原作的。"同时,我们也必须承认,这类书对于那些没有条件阅读繁纷复杂、浩如烟海的理论原著的读者来说,又不失为了解当代理论基本面貌的一条便捷途径;而对于那些有志于钻研理论的读者则无疑可以引导他们更好地进入原作,显而易见,这类书的巨大作用是不可否认的。

英美新批评

英美新批评的核心是对文学作品本身一种深刻的、近乎虔诚的关注。这种"关注"表现在对"文本本身"以及"书本上的文字"的迷恋,把文学作品看作人文精神的偶像以对抗 20 世纪的文化蛮荒主义,对文本进行"客观的""科学的""毫无功利计较的"(阿诺德语)批评。

新批评派的理论前提与实践特征:它不关注语境,不论这语境是历史的、生平传记的,还是理性的等等;它对"意图"或"感受"也不感兴趣,反而称之为"谬误";它关注的只是"文本本身",包括文本的语言、结构;它不寻求文本的"意义",却要搞清楚文本是怎样"言说自身"的。它刻意要追寻的是文本的各部分是怎样互相联系在一起的,它怎样获得"秩序"和"和谐",怎样包容并解决"反讽""悖论""张力""矛盾"和"多义性";它关注的最根本的问题是:清楚地说明诗歌本身的"诗性",即诗歌本身在形式上的完美性。

卫姆塞特的《意图谬误》(1946)与《感受谬误》(1949):受艾略特与理查兹影响,探讨信息发送者(作家)、信息(文本)与信息接受者(读者)三者之间的关系,寻求一种"客观的"批评,放弃作家个人的输入("意图")和作用于读者的感情效果("感受"),纯粹研究"书页上的词汇",研究艺术制品是如何"起作用的"。

俄罗斯形式主义

俄罗斯形式主义对形式技巧的侧重导致他们把文学看作对语言的特别应用,文学语言获得了完全不同于扭曲的"实际"语言的独特性。实用语用于交际行为,文学却完全没有实际功能,它只是让我们以不同的方式观察和看到不同的东西。在形式主义者看来,诗歌正是本质上对语言的一种文学的应用。它是"在整个语音组织中建构起来的言语"。它最重要的建构性成分是韵律。诗歌对实际语言施行一种有节奏的暴力,从而使其扭曲变形,以迫使我们注意诗歌本身的建构性质。

什克洛夫斯基称他最引人注目的概念之一为"陌生化"。我们永远无法保持对事物的新鲜感,那种"常规的"存在要求事物必然在很大程度上变成"自动的"(他后来使用的概念)。艺术的特殊任务正是要唤醒我们的意识,使我们重新认识那些已经在日常意识中变得司空见惯的事物。

以上两者都是文本(作品)中心论的解读观。文本中心论切断了文本与"外部"(作者、时代背景、社会生活、读者)的所有联系,对不少文本的解读往往谬以千里。文本中心论者没有把文本背后的作者视为生命个体,放弃了成为作者"知音"的努力,只是就文本论文本;文本中心论也没有足够关注读者在阅读过程中的主观能动作用。

读者导向理论

读者导向理论拒绝形式主义的观点，认为只有读者能运用那写有信息的符码，从而激活在阅读之前仅仅具有潜在意义的作品。信息接收者往往是积极主动地参与意义的建构。从读者导向批评的视角看，文本的意义从来不是自我形成的；读者必须作用于文本材料，从而产生意义。伊塞尔：文学文本总是包含着"空白"，只有读者才能填上。按照伊塞尔的观点，批评家的任务不是要解释作为客体的文本，而是要解释文本对读者的影响。

以上便是第二种文本解读观，即读者中心论。读者中心论往往过度夸大读者的作用，甚至无视文本的质的规定性，使文本往往成为一个引发读者感想的"由头"，读者由此出发，率性而为，任意发挥。将文本和由此引发的想象、感受相混淆，将文本断章取义"为我所用"，先自立意、强制阐释、穿凿附会。

除去文本中心论和读者中心论的解读观，第三种解读观是作者中心论。作者中心论对语文教学的影响深远而严重。不少教师已把恢复作者原意和"知人论世"极端化了，每一课都要介绍作者姓名、字号、代表作品和逸闻趣事，生怕漏过。解读文本时适当联系作者及有关背景本身并没有错，问题的关键在于"我们已经习惯于必须从历史的语境出发，而且这种阅读方法传承已久，我们中间有许多人已经把它当成了唯一可行的阅读方法"。

四川师范大学李华平教授在《三大文本解读观的检讨》中对三种解读观做了详细的阐释。他指出三大文本解读观都不同程度地存在一定的局限性，对语文教学造成了一定程度的不利影响。需要指出的是，作者中心论的"挖祖坟"式解读、读者中心论的"砍脑袋"式解读，虽然表现形式不同，但都是置文本于不顾，"拿着结论读文本"——结论或来自于作者身世、文本产生的背景，或来自于读者自己——有了结论，再到文本中去寻找证据，一旦找到一些证据，就"越看越像"，全然不顾这些所谓的证据是否形成链条，是否是孤证，是否有反证。这两种解读方式都是对文本的侵略——作者中心论是读者通过"挖祖坟"得来的客观意图对文本的侵略，读者中心论是读者自以为是的偏执的主观感受对文本的侵略。

于漪老师说："解读文本到位，这是上好课的第一步。"钱梦龙先生也指出："一篇课文教什么、怎样教、是否教到点子上、能否让学生真正受益，很大程度上取决于教师解读文本的功力。"因此,摆在语文教师面前的一个重要难题就是克服这三大解读观的局限性,吸收其合理内核,构建符合语文课程与教学规律的语文科文本科学解读观——"一体两翼"的文本解读观。

　　《当代文学理论导读》还没有读完,还会继续啃下去。当你对所阅读的对象一无所知的时候,就表明你在这个领域的认知存在巨大的缺陷。你要做的便是在这个领域从最入门的书看起,打破原有的认知结构来重塑自己。目前的我的确处于这样一种困境,在文学理论、文本解读这方面的确还有很长的一段路要走,经历过崎岖坎坷,方能迎接"柳暗花明"。

关于阅读的"三沉"思考

——我听《读书明理，教学相长》

有幸聆听了赵志伟教授"读书明理，教学相长"的专题讲座，赵教授讲座过程中援引的"易简工夫终久大，支离事业竟浮沉""留情传注翻榛塞，着意精微转陆沉""旧学商量加邃密，新知培养转深沉"三组诗对我的启发与影响尤大。

易简工夫终久大，支离事业竟浮沉

"易简工夫终久大，支离事业竟浮沉"，语出宋代陆九渊的《鹅湖和教授兄韵》，意思是说在时光的变迁中，简单的学说最终会流传广大，而繁杂琐碎的理论最终要飘散流去。

这两句诗让我想到了吴非老师说的："一名教师能走多远，取决于他能否独立思考。有了思考能力，就不会轻易相信任何东西。读书正是培养教师独立思考能力的重要途径。""如果教师没有独立思考的精神，他的学生就很难有独立思考的意识。面对一本教参，他不敢说'不'；面对外行领导的错误指责，他会立刻匍匐在地。教师丧失了独立思考精神乃至丧失了尊严，能靠他去'立人'吗？那些缺乏独立思考精神的教师，常常'把最富有活力的学科搞得索然无味，把精美的教学内容弄得黯淡无光，把最富有诗意的生活糟蹋得鄙俗不堪'。"

读书的过程实际是在两个方向不断探索的过程：一个方向是向内，不断探索自己内心，尝试正确认识自己。阅读能找回自我，感知自我存在的方式。另一个方向是向外，不断探索与自己生活、工作相关的领域，建构自己对世界的认识，如同李镇西老师所说："读书的秘诀无非是联想与思考。联想是读出自己的共鸣,与生活、经历、情怀、时代接通;思考是读出问题,思考、质疑,不轻易相信。"

留情传注翻榛塞,着意精微转陆沉

"留情传注翻榛塞,着意精微转陆沉",语出宋代陆九龄的《鹅湖示同志》,这两句话表达了保留感情和传递情感的重要性。即使在面临困难和障碍时,也要用心思考和对待,将沉默的内心转化为主动的行动。

这不由得让我想到,在这个急速变化的时代,养成阅读的习惯,可以让自己始终站在时代的制高点上思考和谋划,可以让自己在教育实践的过程中少走很多弯路,在教育探索的道路上获得更多的成功。

朱永新先生说:"一个人的精神发育史就是他的阅读史,一个民族精神境界取决于这个民族的阅读水平。"我明白,成长无捷径,读书很重要。大量地、广泛地、坚持不懈地阅读,是教师成长为名师的秘诀。名师成长没有捷径,无非是如苏霍姆林斯基一直提倡并践行的那样阅读、反思、实践,如梭罗所言:"一本真正的好书教给我的远不止阅读它,我必须将它放在一边,然后按照它来生活。我始于阅读,终于行动。"

旧学商量加邃密,新知培养转深沉

"旧学商量加邃密,新知培养转深沉",语出宋代朱熹的《鹅湖寺和陆子寿》,意思是说对已有的知识相互切磋,使它更加深远精密;对于新知识,努力钻研以求认识更加深刻。

这让我想到了郑燮在《潍县署中寄舍弟墨第一书》中写道:"眼中了了,心下匆匆,方寸无多,往来应接不暇,如看场中美色,一眼即过,与我何与也?千古过目成诵,孰有如孔子者乎?读《易》至韦编三绝,不知翻阅过几千百遍来,微言精义,愈探愈出,愈研愈入,愈往而不知其所穷。虽生知安行之圣,不废困勉下学之功也。"

同时,这让我想到了《学习共同体:教师成长的心灵家园》一书,这本书采用生命叙说的研究方法,聚焦当前国际上流行的"学习共同体"与"教师自主发展"话题,展示作者与一批志同道合的青年教师一同探索的教师自主发展生动历程,展示教师如何通过学习共同体的形式实现自身的自主发展,引发更多教师对教师成长的思考。同时,作者提倡的学习共同体的组织形式、世界咖啡式的读书沙龙模式、教师自主发展的理念对推进学习型学校建设具有重要的参考价值。

"易简工夫终久大，支离事业竟浮沉"——让我明白阅读要有独立的思考，要有质疑的精神，不能故弄玄虚，不能人云亦云；"留情传注翻榛塞，着意精微转陆沉"——让我明白阅读要有恒久的毅力，要有务实的行动，不能虎头蛇尾，不能纸上谈兵；"旧学商量加邃密，新知培养转深沉"——让我明白要有深入的钻研，要有充分的交流，不能浅尝辄止，不能闭门造车。读书明理，"书犹药也，善读可以医愚"，"双眼自将秋水洗，一生不受古人欺"。作为语文教师，读书是我们的本业，也是最好的修行。古人的书要读，今人的书也要读，"知今不知古，谓之盲瞽；知古不知今，谓之陆沉。"

语文教育：绕不过去的经典

——我读《国文教学》

叶圣陶、朱自清两位先生所著的《国文教学》是研究语文教育绕不过去的经典。

首先，就语文教学的目的而言，叶、朱两位先生的观点是国文教学固然要重视精神训练，但尤其要重视技术训练，即重视了解文字和运用文字的能力的训练。诚然，语文教育的核心目的固然是要教会学生阅读欣赏优秀的文学作品，达到精神审美和体悟感知的升华。这就好比日本语言教育学家西尾实在《国语教育的构想》中指出"母语教育的三个领域"中最高等的所谓"文化语言生活"的领域那样。

然而，我们也不能强迫学生能够"一步登天"，达到语文学习的最高目标。凌节而施、越次躐等无异于拔苗助长，是无益于学生语文学习的成长和发展的。对于语文教学，正像叶、朱两位先生所言，还是要以基础训练为主，加强学生认识和运用文字的能力，循序渐进，循循善诱，方能修成正果。同论者，程其保先生在《初级中学课程标准之讨论》中也做过相应的阐述。他主张学生要学会阅读和使用"主动的词汇"，而不是"被动的"，从这一点来看，他和叶、朱一样都认为文字基本训练为语文教学根之所在。

我想，也正是从这一基本原则出发，朱自清先生才不遗余力地专门编写了《经典常谈》这一古典文学的普及读物。当然，需要指出的是，我们也不能将叶、朱的语文教育思想划入"语文学习工具论"的范畴中去。在《经典常谈序》中，朱先生就开宗明义地指出："在中等以上的教育里，经典训练应该是一个必要的项目。经典训练的价值不在实用，而在文化。"所以，对叶、朱两位先生强调语言文字基础训练为根,再深入加强重视精神陶冶达到精神教育为旨归的语文教学观,我认为是客观辩证,非常具有说服力的。他们不仅强调了语言文字基础训练的必要性(即工具性),而且又不局限于工具性的存在,还能够清醒地认识到语文教育的目的在精神层面的培育(即人文性),这是非常难能可贵的。

其次,关于阅读教学和写作教学的关系。叶、朱两位先生认为,阅读和写作是没有主次之分的,两者是相互影响、相互制约的。再者,文言文和白话文都要顾及,不可偏废。而写作,则必须以白话文的优秀作品为范本,学会用白话文来写作。对此,我深表赞同。要知道,五四运动以来,文白之争一直是语文教学争论的焦点。有如汪懋祖、章士钊等人的复古读经派,也有极端反对复古的钱玄同、吴稚晖之辈。

在我看来,他们的观点都太过于偏激和狭隘,复古读经派过于尊崇古典传统,守旧的气息相当严重,显然,这是不能和"五四"新文化运动的旨归所契合的,所以在语文教育的历史发展潮流的推动中,我认为其是站不住脚的,终将会因不合时宜而"折戟沉沙";而对于极端反对复古,追崇现代白话文一派,我认为其也存在着极大的弊端。要知道,中国的传统文化教育,是几千年来集聚传承下来的精髓。若将其尽然摒弃,何异于"刨根灭祖"?

我觉得古典传统有其传承的必要,现代白话也有适应和追求的需要,两者在本质上是可以共存的,也应该是共存以求共进的。所以,从叶、朱两位先生的言论来看,为了适应语文教学时代的发展,学写白话文是必然的趋势,他们更多的是站在语文教学的新时代大背景下,呼吁白话文的阅读和写作。为此,只能说他们认为白话文的写作,更符合语文发展时代的需要,但是,要注意的是,他们也并没有完全否认古典文言的重要性。所以说,两者并举,两者共存,两者共进不失为对于文白相争最好的处理方法。

再次,对于语文教材的性质和作用,叶、朱两位先生认为:"语文教本不是终点,从语文教本入手,目的却在阅读种种的书。"其中的文言文,不应该选"深的僻的",而应该选"文字经济""条理清楚"的;如同白话文一样,选文的目的在能充分发挥其指导日后"应用"的作用。由此,在我看来,语文教材应该注重的是知识的典型性和阅读的衍生性。应该让学生从教材出发,在获得基本知识的同时，更能够激发出他们对于阅读其他文章的激情和兴趣，甚而促进他们自主的学习和思维。

对于叶、朱两位先生的观点，周予同先生在《中学国文教材的选择与编排》中也有过与之相类似的论述。郭绍虞先生更是呕心沥血分编了《近代文编》和《学文示例》以求兼顾语文教学思想内容与技巧训练这两个方面。朱自清先生评价其说："这《学文示例》的确是一部独创的书。若是用来启发人们对于古代文学的欣赏的兴趣，并培养他们的欣赏的能力，这是很有用的一部参考书。"

又次，对于语文教学的方法，叶、朱两位先生认为，教师在课堂里所做的工作不该只是"逐字逐句的讲解"，更不该"说些不相干的话敷衍过去"，而是应该重在指导学生实地去训练，依着教本所提供的"例子"去训练。对此，吕叔湘先生也对一些不宜的教学方法给予了批评，他指出："现在的问题，至少以白话课文而论，不是讲得太少，而是讲得太多。"诚哉斯言！在我看来，正是教师讲得太多，致使学生自主思维的空间受到了挤压，文章的思想主题等等全由教师一个人按照所谓的"教学参考书"操控，学生只能干巴巴地接受而不能提出自己的想法。我想，这正是现阶段语文教育面临的最窘迫的问题。正所谓"言者谆谆，听者藐藐"，试问，在这样一种情景下的语文教学，学生哪能不讨厌？

叶、朱两位先生提出了正确的主张：国文教学应该充分发挥学生的主动精神，要求学生通过自己的实践去培养自己的习惯和能力。美国教育家布鲁纳也认为学习语言最好的方法就是在语言的"海洋"里"游泳"。为此，胡适先生在《中学国文的教授》中所开的那些"药方"对学生在"海洋"里"游泳"应该是裨益无穷的。

最后，对于语文教师的修养，叶、朱两位先生也提出了他们自己的标准。其中最根本的是要认识国文教学究竟是怎么一回事。对此，吕叔湘先生也在《关于语文教学的两点基本认识》中指出过："我认为，每一个做教学工作的人必须首先认清他教的是什么。从事语文教学就必须认清语言和文字的性质。……其次，我认为从事语文教育必须认清人们学会一种语文的过程。"其次，国文教师还得具有相当的责任感。再者，教师还得拥有广博的知识、敏捷的才思来使其具备足够的读和写的能力。

　　谈及语文教师的修养，我觉得不得不提叶圣陶先生所写的《中学国文教师》一文，叶先生在文中所举隅的几类当作是反面教材的教师特征，刻画得精细生动，十分具有代表性。文末，他画龙点睛道："国文教学并不是一件深奥难知的事情，只要不存偏见，不忘实际，从学生为什么要学国文这一层仔细想想，就是不看什么课程标准，也自然会想出种种的实施方法来。"另外，叶先生还在《"教师下水"》一文中提出，教师在作文教学和阅读指导方面都应时常"下水"，方能更好地帮助学生的语文学习和成长。在我看来，这些对教师的要求或是建议都是非常发人深省的，为师之人真的很有必要想想自己是不是真的符合"教师"这一称谓。

　　发自肺腑地佩服两位先生，他们在当时语文教学界龃龉相争之中，审时度势，不依附于他人言论，冷静地分析语文教育现状，提出非常独到、客观辩证的语文教学观，这是非常不容易的。这其中绝大部分教学思想理论在今天依然具有极强的生命力和影响力，依然是语文教育教学思想理论中的瑰宝。

说说宋代词的"雅化"流变

——我读《唐宋词欣赏》

词，作为一种有别于"诗"的文学形式，其起源于隋唐，至宋代达到了其发展的一个顶峰。然而，要知道，在词逐渐成为宋代主流文学的同时，对于词应"雅化"的呼声也日益高涨，由此引发了所谓的"雅俗"之争，也就产生了词不断"雅化"的流变历程。

对于词的"雅化"问题，要特别注重词作为一种文学形式所具有的两个独特的根本属性：一是民间性，二是音乐性。词是一种音乐文学，来自于民间，是人民大众在世俗生活中即兴演唱、表达思想情绪的歌词。

"敦煌曲子词"中有一首《鹊踏枝》：

> 叵耐灵鹊多谩语，送喜何曾有凭据。几度飞来活捉取，锁上金笼休共语。比拟好心来送喜，谁知锁我在金笼里。欲他征夫早归来，腾身却放我向青云里。

另有一首《菩萨蛮》：

> 枕前发尽千般愿，要休且待青云烂，水面上秤锤浮，直待黄河彻底枯。白日参辰现，北斗回南面。休即未能休，且待三更见日头！

这两首词可以说是民间词的典型代表，非常适合传唱来表达情感。前者表达了一个妇人思念丈夫的迫切心情，后者表达了一段真挚的爱情誓言，跟汉乐府《上邪》极其相似。为此,正是"民间"这样一个特定的历史背景,决定了词所应该具有的"俗"的特性。因此,词在当时是民间的"俗"文学,而不是文人士大夫正统的"雅"文化。

直至后来以温庭筠为代表的《花间集》的出现,实现了词从世俗民间到文人士子创作的一个转变。然而问题的关键就在于,这样一种转变实际上只是一种创作主体的转变,即从随意的民间大众创作转化为文人士子的规范化创作。

如温庭筠的《梦江南》:

梳洗罢,独倚望江楼。过尽千帆皆不是,斜晖脉脉水悠悠。肠断白蘋洲。

又如《菩萨蛮》:

小山重叠金明灭,鬓云欲度香腮雪。懒起画娥眉,浓妆梳洗迟。照花前后镜,花面交相映。新贴绣罗襦,双双金鹧鸪。

通过温庭筠的这两首词与之前的敦煌词相比,其在词语的运用表达方面更加倾向于文人词的创作,也更加注重词的内涵和意蕴,而不是流于浅泛的直白书写表达。但究其思想内容本质,其仍旧是一种"俗"的文学。施蛰存先生在《词学名词释义·雅词》中说道:"《云瑶集》是民间的俗文学,《花间集》是知识分子的俗文学。"此语论说言简意赅,尤为精辟。为此,站在这一历史时期来看,词"俗"的特性,具有普适性的传唱表达效果深得民众及文人的青睐,对词要"雅化"的呼吁还未出现。

真正出现词应"雅化"的呼声和理论,应该是在北宋以后,特别是针对柳永词的出现,把词"俗"的特性发展到一个"俗不可耐"的程度之后引起了文人的广泛关注和重视。对于当时词流于"俗"的泛滥,文人创作主体自觉地就产生了一种反感排斥的心理,进而也就产生了词的"雅化"这一革命性进程。为此,词的"雅化"首先在于化俗为雅,唐五代以来,直至柳永词的"俚俗低下",

把词"俗"的特点发挥到了烂漫极致的程度,使得"俗词"不再适合文人士子的创作。正是在这样一种文化背景下,词的"雅化"应运而生,真可谓是水到渠成。

在词"化俗为雅"这一"雅化"历程中,前期应以晏殊、张先、欧阳修等为代表,他们崇尚词的"雅化"创作,与柳永的趋俗创作形成了鲜明的对立。张舜民的《画墁录》:

> 柳三变既以词忤仁庙,吏部不放改官,三变不能堪,诣公府,晏公曰:"贤俊作曲子么?"三变曰:"只如相公亦作曲子。"公曰:"殊虽作曲子,不曾道'彩线慵拈伴伊坐'。"柳遂退。

由此看来,晏殊在当时已经将词的雅俗观念分得十分清晰,鄙夷柳之鄙俗不堪。所处同一时期的张先也在《艺苑雌黄》里对柳永《轮台子》一词给予了严苛的批评:

> 既言"匆匆策马登途,满目淡烟衰草",则已辨色矣;而又又言"楚天阔,望中未晓",何也? 柳何语意颠倒如是!

张先工于造语,对柳词语言不加斟酌,信笔写来,重复颠倒十分不满,这是针对柳词语言之俗提出的批评。再者,张先还首创题序之风,将词的情感指向变得更加明确,使词人的主体意识也得到增强,他将词的题材增广,境界扩展的同时,也使词的文学性大大增强,从而推进了词"雅化"的进程。

但是,真正具有开创性的当属后期苏轼的"以诗为词",开一代词风。苏轼在《与鲜于子骏书》中说自己"近却颇作小词,虽无柳七郎风味,亦别是一家。"可见,"自是一家"一语主要是针对柳永俗词而发的,苏轼以充满士大夫儒雅之气、阳刚之美的"豪放词"试图革新柳永淫靡的俗词之弊,将词真正确立为士大夫创作的正统文学形式。为此,"化俗为雅"是宋代词"雅化"的第一步,也从而确立了词真正的文学地位及影响力。

可是,当任何一样事物都发展到极致的时候,它也就面临着崩溃消亡的后果。当初,词产生于民间,因为"俗"的特性使得词广为流传,受人追捧。当"俗"发展到泛滥以至于"俗不可耐"时,也就决定了词必须来到"雅化"的这一历史进程。然而,当我们又一味地追求"雅化"时,似乎又产生了一种"矫枉过正"的嫌疑,即过度追"雅",以至于发生了"俗词——雅词——艳词"的转变。"艳词"的产生可以说是对"雅词"的过度追求所导致的,文人士子一度追求高雅,好用夸饰的辞藻,在这样一种情形之下,词的发展与当初所要追崇的"雅词"越行越远,违背了"雅化"的初衷。于是,"化艳为雅"成为了"雅化"进程中的又一个革命性阶段。

"化艳为雅"应产生于南宋时期。北宋时期,"化俗为雅"的"雅化"理论使得词的发展日臻"醇雅",至周邦彦可以说是词在这一阶段发展的顶峰。在此之后,词开始呈现出文繁意少,辞艰义隐之状,以王灼《碧鸡漫志》、张炎《词源》、沈义父《乐府指迷》等为代表的词话著述都针对北宋后期所产生的"媚俗"词开始进行批评,并呼吁词应"雅化"的主张。为此,可以说这一时期掀起了一股词的"复雅"高潮,试图将词的发展挽回到真正的"雅"的轨道上来,张炎更是提出了"雅正"之说。《词源·原序》云:"古之乐章、乐府、乐歌、乐曲,皆出于雅正。"又如《杂论》云:"词欲雅而正,志之所之,一为情所役,则失其雅正之音矣。"由此可见,张炎视"雅正"为论词的基本原则,他在《词源》中批评了柳永、周邦彦词的"浇薄"和"软媚"。

但是,我们必须深刻地认识到这样一个问题,在词"雅化"的进程中,之前的"化俗为雅"和之后的"化艳为雅"其所指的"雅"已经出现了某种程度上的偏转和分离。究其原因,在我看来,在于南北宋的社会环境发生了根本性的转变。北宋时期,国泰民安,文化事业很繁荣,文化氛围也相当浓重,士大夫的生活十分富裕。在这样一种客观环境下,文人士子的词创作更多的是一种闲情雅趣。再者,北宋时期,士大夫之族有蓄养家妓的风尚,歌妓的传唱为唐五代以来直至北宋期间词的发展起到了广泛传播流行的作用。为此,这一时期相对于"俗"而言的"雅"其实是一种雅趣,一种高雅的情调。

而到了南宋,随着靖康之变,面临山河破碎,家国动荡的客观现实环境,文人的词创作不再只是寄予某种闲情雅趣,而更多的是作为一种表达自己同社会、国家之间情感关系的文学形式,源于一种"诗言志""歌诗合为事而作"

的道统大纛。词不再是一种自我的抒情体,而是俨然带上了社会国家的印痕。同时,词也开始逐渐脱离了其音乐性、民间性的特点,成为一种纯文学形式。在这其中,主要以南宋时期辛弃疾、张孝祥、陆游、陈亮等为代表。他们的创作实践使词进一步提高了社会价值,也将词作为一种文体的独立性得到了前所未有的彰显。辛弃疾在苏轼"以诗为词"的创作基础上,更是推陈出新,"以文为词",将"通经用典"的手法运用于词的创作中,使词在抒写内容上与一切雅文学并驾齐驱,也使词从"雅俗共赏"的流行歌曲真正走向了文人案头玩赏的艺术精品。当然,这里边还要考虑到当时词的传播方式不再是歌妓的传唱,刻板印刷行业的兴起,促使了词从口头文学到案头文学的这一转变,这一转变的到来也决定了词不再是世俗民间的流行歌曲,而是一种特定的文学书写形式,供人阅读欣赏。

当然,作为一种音乐文学,词并没有因此而走向消亡。在"雅化"的道路上,"雅"呈现出了双重涵义,一者即之前所述成为一种社会规范,"雅正""教化"的书写。再者,它并没有失去本身所具有的那种高雅的具有音乐形态的文学特征,以姜夔、吴文英为代表的清客雅词撇开传统雅正的社会功利性,以清雅平淡作为审美情趣来实现词人创作主体对精神的追求以及对人生境界的开拓。张炎《词源·清空》云:"白石词如疏影、暗香、扬州慢、一萼红、琵琶仙、探春、八归、淡黄柳等曲,不惟清空,又且骚雅,读之使人神观飞越。"

纵观词学的发展历程,宋代词的"雅化"进程主要体现为北宋时期的"化俗为雅"和南宋时期的"化艳为雅"。后者的"雅化"是在前一阶段"矫枉过正"的基础上试图纠正的过程。与此同时,在词的"雅化"过程中,"雅"的内涵也发生了实质性突变。北宋时期的"雅"主要是相对于"俗"而言的,其指向性还比较单一,而发展到南宋,"雅"的内涵更彰显出一种"多元化",我们不能简单地去给"雅"做出某种定义,它的指向性更为复杂和多面。

曾慥的《乐府雅词》在自序中论及"涉谐谑则去之",认为谐谑之词不是雅词。詹傅为郭祥正的《笑笑词》作序,认为"康伯可之失在诙谐,辛稼轩之失在粗豪",只有郭祥正的词"典雅纯正,清新俊逸,集前辈之大成,而自成一家之机轴。"黄昇在《花庵词选》中评论柳永词:"长于纤丽之词,然多近俚俗,故市井小人悦之。"又评万俟雅言的词是:"平而工,和而雅,比诸刻琢句意而求精丽者,远矣。"又称张孝祥的词:"无一字无来处,如歌头、凯歌诸曲,骏发蹈厉,寓以诗人句法者也。"在这里,黄昇又认为市井俚俗为不雅,琢句精丽为不雅,词语不典为不雅,而又归结于要求以诗人句法作词。为此,在宋代词"雅化"的流变中,到了南宋及其末期,"雅"的内涵得到了无限的丰富和拓展,它更加倾向于一种词的多元艺术化,我们再也不能以一种单一局限的思想理论去束缚限制它的发展。

说说易安的"咏梅词"

——我读《李清照集笺注》

大学时代早已品读过《李清照集笺注》，那是一段美好的青春记忆。而今，打开泛黄的书卷细细品读，对易安的词还是有一种说不清、道不明的喜欢。只是这一回，倒是喜欢上了易安的"咏梅词"。

在易安的咏梅词中，梅花不仅是她情感的寄托，更是她整个生命历程的真实写照。易安咏梅的同时也是在咏叹自身，达到了"梅我相融"之境界。

作于早些时期的《渔家傲》，"香脸半开娇旖旎""玉人浴出新妆洗"，非常细致地刻画出了梅花外形上的美丽，也让我们透过梅花仿佛看到了少女时代漂亮动人待字闺中的易安。下阕转而又有"造化可能偏有意""此花不与群花比"等语，语词虽稍显稚嫩，但是从字里行间却能感受到易安所拥有的那份才情与自信。

再如《玉楼春》，这首词稍晚于《渔家傲》。之前在《渔家傲》中所迸发出的那种青春激情慢慢消褪了，转而换来的是一个妙龄女子的闲愁淡恨，正所谓"道人憔悴春窗底，闷损阑干愁不倚"。通过咏梅的方式，易安是在咏叹韶光易逝，青春似落花流水，白驹过隙，一如《如梦令》中的海棠花，在"雨疏风骤"之后，"应是绿肥红瘦"。

结缡之后的易安于建炎三年暮春写下了《满庭芳》。已入中年的她过着"小阁藏春，闲窗锁昼，画堂无限深幽"的孤寂生活，梅花不再像早年那样"香脸半开娇旖旎""红酥肯放琼苞碎"，而是"难堪雨藉，不耐风揉"。这首咏梅词多了些深沉和婉曲，那种轻快和明丽全然消褪。历经风雨的易安已不复年轻时的稚气浪漫，心态也渐趋复杂。但是，"难言处，良宵淡月，疏影尚风流"一句,还让我们依稀感受到她像残梅一样残留着一种"对洁美素质的珍惜",而更多的则是"一种孤独人的感伤"。

之后的孀居生活中,易安写下了《孤雁儿》《清平乐》两首咏梅词。"挼尽梅花无好意,赢得满衣清泪""藤床纸帐朝眠起,说不尽、无佳思"构成了她生活的主体。对于梅花,她道出了"看取晚来风势,故应难看梅花""一枝折得,人间天上,没个人堪寄"这样痛心的话语。在悲痛的诉说中,既饱含着对亡夫的无限思念,也满怀着对家国沦丧的无限凄楚。无人堪寄的孤枝与无人依傍的孀妇的命运走到了一起,此刻的梅花超越了客体形态而成为易安身边唯一的陪伴,承载着她最丰富深沉的情感寄托。

易安的咏梅词不是以单独的个体形式而存在的,它是具有整体性的。从乐观开朗、略带闲愁淡恨的情感到深沉婉曲、忧郁凝重的心境展露,从"香脸半开娇旖旎"到"难堪雨藉,不耐风揉"再到"一枝折得,人间天上,没个人堪寄",这俨然就是她的生命轨迹。易安的咏梅词是她整个生命历程的投射,为我们展现的是她内心丰富复杂的情愫。梅花不再只是作为一种自然物而存在,它被赋予了生命、灵性乃至情感,它是易安精神世界的表征。

不仅如此,易安的咏梅词在艺术表现方面也完成了华丽的转变。

在早些时期的《渔家傲》中,"寒梅点缀琼枝腻""香脸半开娇旖旎""玉人浴出新妆洗",易安将梅花描摹得妩媚迷人,宛若一个风姿绰约的美女,注重梅花外形上的塑造。《玉楼春》中又有"红酥肯放琼苞碎",由梅花色彩鲜红写到蓓蕾绽放,进而又有"几多香""无限意"。易安惯于使用绚丽的语词对梅花本身的色彩、形态、香味进行全方位描摹,就梅写梅,对于梅"形"的描摹非常熟稔。

到了中后期,在《满庭芳》《清平乐》《孤雁儿》中却找不到任何关于梅"形"的描绘。在这些咏梅词中呈现出另外两大特征:第一,多使用梅的典故,如"何逊在扬州""更谁家横笛"等;第二,直接点出梅花,不带任何修饰,如"手种江梅更好""挼尽梅花无好意"等。

易安多用梅典,不仅可以避开梅"形"的描绘,又可以巧用暗合转接手法将题材限定在咏梅上。由于她经历了太多人世沧桑,对于自然物的梅花自然有更深一层的体悟和感知。她不再满足于梅花外形上的刻画塑造,她更渴望通过梅花来寻找精神的诉求和慰藉。梅花是过去美好的见证,是沟通今昔的载体,更是她情感的支撑。因此,易安将梅不加修饰地点出是她创作过程中不经意之间的一种情感的流露,看似平淡,实则饱含深情。这样一种不加以着墨就点出梅的方法,就像是阅尽了人世代谢,经历了岁月雕琢之后,道出的那句"看山还是山,看水还是水"。梅花在易安的笔下得以返璞归真,彰显出隽永深刻的意蕴。凸显出梅"神"的梅花更具有厚重感,它不再只是一副躯壳的存在,而是有情感内涵的生命形态的表征。

从未对易安的"咏梅词"有过关注,只是这一次,真的是爱到骨子里以后的懂得和理解。每次读《李清照集笺注》总会有意想不到的惊喜和收获,对于易安的喜爱真真切切地又加深了一层。《李清照集笺注》还会再读,愿下一个时光里遇见下一份美好!

辩证的文学创作观:"形式"与"内容"的统一

——我读《文心雕龙·情采》

　　《文心雕龙》作为我国文学理论批评史上第一部有严密体系的、"体大而虑周"(章学诚《文史通义·诗话篇》)的文学理论专著,作者刘勰在著作里探讨了许多重要的文艺理论问题,提出了许多"前所未发"的独创见解,对扭转当时淫靡文风、指导文人写作,起到了举足轻重的作用。在这其中,我认为《情采》篇叙写得尤为绝妙,整篇文章条理明晰,辩证有序,思维严谨,言辞优美而有力,可谓倚照"情采"的标准而为文的典范之作。

　　关于"情""采"二字,"情"是指作者内心的真实情感、即真情、性情,"采"是指用来表现情感的具象,即辞采、藻采、文采等相整合而成的一种外化显现。"情"是作者内在的思想本源,隐藏在作者心里,不流于表现;"采"是作者将心中之"情"所表达出来的方式,即外在的表现化。"情"与"采"是相互联系、相辅相成的对立统一体。刘勰借《情采》篇所要表达的正是一种情采并重的文学创作方式,他并没有浪费笔墨一味纠缠在议论"情"重要还是"采"重要的问题上,而是强调了"情"与"采"的相互依存,相互融合。

　　"情者文之经,辞者理之纬;经正而后纬成,理定而后辞畅:此立文之本源也。"可见,文学创作不是抽象的说理,不是冷漠的叙事,也不是单纯的状物,而是以饱含感情的形象去打动人心。刘勰在这里极其强调感情的意义,他指出:"志足而言文,情信而辞巧。"(《徵圣》)"必以情志为神明,事义为骨髓,辞采为肤肌,宫商为声气。"(《附会》)刘勰把这视为作者写作必须掌握的根本要领,不断地强调了"情"是作家内质,是内心真情的自然流露,所以作者要依情驭辞,述志为本。正所谓"饿者歌其食,劳者歌其事",只要抒发出的是真情实感，只要是基于创作者内心情感的文采藻饰就能给文章带来蓬荜生辉的功效。

为此，在这个基础上，刘勰提出了作家的两种不同的创作倾向：一是为情造文，二是为文造情。前者以《诗经》为圭臬，其作者"志思蓄愤"，自然感发，即"心生而言立，言立而文明"。如此作文"要约而写真"，即精要简约而情感真实。后者以汉赋为典型，其作者"心非郁陶"，没有郁结的文思而矫情造作，正如钱锺书在《七缀集·诗可以怨》中说道："'矫揉造作，使自己伤心''不病而呻吟'已成为文学生活里不可忽视的事实。"如此作文"淫丽而烦滥"，即文辞浮华，内容杂乱虚夸，正所谓"繁采寡情，味之必厌。"

可见，刘勰在这里极力肯定了前者，认为处于真情本心的"文"，其"采"是自然而然的流淌，是情有所依，并非无中生有。同时，他更是驳斥反对后者的颓唐创作观，"滥采则伤情"，"盛采"之下必然会导致"情"的虚伪，缺失和匮乏。对此，纪昀在《四库提要》中评价说："因情以敷采，故曰：'情采'，齐梁文胜而质亡，故彦和痛陈其弊。"持同论者还有黄侃，其在《文心雕龙札记》中说道："舍人处齐梁之世，其时文体方趋于缛丽，以藻饰相高，文胜质衰，是以不得无救正之术。此篇（指《情采》）旨归，即在挽尔日之颓风，令循其本，故所讥独在采溢于情，而于浅露朴陋之风未遑多责，盖操曲目者未有不过其直者也。"可见，刘勰在《情采》篇中针对齐梁时代文人"竞一韵之奇，争一字之巧；连篇累牍不出月露之形，积案盈箱惟是风云之状"的浮华文风，叙其表现，揭其病根，投以药石。他坚决反对"碌碌丽辞"（《丽辞》），"肥词瘠义"（《风骨》）的作品，因为"采滥辞诡，则心理愈翳"，虚华的文词掩盖苍白的内容，与打肿脸充胖子无异。

然而，必须特别指出的是，刘勰并非要"矫枉过正"，贬低"采"来夸大"情"的作用力。他同样认识到，"采"对于"情"的不可或缺的重要意义。在其著作中，《夸饰》《丽辞》等篇，讨论修辞，足见刘勰对"采"的重视。当然，他也在《情采》篇里通过论述自然事物之"文附质""质待文"的事实，来论及文章因为"镂心""织辞"相锲相携，"文""质"相济，才能达到人文之美。这显然是表明了这样一种观点：文章只因有了"采"，才呈现出更多更璀璨的华美，换言之，也体现了刘勰文学创作的审美观。

当然，在刘勰之前，有很多文论家都已经开始关注文学的审美特性了。

曹丕在《典论·论文》中提出"诗赋欲丽",陆机在《文赋》中提出"诗缘情而绮靡",钟嵘在《诗品》中针对"质木无文",要求"饰之以丹彩"。对此,刘勰继承了前人的理论成果,提出了"圣贤书辞,总称'文章',非采而何?",极力强调"采"是文章的本然属性。没有"采","情"就没有了依托,也就不成"文"了,体现出刘勰对于"正采"的追求。在《情采》篇里,他以"衣锦褧衣,恶文太章;'贲'象穷白,贵乎反本"来体现"正采"归于"自然"的道理,又辩证地从反面论证"滥采则伤情",从而道出"使文不灭质,博不溺心,正采耀乎朱蓝,间色屏于红紫"的心声,表明自己"情""采"兼合的文学创作审美观。

因此,总的来看,刘勰始终没有沉溺在"情"和"采"的任何一种倾向中。他对前人理论的突破和改革在于扬弃,在于自我客观冷静的分析。"情"与"采"的一并推重,体现了他非常辩证的文学创作观,不仅承认"采"对于"情"的外在表现的凸显作用,也强调了"情"对于"采"的内在统摄凝聚作用。要求有充沛的感情和与之谐适的明丽文采,同时也阐明了文因情而生采,采耀而情愈明的辩证关系。强化了"情"与"采"的有机融合,两者相互选择、结合,是最终形成美文的必然途径。"言以文远,诚哉斯验。心术既形,英华乃赡",刘勰告诉我们"情文并茂"的作品才是优秀的作品。所谓的"情文并茂",在我看来,就在于"情""采"的相容相依,达到和谐的结合状态。

刘勰以"情采"名篇,给我们揭示的是文艺创作的普遍的独特规律。这对后世的乃至今天的文艺创作都具有着深远的借鉴意义和影响意义。唯有这样,我们才能创作出"酌奇而不失其真,玩华而不坠其实"(《辨骚》)的作品,达到高尚的情感和优美的文采的统一。

来自心灵的呼唤

——我读《文艺心理学》

在文艺心理方面，我们始终在思考这样一个问题：为什么会有文艺创作和文艺欣赏？在我看来，它其实是源于一种来自心灵的呼唤，是发自人内心的一种爱的诉求。因此，与其说文艺心理学是一门普通的专业课程，还不如说其是对文艺和现实人生的反思和追问，是对我们心灵的净化和洗礼。

那么，心灵到底在呼唤什么呢？我想，心灵所要呼唤的是生命的本真，是永恒的真爱。在日益追求科技效用、经济收益的现实社会里，我们俨然成为了像卓别林《摩登时代》里所演绎的机器的附庸一样。作为一个个有个体生命的"人"正在逐渐沦为工具化、实用化的奴隶。我们开始离自己内心真正的诉求越行越远，被实用主义禁锢在尔虞我诈、竞相利用的泥潭里，越陷越深。我们的心灵就像是一个被放逐的孩子，迷失了回家的路。我想，文艺创作就是为了让心灵找到真正的归宿，得以"回家"而产生的吧！文艺欣赏就是让心灵暂时摆脱物质世界，到精神天地里享受欢乐自由而所缔造的一片伊甸园吧！

米兰·昆德拉说过："小说不是作者的忏悔，而是世界日益成为陷阱时对人类生活的探索。"诚哉斯言！在我看来，不仅仅是小说这一种文艺形式，诗歌、散文、戏剧等等只要是文艺创作，同样都能使我们的心灵产生爱的镜像，开启我们对生活、对自己内心的追问和思索。艾青在《我爱这土地》中吟咏道："为什么我的眼里常含泪水？因为我对这土地爱得深沉。"朱自清在《背影》中缓缓抒发道："我与父亲不相见已二年余了，我最不能忘记的是他的背影。"王实甫在《西厢记》里叙写着莺莺与张生的爱情："碧云天，黄花地，西风紧，北雁南飞。晓来谁染霜林醉，总是离人泪。"如此等等的文艺创作都无不拓宽了我们原本狭隘的心灵空间,在超越现实利益的同时,给我们展示了"人"的本真和情感的力量。当埋藏在心底的这些情感被彻底激发出来的刹那,我们也就明白为什么要有文艺创作了。因为,我们未曾失却过这些珍贵的情感,我们只是被现实物欲遮住了心灵的眼睛,捂住了心灵的耳朵,找不到爱的影子,听不到心的呼唤。

余华说:"文学的伟大之处就在于它的同情和怜悯之心,并且将这样的情感彻底地表达出来。文学不是实验,应该是理解和探索,它在形式上的探索不是为了自身的创新或者其他的标榜之词,而是为了真正的深入人心,将人的内心表达出来,而不是为了表达内分泌。"正因为如此,文学家所创作出的作品不只是他自己个人的私有言说,更是表达了"人"的心灵所共有的情感特征,它具有普适性和代表性。王国维《人间词话》中说道:"尼采谓:'一切文字,余爱以血书者。'后主之词,真所谓以血书者也。……后主则俨有释迦、基督担荷人类罪恶之意。"可见,我们每每读到李煜的词作,总是生发无限感慨,那是缘于他书写的是所有人的情感,开启的是所有人的心灵空间。又如郭沫若在读到厨川白村的《苦闷的象征》之后说:"文艺本是苦闷的象征,无论它是反射的或创造的,都是血与泪的文学。"由此看来,文艺创作不是凭空产生的臆想,而是由具体的个人的内心情感升华到抽象的具有普遍性情感的过程。我想,文艺创作和文艺欣赏就是一把钥匙,它让我们尝试着去打开被现实遮蔽了的心灵之门,让我们学会在黑暗里"用黑色的眼睛去寻找光明",去感知体悟自己内心真正的情感诉求,从而达到"随心所欲"的旨归。

那心灵真正的诉求是什么呢?我想,那就是源于它最大的镜像——爱。心灵需要的是一种充满永恒、纯真之爱的快乐。姜昕唱过一首歌叫《爱的理论》,其中唱道:"每个人都需要另一些让爱栖息的地方,心才能温暖地跳动生长,却不一定是自己的胸膛。所以我们才会去寻找,所以我们才会迷失方向,所以我们才黯然神伤,然后又点燃起那不灭的希望。"诚然,我想她的确唱出了几分"爱的理论"。

在追求现代化的进程中,我们的生产力得到了大幅度的提高,创造的物质财富也越来越多。但是,与此同时,我们对爱的信念也在一点一滴地丢失,心灵的承受空间也在被压抑得越来越窄,精神财富正在被慢慢地侵蚀净尽,直到"人"完全没有"爱"的时候,也就完成了被"异化"的终极沦丧目标。所谓的现代文明在把"人"从动物性中脱离出来以使其适应既定的法则的同时,也把"人"推向了另外一个极端,那就是"非人"。这让我不禁联想起《黑客帝国》里,发达的现代化虚拟世界导致了人类主体意识的丧失和毁灭。直到最后,崔尼蒂的深情一吻,用爱向危境中的尼奥传递出力量,才使得尼奥作为人的意识又完全地被激发出来,勇敢地站起来去完成救世主的使命,为理想中的锡安而战斗。正像姜昕结尾时所唱的那样:"即使是最阴霾的天空,也不能阻挡盛开的心灵。就像那一片丰收的田野,骄傲地闪烁着最妖艳的金花。……有了爱就有了力量去面对,就不会去羡慕太阳的光辉。"

"爱"是世界上最强大的力量,它是无坚不摧的,它可以跟一切"非爱"抗衡到底。只是愚昧的人类已经完全沉溺在坦克、大炮、核武器的现代化科技武器中,他们没有体悟到"爱"本身所特有的巨大的能量。因为有爱,所以当我们看着飘扬的五星红旗时总能泛起无限的热情,从而热泪盈眶。因为有爱,所以在灾难中有愿意献出生命而保护孩子的母亲。

因此,心灵最大的镜像是"爱"。一颗没有爱的心灵,就好比一具没有灵魂的躯干,它也就失去了存在的意义。文艺创作和文艺欣赏其实就是我们在不断寻找爱、发现爱、表达爱的过程。林徽因在《你是人间的四月天》中吟咏道:"你是一树一树的花开,是燕在梁间呢喃,——你是爱,是暖,是希望,你是人间的四月天!"舒婷在《祖国啊,我亲爱的祖国》中激情澎湃地颂赞道:"我是你十亿分之一,是你九百六十万平方的总和;你以伤痕累累的乳房,喂养了,迷惘的我,深思的我,沸腾的我。"正因为爱的力量,所以当我们读到这些文字时,心头总有一种温馨的感觉,好似冬日里的一杯热咖啡,带来了无尽的暖意。

为此,总的来说,文艺创作和文艺欣赏最本质的特点,就是要让我们回到最原始的、最本能的、最纯真的一种充满爱的心灵状态。我想,只有这样,我们才能对作品进行审美和欣赏,即产生朱光潜先生在《文艺心理学》中所谓的"美感经验"。文艺心理,又所谓美学,它应该是建立在爱的基础之上的。违背了这个前提的创作和欣赏,就不是真正意义上的文艺创作和文艺欣赏了,它应该类属于法兰克福学派所批判的"大众文化"的范畴吧!作为基本的审美形式的文艺活动是最能发挥人的创造性、最能体现人的自由的领域的。然而,在发达的工业社会或技术社会里,随着现代科学技术的提高,特别是大众传播媒介的兴起,文艺在大众化和普及化的同时,却开始失去自身的创造性和超越性,开始沦为非创造性的、商品化的一种文化,成为欺骗人、统治人的异化的文化力量。这样的一种异端文化,我想,就是所谓的大众文化吧,即"缺爱的文艺创作和文艺欣赏"。

在高科技的现代社会里,大众文化迎合着机械劳动中疲惫的人们的需求,通过提供越来越多的服务和越来越好的娱乐来消解人们内在的超越维度和反抗维度,使人们失去思想的深度,摧毁心灵的真、善、美,从而在平面化的文化模式中逃避现实,沉湎于无思想的享乐中。我想,这样一种现状是我们这个人文社会所面临的窘境。人文情怀的缺失、精神空间的压抑,在一定程度上致使时代发展停滞不前,甚至呈现出倒退的迹象。文艺心理学,可谓是"任重而道远",在阐释文艺创作和文艺欣赏等文艺理论的同时,更应该通过审美的陶冶去净化正日益被科技理性和经济功利主义网罗的心灵,从而达到其理想的旨归。

迷 失 与 寻 找

——我读《小王子》

随着人类不断远离动物世界和自然，竭力地希望摆脱"野蛮"的身份来建构所谓的"文明"社会，其却一味地沉醉在纸醉金迷、欲望与消费的物质化现代社会里，愈来愈感觉到自己内心的孤单和无助。然而，要知道，这样一种灵魂的失落和空虚，其实就是在暗示着我们必须要回归自己的内心，要在这个迷失了自我的"文明"社会里不断地去反思和寻找。我想，只有这样，我们才能摆脱那终日苦苦支撑的精神压力和危机，找回属于自己真正的快乐，也才能体会到人生的美丽和世界的美好。

为此，正是在这样一种不太乐观的文化现状下促使了我这样的思考和写作。尽管这是些多么杂乱不成逻辑框架的文字"组合"，但我想，只要这份思考和写作是出于一种"真诚"和对于文化的一种"关注"，只要这一声在"铁屋子里的呐喊"能够有某种程度上的共鸣以引起"疗救"的注意，那么，我这个"狂人"的一番赘语终究是有意义的，难道不是么？

如果说人类是通过抹杀自己身上的"狼性"（即某一部分天性）来进入"文明"的范畴，那么，在我看来，作为一个成人，在这样一个几近异化的物质社会实体里，他是通过抹杀自己身上的"童性"来达到了自己成年的标志。因此，圣·埃克苏佩里的《小王子》中所描绘的孩子般的纯真美好和"狼"所代表的最原始的一种生命的本真和天性是相通的，它们都意在表明一种最原初最本真的状态。然而，就在这个所谓的"文明社会""大人世界"里，这一切都被无情地打压抹杀掉了。正因为如此，我们才失去了快乐，迷失了自我，成为了马尔库塞所说的"单向度"的人。

　　一直以来，我们都习惯于把"狼"予以贪婪、歹毒、邪恶的象征，可是，要知道，那是丑陋的人类把自己身上不好的那一部分全都栽赃到了"狼"的身上，以此来显示出自己有别于"野蛮"，自己有多么高贵和文明。可是，要说贪婪，人是最贪婪的动物了，他们不满足于温饱，还要大肆破坏和掠取。我们今天所说的殖民侵略、贪污受贿，这都是缘于人之"贪婪"。人类只是披上了道德的外衣在假装高尚，使可怜的"狼兄"成为了"替罪羔羊"。再者，若我们说及狼吃羊、吃小孩的故事，都习惯称之为"恶狼"，难道面对着南京大屠杀、德国纳粹集中营的残害，人类就不恶毒吗？当我们每天啃吃着"肯德基""熏肉烤鱼"，喝着"牛奶"，试问，人类就不恶毒吗？

　　只是人类不愿去承认自己的这一切，因为他们要追求"文明"，他们就要把自己身上与"文明"相背离和所格格不入的那一部分全都阉割掉，于是"狼"就很不幸地成为了人类将"不好的那一部分"转移的对象。于是，"狼兄"也就只能永远背负着世间的骂名在广阔的草原上默默地流浪，正像齐秦所唱的"我是一匹来自北方的狼，走在无垠的旷野中，凄厉的北风吹过，漫漫的黄沙掠过。我只有咬着冷冷的牙，报以两声长啸，不为别的，只为那传说中美丽的草原。"只是那"美丽的草原"早已被"文明"的人类所统治管辖，"狼兄"也只能追求一种"传说"了，而我却不忍心地想告诉它那其实是一种无望的追寻。

　　这不禁让我想起这么一段话："在一个不信神的时代，没有信仰的英雄当然不再相信自己是某位神灵的造物。他只相信人类的业绩和人类漫长的征程，进而使人有别于禽兽。可是他很快又对这业绩的价值和这征程的意义发生了怀疑。他发现人不过是一个背叛了固有身份的动物。到此为止，人类再也不能自诩从开天辟地一手创造了全部文明，这文明中的一切便显得荒诞而微不足道。"当我无意间发现这段话时，它一下子触动了我的内心世界，让我有感于哲人伟大智慧的同时，更是激起了我无限的反思和探求。

　　我想，圣·埃克苏佩里通过《小王子》的书写，其实就是在借助孩子的语言（即童话的方式）来启迪人类要回到原始的心灵轨迹，寻找到属于自己灵魂的根。人类应该不断地返现自己的童年，从童年获得前进的原动力，只有这样才不至于与真正人性的生活越来越远。同样，《漫话狼文学》一书的旨归也正是通过"狼"这样一个窗口，让人能够更多地走进自己的内心和灵魂深处，在沉迷浮华的欲望之都里不断地去反思和探索,从而去了解自己内心的矛盾、冲突和渴望,去寻找真正的自己。为此,无论是"小王子"所代表的孩童还是"狼",其指向性都是一致的,这也不得不让我流连感慨于这种奇妙的一致性背后所折射出的深广的内涵和无限的意蕴!

从人类社会发展的历程来看,我们告别了野蛮的原始自然,进入到了一个相对文明的领域,无可否认,这是历史发展潮流中一次巨大的跨越和转变,更是人类思想认知水平进步的表现。然而,我们却不知道,当我们一味沉溺在这种所谓文明的规范和法则里,其实我们已然背离了建构"文明"的初衷。从一定意义上来说,我们不经意地走到了"文明"的极端,已然进入了一个"超文明"的时代。回过头想想,当我们不追求"文明",我们就会指责"人与禽兽有何差别",所以我们呼吁要脱离"野蛮",建构"文明"。可是,当我们一旦建构了"文明",并一味去追求实现"文明"时,我们却没有感知到自身已然中了"文明"的毒,反受"文明"的戕害。可以说,那不是最本质最原初的"文明"形态,而是"文化的奴役","文明"的异体,我们已经被"文明"奴化了。

当我们过分地去推崇道德和高尚时,我们其实是在不断地压抑自己的本性,我们听不到来自心灵深处的呼喊,我们迷失在了"文明"的荒滩里。于是,当一切压抑在心中累积到它所不能承受的时候,我们就会去犯错。"犯错往往是被压抑的结果。"诚哉斯言!当所谓的"道德"将我们的内心牢牢地束缚住时,我们就会去寻找某种解脱和宣泄。前者即为自残,现代社会中跳楼者、卧轨者、溺水者真是屡闻不鲜;而后者就以残害他人、危害社会的方式来寻求某种宣泄和满足。

为此,不得不承认,我们所追求的现代化社会推动了社会的进步和文明,提高了生活质量,唤醒了人们的理性,但同时也使人类自我更加膨胀,情感想象力更加衰竭。人们开始面临价值、信仰的危机,失去了人生目标,孩童时代无限的眼界已经变得日益狭隘。在成人眼光的局限下,人类童年的游戏天堂早已是荡然无存,人们永远也找不回无限宽广的世界。一旦进入了成人世界,也就意味着他将永远被摒弃在了菩提树和冷杉木林立的美丽花园之外,从此再也无法尽情地嬉游了。如果说人类脱离野蛮进入文明是某种程度上的"弑父(母)",那么当孩童一旦长大成大人时,他也就完成了"弑童(孩)"的过程,他的思维举止告诉世界他不再是个孩子,而是个成年人。当然,这里所说的"弑童(孩)"其实无异于"弑父(母)",因为英国诗人华兹华斯说过:"孩子是大人的父亲。"

这也难怪可爱的"小王子"搞不懂那些"大人"的所思所想和所作所为。因为小王子的世界是一个充满诗意的理想世界,他在与生俱来的孤单中寻找存在的意义,在骄矜的"玫瑰"中寻找爱情,在"羊吃花"的不安中感受灵魂的颤动,在一次次地凝视日落中排遣心灵的悲伤。他住的星球虽然很小,但却布满了他的责任和关爱,在那里生长着他每天浇水的玫瑰花,必须常常拔除的猴面包树和需要疏通的活火山,这些都是小王子独有的,也是他真正拥有的。可以说,在这个理想的诗意世界里,一切都是温暖而美好的。

相对于此,地球上的人却每天行色匆匆,除了空虚的灵魂躯壳外,只剩下被现实打磨的麻木和焦虑。正如福柯所说:"从各方面看,我确信,我们时代的焦虑与空间有着根本的联系。"的确,地球上的空间很大,外面世界的钢筋水泥已经渐渐浸入人们的心里占据着心灵的空间,于是人的内在空间被挤压得非常狭小,他们找寻不到"存在"的立足之地,于是产生焦虑,这是地球上大人们的悲哀,也是现实世界的悲哀。人们在"祛魅"的现实世界里体验到的只是物质世界的无限扩张、欲望的不断升级、无聊的灯红酒绿的消遣或者是故作深沉的肤浅,人们的理想由此被湮没,精神家园也永远地失落了。

维特根斯坦在《文化的价值》一书中曾经说过:"今天,闪电比两千年前更为人们所常见,但已经不令人震惊了。人们必须清醒过来,对这一自然现象表示震惊,所有的人都应该如此,只有科学是重新使人入睡的途径。"同样,如果你对大人说:"我看到一幢漂亮房子,红砖砌的,窗前有天竺葵,屋顶上有鸽子……"他们想象不出这幢房子是什么样的。要是说:"我看见一幢房子,价值十万法郎。"他们就会惊呼:"多漂亮呀!"

为什么会这样?我曾不断地问自己。我们一心想要追求的文明和科技,到头来成为了侵蚀我们心灵和灵魂的木马。我们在文明的演进中变得不再是自己,在科技的浪潮下已然迷失了自我。从前那个天真单纯的孩童时代早已不复返,从前那个最原始的"与狼共舞"的时代也早已远逝,我们就这样沦为了现代社会里的一具具行尸走肉,终日奔波忙碌,却不知为何而忙。当一切像这样愈加迷离地发展时，我们渐渐发现，自己很不快乐，很不自由。然而，我们却不知道，其实我们不是没有自由，而是我们可以自由却不知何谓自由。我们不是不快乐，而是我们不懂如何享受快乐。往往，给我们选择，我们却别无选择。

在技术工具与商业文化疯狂蔓延的今天，人要走到哪里去寻找内心的真实自我？怎么样才能在物欲膨胀的时代挽救愈来愈空白的精神世界呢？我想，那就得让我们回归自己的内心，接近"狼"性和孩童的本真。只有这样，人类才能在恍惚迷失中从"狼"的身上看到那个似曾相识的最真实的自己，也才能从"小王子"的身上看见那个幼时最天真无邪的自己。

一直以来，都很喜欢匈牙利诗人裴多菲的《狼之歌》：

在沉重的黑云下，狂风咆哮不息；冬天的双生子，风和雨不停地打击。我们毫无防御，在赤裸的沙漠之中，我们毫无隐蔽，也没有树枝的帐篷。我们身内有饥饿，我们身外有寒冷，我们的这两位暴君凶狠地赶着我们；那里——还有第三位：就是枪的射击。我们的血流下了，鲜血染红了雪地。我们又冷又饿，呜呜地喊着不幸，枪弹打中了……可是，我们有自由的生命！

"命运"背后的"恶之花"

——我读《巴黎圣母院》

在 180 年前的一天，维克多·雨果在巴黎圣母院北钟楼一个幽暗的角落里，发现了墙上刻着一个希腊单词："命运"。这个单词顿时触动了他的内心世界，也激发了他的创作灵感，于是在此之后，就有了名作《巴黎圣母院》的诞生。

这部被誉为是浪漫主义代表的作品，其很大程度上都体现了雨果对于艺术审美标准的追求。他的这种艺术审美标准很大程度上是源于古希腊的美学思想，即德谟克利特"人之美在于灵魂"和苏格拉底"美善统一"的艺术观。前者是《巴黎圣母院》中卡西莫多的写照，后者正是雨果塑造爱斯美拉达这一人物角色的用意所在，也体现了他理想中的最高审美形态。

雨果自己认为，"万物中的一切并非都是合符人情的美，丑就在美的旁边，畸形靠近着优美，粗俗藏在崇高的背后，恶与善并存，黑暗与光明相共。"为此，无可否认，卡西莫多是丑的，"他的全身差不多就是一个滑稽像"，驼背、突胸、独眼、耳聋、跛腿。但是，雨果却寄予了他深深的同情和对于"美与善"的绝对肯定。他旨在告诉人类要追求一种内心的唯美，要重视人的内在心灵，而不要仅仅被其表象所迷惑，这也充分体现了雨果作品一贯坚持的审美尺度。在雨果坚持的这种创作审美尺度中，他坚信决定美丑与否的因素在于人的心灵，而不是外表。所以可以说，雨果在《巴黎圣母院》中搭设了一条由心灵通向美与丑的桥梁。在这座桥梁上，卡西莫多和爱斯美拉达是追求心灵美的代表；反之，克洛德和法比是邪恶的标志。

雨果又在《留克莱斯波日雅》中说过："取一个在形体上丑怪得最讨厌、最可怕、最彻底的人物，把他安置在最突出的地位上，在社会组织的最低下、最底层、最被人轻蔑的一级上,用阴森的对照的光线从各方面照射这个可怜的东西,然后给他一颗灵魂,并且在这灵魂中赋予男人所具有的最纯净的一种感情。结果怎样?这种高尚的感情根据不同的条件而炽热化,使这个卑下的造物在你眼前变换了形状,渺小变成了伟大,畸形变成了美好。"

很显然,雨果在这里所要强调的这种感情即为人的博爱和善良。正是心灵中不朽的爱才唤发出了永恒的人性中善与美的光芒。卡西莫多,在一定意义说来,是雨果为人性善良树立的一个典范,而爱斯美拉达则是这个典范升华的范本。卡西莫多是基于现实的美善,而爱斯美拉达则更贴近于一种理想化状态,是一种理想的表征和具象。因此,雨果自己也深知,他所追求的这种艺术最高审美理想会受到现实的局限和扼杀。于是,他用一个象征式的爱斯美拉达的悲剧隐喻了这一切的发生。不得不承认,美是存在的,善良也是可以拥有的。但是,在现实社会里,这是可欲而不可求的,美善终究摆脱不了悲剧的命运。由此可以说,爱斯美拉达的悲剧从她第一分钟登上舞台开始就已经预先被"设定"了。

1866 年 3 月,雨果在其出版的小说《海上劳工》的序言里曾说过这样一段话:"宗教、社会、自然是人类三大斗争的对象;这三者同时也是人类的三种需要……人生的神秘的苦难,就来自这三种斗争里……三种沉重的枷锁套在我们的脖子上,那便是教条、法律和自然的桎梏。在《巴黎圣母院》里,作者控诉了第一条桎梏……"为此,我们可以十分明了地得知雨果所鞭挞痛指的宗教教会正是杀害爱斯美拉达、毁灭美善理想追求的最高元凶。《巴黎圣母院》所要揭橥的正是宗教对于人性的毒化和戕害。

可是,一直以来,我们总是习惯把更多的目光聚焦在卡西莫多和爱斯美拉达这两个正面人物角色身上,而忽略甚至鄙夷副主教克洛德这一人物形象。为此,我认为不应该把罪恶的枷锁去完全锁住他。在对卡西莫多一贯的颂扬、对克洛德一再的谴责和批驳之下,我们必须深刻地认识到,克洛德其实也是一个非常值得同情和哀怜的对象,在他身上有着极为强烈的社会意识形态的表征性。换句话说,克洛德不是他自己的代表,他不能左右自己,他只是一个被宗教意识形态所造就和操纵的对象。

因此,克洛德是宗教人性扭曲的一个牺牲品,他是封建王朝教会的产物。

他俨然是一个介于人与宗教之间的矛盾共同体。很多时候,我们总习惯把他看做是教会与人性的矛盾中造就的一个精神极度扭曲、人格极度分裂的恶魔。可是,我们忽略了他的另外一层身份,他也是一个普普通通的"人"的实体。为此,他"爱"上了爱斯美拉达,尽管这爱是畸形的、变态的,但这也足以说明他对美和善是有认知和追求的。只不过是出于教会的"禁欲主义",他自己又是一个被驯服了的虔诚的教士,他本能地无法认同这样一个自己。当黑暗与现实蒙蔽了他的内心,当这样一种矛盾和纠缠在他心中发生碰撞冲击时,罪恶就在他的手上铸成了。

追根溯源,致使克洛德罪恶缠身的不是他自己,他自己的生命在那个时代里是微不足道的,我们所应该看到的是在克洛德背后有一个最高级的元凶在"指使"他,那便是法国的封建王朝和宗教。与此同时,这也让我们相信,雨果在墙上看见"命运"这个单词之后所写的其实就是克洛德无法逃脱自己"命运"的故事。与其说这是一部小说,我们也不妨可以看作是雨果对于克洛德悲剧"命运"所写的一首哀歌。所以,我们本不该把克洛德设想得何等罪恶,他毕竟只是法国宗教时代一个牺牲品,我觉得,在他身上我们或许应该生发出无限的悲情和哀怜,那才是一个没有丧失良知和天性的读者所应有的情绪和体验,而不是一味地指责和憎恨。他本不邪恶,只是当他一旦迷失在罪恶的地狱里,受到操控和奴役时,他就再也不是自己了,他也就再也找不到那条光明之路了。

诚然,雨果把锋利的剑刃直接刺向了法国黑暗的社会现实,真可谓是一针见血。然而,更为巧妙的是,故事的地点却又发生在了无比神圣的巴黎圣母院。要知道,它可是法兰西文化的代表,是整个法兰西民族的象征。为此,在这样一种极为强烈的反差之下,我们可以发现雨果以"巴黎圣母院"为小说的名字,其本身的用意是非常明显的,从中我们可以感觉到一种反讽手法的运用及其所达到的强烈的讽刺效果。

再者,雨果在《巴黎圣母院》中将对照描写手法的运用展现得淋漓尽致,凸显得丰富多彩,极富美感与力度。这种对照,在整个作品中可谓是处处皆是。我们可以看到,有两个节日:宗教节和愚人节;两个王朝:封建王朝和乞丐王朝;两个国王:法兰西国王和乞丐王国国王;两种法律:以封建王朝和教会为一派的镇压穷苦人民的反动法律和乞丐王朝一视同仁的公证法律。这一系列的对比归结为一点，即为光明正义与黑暗邪恶的对比，雨果在这里毫不掩饰地鞭挞了封建王朝宗教罪恶的黑暗。

这其中最成功的对照就莫过于对于人物形象的塑造。通过卡西莫多、克洛德、法比对爱斯美拉达"爱"的不同对照，雨果把人本性的千疮百孔都展现了出来。除却以爱斯美拉达为中心的人物的横向对照之外，还有人物之间的纵向对照，即卡西莫多与克洛德、法比三者的对照；还含有人物自身的对照，譬如卡西莫多的外丑内美和法比的外美内丑。在这一系列紧密有序、符合逻辑的对照中，凸显的核心主题始终在于真善美与假丑恶之间的较量，使得作品在主题的表现上更具有张力，再贯以浓烈的浪漫主义色彩，故事情节的发展上多采用悬念的手法，在为作品的艺术成色增色不少的同时，也使读者内心形成了一种极为强烈的落差和震撼，情感跌宕起伏。

《巴黎圣母院》对当时整个黑暗统治下的法国发出了震耳欲聋的狂吼，是对所有呼吁推崇古典论者的一个强悍的回击。在雨果笔下，巴黎俨然就是一个装饰得如同天堂一样的地狱，就好比是一朵摇曳在坟墓上的罂粟花，底下是无数人的尸骨。这不得不让人联想到波德莱尔所创作的《恶之花》，"天空凝视着，这尸体真是绝妙，像花朵一样的开放。臭气那样的强烈，你觉得就要昏厥在草地上。"上层是浮华奢靡的天堂，底下却是贫苦压迫的地狱。在美丽之上，却是人的异化和宗教的残骸，就连圣洁的圣母院也浸淫着这样一种恶心的气息，可以想象，这个浮华的都市已然是一朵"恶之花"！《项链》里那个爱慕虚荣的玛蒂尔德、《红与黑》中为了欲望而努力步步攀升的于连，无不都是中了"恶之花"之毒，而更让我心痛的是，就连美丽的茶花女也在执著地追求爱情中而殒命在了"恶之花"的手中，这不禁使人潸然泪下，痛恨不已。

纵观《巴黎圣母院》整篇作品，其始终是以爱斯美拉达为中心。爱斯美拉达不啻为一朵清香的荷花、一盏灿烂的明灯，散发着沁人的芬芳和善良与美丽的光芒。雨果塑造了在其"石榴裙"下的一个个人物的缩影，突显了人性的丑恶与美善。"在人类灵魂中再燃起理想"的同时，又制造了她的悲剧来表现对封建王朝和反动教会罪恶的驳斥和抨击。于是，在一览《巴黎圣母院》之后，我们会发现，在那个神秘的希腊单词"命运"背后，其实是一朵绽放着的无比"鲜艳"的"恶之花"！

向前走：备课与上课

驾言各勇往，实践仍精思。

——程端蒙《送次卿兄还新安》

文言文阅读：由"言"入"文"的四个"关注"

——我这样解读文言文

文言文是中华优秀传统文化的重要组成部分。《义务教育语文课程标准（2022年版）》中有"继承和弘扬中华优秀传统文化""阅读浅易文言文……，注重积累、感悟和运用，提高自己的欣赏品位"等要求。然而，当下的文言文阅读囿于评价方式，课堂教学多以重词句疏通为主，在"言"的层面耗费良多精力和教学用时，致使教学内容单调乏味。这不仅让学生望文言却步，更在很大程度上消解了文言作品丰厚的思想内涵与独特的艺术价值。文言文教学的确要关注语言，而且这种对语言的关注，不只是注重字、词、句的语法意义，而应该更关心它在表情达意上的作用，从中汲取其在思想文化上的内蕴。

因此，在"双新"背景下，指向语文核心素养培育的文言文阅读，应该立足文化自信、语言运用、思维能力与审美创造四个维度，着力建构由"言"入"文"的文本解读路径，穿透"言"的壁垒，因"言"解"文"，抵达"文"的深处，即准确把握作者的"言志载道"，实现言文共生。在由"言"入"文"的阅读过程中，我认为尤其要抓住四个"关注"，即关注四种特殊的"言语形式"（见图1），实现文本意义的深度建构。

一、关注"多余"，读出"必要性"

文言文讲究用语凝练，有些语句看似冗杂多余，实则不然。教师要关注这类"多余"的言语形式，这些"闲笔"往往是作者匠心所在，关注好这类语句存在的"必要性"，有助于建立情节关联，理解人物形象，体会情感态度，品味艺术构思，促进对文本的把握和理解。

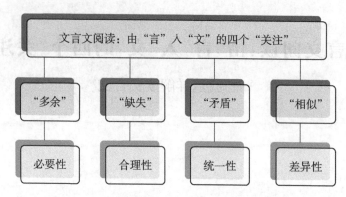

图1 文言文阅读：由"言"入"文"的四个"关注"

1. 关注"多余"，读出"必要"的情节关联

《陈太丘与友期行》中"元方时年七岁，门外戏"一句看似"多余"。但是，它对情节的推动作用巨大。首先，元方"在门外"，为他和友人相遇提供客观条件，形成情节"惯力"；其次，"七岁"的元方"门外戏"，体现孩子纯真好玩的天性，与后文从他的"言"中体现的"懂礼""明理"形成鲜明对比，构成了情节"张力"，更能突出其"方正"品性；再者，此句与后文"入门不顾"形成呼应，构成情节"合力"，生动再现孩子的活泼率真。如此，整个故事推进就非常自然，情节与情节之间构成"必要"的逻辑关联。

2. 关注"多余"，读出"必要"的情感态度

《核舟记》中有"旁开小窗，左右各四，共八扇"一句，"左右各四"，当然是"八扇"，"共八扇"这样一种"多余"的叙说形式其实是作者的"强调"，更是情感的"流露"。"左右各四"强调核舟小窗数量及布局对称，"共八扇"强调核舟小窗总数之多，两者都展现核舟雕刻精致的特点；再者，仔细品读"共八扇"，作者隐含其间的惊叹与赞美便自然流露。同理，《答谢中书书》有"自康乐以来，未复有能与其奇者"一句，仔细品读，陶弘景内心的"钦慕追随""自得满足""遗憾惋惜"等复杂情感在看似"多余"的语句中传递而出。

3. 关注"多余"，读出"必要"的艺术表达

《记承天寺夜游》中有"解衣欲睡"一句，"解衣"是睡觉常理，苏轼为何要如此言说？结合当时处境，苏轼造就"多余"的形式其实指向了其被贬生活的枯燥无趣与乏善可陈，与后文"闲人"自嘲遥相呼应。"解衣"是闲人之"闲"的含蓄表达，是百无聊赖的真实再现，更是作者匠心独运的艺术表达。同样，《书戴嵩画牛》有"锦囊玉轴，常以自随"，是前句"尤所爱"的具体表现，从表意而言，尽显"多余"。然而，联系后文，当牧童指出画作有误，杜处士能"笑而然之"，两段情节之间构成了张力。"多余"之言是人物烘托之必要，是铺垫效果之必要，是艺术表达之必要。

二、关注"缺失"，读出"合理性"

相较于"多余"的言语形式，文言文中还有另外一种与之相对的言语形式，即为了追求语言简练，常常有内容省略的情况，我称为"缺失"的形式。教师加以充分关注，发挥想象空间，还原省略内容，深入文本内核，就能一窥堂奥。

1. 关注"缺失"，读出"合理"的人物情思

《记承天寺夜游》有"解衣欲睡"一句（前文对"多余"的形式有论述），那为什么后文没有"着衣"之举？仔细思考这种"缺失"的形式与表达内容之间存在的合理性，我们可以读出这种"缺失"彰显的是苏轼在百无聊赖、枯燥无趣的夜晚发现"月色入户"之后的喜悦，与后文的"欣然起行"形成回应。苏轼在行文过程中，有意制造"缺失"，"留白"背后是他的"迫不及待"，是他的"不顾一切"，是他的"欣喜若狂"。

2. 关注"缺失"，读出"合理"的表达意图

《陋室铭》结尾有"孔子云：'何陋之有？'"，为什么作者刘禹锡只引用了半句话？原文为"子曰：'君子居之，何陋之有？'"（《论语·子罕》）"君子居之"为何会"缺失"？细读之，其巧妙不言而喻。其一，"君子"是自古以来儒家知识分子追求的目标，刘禹锡隐去此语一者有出于自谦、尊重孔子的缘故；再者，其运用"遮蔽"的方法起到主旨凸显的效果，即运用"缺失"的形式替自己发声，与前文"斯是陋室，惟吾德馨"形成回应，在留白中含蓄地点出《陋室铭》的创作意图，即表明自己安贫乐道、洁身自好、不慕富贵、不与世俗同流合污的处世原则与志趣操守。

3. 关注"缺失"，读出"合理"的艺术构思

《孙权劝学》"蒙乃始就学"五个字给读者制造了巨大的想象空间，有两处"缺失"需要关注：第一，面对孙权的"劝学"，吕蒙没有用言语回应；其二，吕蒙的学习过程也是缺失的。表面来看吕蒙没有回应，实则不然，因为最好的回应不是言辞，而是行动，"蒙乃始就学"态度已然明了。至于吕蒙学习的过程，这部分"缺失"需要关联文题"孙权劝学"，聚焦的自然是"劝学"，而非"就学"，后文鲁肃"赞学"的部分从侧面也体现吕蒙"就学"的成效。因此，看似"缺失"的表达往往是作者的有意为之。

同样，《曹刿论战》中也有如出一辙的"缺失"艺术，即着重于曹刿"论战"的叙写，对齐鲁两军作战的部分则采用"缺失"的形式处理，只有"齐人三鼓""齐师败绩""遂逐齐师"等语，但这丝毫不影响曹刿与鲁庄公两个人物形象的刻画。因此，在文言文阅读过程中，这种"缺失"的形式产生的艺术表现力需要教师引导学生充分关注，认真品读。

三、关注"矛盾"，读出"统一性"

"矛盾"指作品在语言、结构、情节等方面在文本内部表现出不一致的地方。孙绍振教授指出文本阅读方法与观念紧密联系，阅读与欣赏要从矛盾入手，运用联系的方法。我深以为然，特别是对于文言文阅读，在文本矛盾处设疑追问，往往能激发读者思维，沿波讨源，因枝振叶，走进文本深处。

1. 关注内容"矛盾"，读出"统一性"

《小石潭记》前文有"寂寥无人"，后文却罗列了"同游者"。粗看之，两者是"矛盾"的。深究之，我们可以发现别有一番意蕴。柳宗元所谓"寂寥无人"的"人"不是生物学意义、现实层面的人，而是心理学意义、精神层面的人。确切言之，"寂寥无人"的"人"是"知音"。虽然有很多"同游者"同他一起欣赏自然，但他们都没有走进他的内心世界，理解他的孤寂忧伤。因此，"寂寥无人"是真切的内心独白，"同游者"是真实的客观记录。两者并不矛盾，在文本思想上形成统一，更加彰显作者忧伤凄苦之情的深重。

再者，《陋室铭》"可以调素琴"和"无丝竹之乱耳"两句，似乎也有"矛盾"。实则不然，琴是高雅的象征，是志趣的外显，《诗经·关雎》就有"琴瑟友之"；

反观"丝竹"，其作为合奏的演出形式，常常出现在达官贵人的宴会上，如《韩熙载夜宴图》绘有"弹丝吹竹，调笑欢乐"的场面，这是世俗的象征、奢靡生活的外显。由此，两者在情感色彩、象征意义上是有极大区别的。若能稍加辨别，读者自然就能读出文本的"统一性"，"可以调素琴"是作者自我精神愉悦、兴致高雅的体现，"无丝竹之乱耳"是作者甘于淡泊、不为物役的高尚情操的流露，"素琴"与"丝竹"其内涵是大不相同的。

2. 关注语序"矛盾"，读出"统一性"

《爱莲说》中三次写到菊、牡丹与莲，第三次的语序与前面两次不一致，如表1所示：

表1 《爱莲说》菊、牡丹、莲"位置"与"顺序"记录

位置	顺序
第1段开头	①菊—晋—陶渊明；②牡丹—唐—世人；③莲—宋—周敦颐
第2段开头	①菊—隐逸者；②牡丹—富贵者；③莲—君子者
第2段结尾	①菊—陶后鲜有闻；②莲—同予者何人；③牡丹—宜乎众矣

第1段开头写三种花表现的是不同的喜爱对象，以时间为序，紧承"水陆草木之花，可爱者甚蕃"；第2段开头写三种花的顺序与第1段开头顺序保持一致，这印证了好文章前后意脉紧密相连的特点，不会有跳脱断裂之感。那么，为什么在第2段结尾形成"突变"，语序上产生"矛盾"呢？

"矛盾"的形式背后隐含着深厚的意蕴，这跟作者的情感态度密切相关。根据郑桂华教授的观点：第一，作者将"牡丹之爱"置于文末，收束全文，彰显其对"牡丹之爱，宜乎众矣"这一现象的感慨；第二，陶渊明"菊之爱"和周敦颐"莲之爱"似乎都鲜有他人的共鸣，大类上是相同的，前后放在一起体现作者理性的思考；第三，陶渊明"菊之爱"是"出世"的态度，周敦颐和同时代众人都是"入世"的态度，同时代、同样入世的人生态度，使得周敦颐与众人的对比就更加鲜明，其采取的是洁身自好的处世态度。通过对语序"矛盾"形式的关注，我们对文本思想、作者情感及其表现形式的领悟理解会更加深刻透彻。

四、关注"相似",读出"差异性"

在文言文中,常常会有前后句子在句式特征、遣词用语上具有相似的特点,甚至是完全相同,如《为学》"子何恃而往?"《口技》"一桌、一椅、一扇、一抚尺而已"等,教师需要尤其关注这些"相似"的语句,切不可因表意相同忽略了其背后隐含的不同的思想意蕴或情感态度。

1. 聚焦"相似"中的不同点,读出"差异性"

《愚公移山》中妻子对愚公移山的想法,提出质疑:"以君之力,曾不能损魁父之丘?"智叟对愚公移山的行为也有与之相应的评价:"以残年余力,曾不能毁山之一毛,其如土石何?"两句话从句型特征来看有相似的特点,仔细比较,可以发现其微妙之处(见表2):

表2 《愚公移山》"妻"和"智叟"回答比较

人物	不同点1	不同点2	不同点3
妻子	以君之力	曾不能损魁父之丘	如太行、王屋何
智叟	以残年余力	曾不能毁山之一毛	其如土石何

"妻子"所言"君之力""不能损魁父之丘"是立足真实,客观陈述,而"智叟""残念余力""不能毁山之一毛"则带上主观色彩,带有强烈嘲讽;"如太行、王屋何"是就事论事,"如土石何"是主观偏见。再者,一个"其"彰显轻蔑的程度之深。通过"相似"句的比较,两个人物的不同形象跃然纸上。

再如,《邹忌讽齐王纳谏》中邹忌的"妻""妾""客"在回答同一个问题时呈现出三种"相似"的回答(见表3),同样值得深究。

表3 《邹忌讽齐王纳谏》"妻""妾""客"回答比较

人物	回答	结论	心理
妻	君美甚,徐公何能及君也?		偏爱
妾	徐公何能及君也?	徐公不如邹忌美丽	畏惧
客	徐公不若君之美也		有求

"妻"出于"偏爱"的心理,对邹忌是极尽赞扬,以反问作结;"妾"则不敢有

主观想法,所以略去"君美甚"三字,附和"妻"之言,一字不差,足见其"畏惧"的心理;"客"是有求于邹忌,陈述句的背后足见其敷衍逢迎之态。

2. 发掘"相同"中的不同点,读出"差异性"

《卖油翁》中老翁先后说了"无他,但手熟尔"和"我亦无他,唯手熟尔"两句。表意相同,情感态度相同吗? 曹刚老师在《课文可以这样读》中就指出,第一个"尔"字,折射出老人对陈尧咨射技所持的态度——轻视、不屑,如"导火索",令文势顿生波澜;后一个"尔"字体现卖油翁自谦沉稳,如"太极推手",令文势归于平缓。又如《伯牙鼓琴》中,锺子期发出的两声赞叹都是"善哉乎鼓琴!"相同的感叹句,意义相同,但是情感程度却大有不同。后者在前者的基础上,赞美力度更大,叠加式的感情更强烈。

因此,在文言文阅读的过程中,教师需要引导学生抓住文本中的"相同"句,发掘"不同点",读出情感的差异、程度的差异,这份"差异"的破解能促进对文本全面理解和深入把握。

《义务教育语文课程标准(2022 年版)》强调:"在语文课程中,学生的思维能力、审美创造、文化自信都以语言运用为基础,并在学生个体语言经验发展过程中得以实现。"在文言文阅读中,若能处理好"言"和"文"的关系,抓住由"言"入"文"的四个"关注",文言文阅读教学就等于抓住了"牛鼻子",就能形成顺畅的解读思路,构筑生动的语文实践活动,让学生的文言文阅读能力、文言文语感在学习中增强,对传统文化的情感和认知在学习中加深,理性思辨、逻辑分析能力和感受品味、艺术审美能力在阅读中提升,实现对中华优秀传统文化的继承和弘扬。

关联与比较：初中文言诗文教学的新实践

——我这样教文言文

从 2020 年开始，上海中考语文一大变革在于将原先"课内文言诗歌鉴赏"与"课内文言文阅读"两个部分合二为一，更加凸显"文言诗文"的"统合性"。语料选用大都采用"组合"的方式，即"诗＋文""诗＋诗""文＋文"三种形式，更加趋向"比较阅读""关联阅读"，这是一种新的变革。为此，与之相应的教学也应该开辟出一条新的实践与突破之路。

我以九年级上册《诗词三首》的教学为例，基于文言诗文测评要求的不同认知水平，阐述在初中文言诗文教学中运用"关联与比较"的实施路径，及其对提升学生思维品质产生的深远意义。

一、教学内容

《义务教育语文课程标准》中指出：评价学生阅读古代诗词和浅易文言文，重点考察学生的记诵积累，考察能否凭借注释和工具书理解诗文大意。《2021 年上海市初中课程终结性评价指南·语文科》中对学生文言诗文的阅读能力目标也主要强调"记诵"和"理解"，从知识类型的层面看，主要涉及"事实性知识"和"概念性知识"。因此，初中文言诗文的教学大体可以分为三个层面展开：事实性知识的识记（文学常识和名句默写）；事实性知识的理解（词句含义和情感思想）；概念性知识的理解（表现手法体现人物形象与情感）。

1. 事实性知识的识记

在教学初始阶段，教师提问《诗词三首》是指哪三个作品？作者分别是哪个朝代的谁？在了解学生对篇目、朝代、作者等基本信息（事实性知识）的熟知情况后，便引导学生关注诗歌体裁（事实性知识），"比较"三者区别，抛出第二层级的问题：课文标题为什么称"诗词三首"？ 能否改为"诗三首"或者"词三首"？ 学生得出结论，前两首是诗，第三首是词，所以是"诗词三首"。接着，教师把三个作品"关联"起来，上升到第三层级的问题思考，要求学生思考这三个作品为什么要以这样的顺序编排，能否换序？ 学生大多能基于诗人朝代先后顺序的维度进行回答。经过教师的引导和启发，又有学生发现也可以从诗歌发展的角度得出结论。两者都指向思考事实性知识内在逻辑关联，并学会运用知识解决问题。

在关联与比较中，平时"耗时费力"的事实性知识的识记教学就显得非常自然，取代了"重复的灌输"和"机械的问答"。不止于此，教师还向学生的高阶思维提出了"宣战"——要求学生选一个作品，组合成为"诗词四首"，把关联与比较的思维延伸到课堂以外。最后，教师意识到简短的对话可能使有些学生对事实性知识的识记存在疏忽之处，便要求运用表格的方式对信息进行整合梳理，其实也是在向学生传递学习的方法（程序性知识）。

因此，在事实性知识识记教学层面，教师可以引导学生先将一些事实性知识"关联"整合起来，由知识的"点"串联成"线"；在建立起"线状"的整体感之后，再引导学生"比较"事实性知识之间的不同点。最后，要关注这些"不同"的事实性知识是以怎样的逻辑"关联"的。有了这三个阶段的认知加工，事实性知识的"识记"就能水到渠成。

2. 事实性知识的理解

1）文言字词

"长风破浪会有时"中的"会"作何解释？ 关于像这样的文言字词的理解是文言诗歌教学中无可避免的。但教师不能只停留在"结果"层面，而是要帮助学生进行"认知加工"，实现从"识记"到"理解"的认知升级。

教师提问"会"字在学过的哪些诗句里也有这个意思？ 由此，教师将学生的前备知识与现有知识进行"关联"，将当前的学习内容与过往的学习内容进行"关联"——"会当凌绝顶，一览众山小""会挽雕弓如满月，西北望，射天狼"，学生对"会"字的理解就不局限于现有诗句，不局限于"事实性知识"的"识记"，而能真正达到"理解"。再者，关于"沉舟"和"乘舟"，教师有意识地将两者"关联",启发学生进行"比较",学生则可以通过"意义理解""短语类型""前后对应""画面联想"等方式对两个词语具体辨析,实现真正"理解"。

教学内容和认知水平属于事实性知识的理解,属于比较低阶的,但在整个指导过程中运用关联与比较的方式是趋向高阶的(程序性知识和元认知知识)。教师如果和学生一起深陷"低阶的泥潭",就会遮蔽掉很多有价值的知识、抹杀掉学生很多珍贵的思维品质。

2) 情感思想

在指向学生对文言诗文情感内容理解的教学阶段,在《诗词三首》教学过程中,教师通过"作品思想情感的共性特征"和"实现超越的方式是否一样?"两个问题引导学生对作品进行"深度"关联与比较。

学生对三个作品主题提炼出了共性特点——都表现作者对困境的超越,展现积极向上的人生姿态。通过追问,学生又从另一角度发现了三位诗人的心理过程都经历了波折。如此,学生通过"关联"整合养成了"聚合思维"的能力。继而,教师再以"超越方式"为焦点启发学生"比较"——三位诗人实现困境超越的方式一样吗?学生的思维再一次被激活起来,得出了很多富有价值的思考成果。李白有圣哲(姜尚和伊尹)引领,刘禹锡有好友(白居易)的勉励,苏轼有亲人(苏辙)的挂念。通过"比较"区分,学生的"发散思维"能力在不断得到提升。

因此,关联与比较的核心是在关联整合中寻求共性,在比较区分中寻求个性,最终完成对知识内容"共性"+"个性"的发掘与理解,实现对思维品质"聚合"+"发散"的培养与提升。

3. 概念性知识的理解

在这一教学层面,教师提供驱动性任务:诗人在作品中会借助特有的表现方法表达情感,比较三个作品有哪些相同和不同之处。学生通过小组合作、静默思考等学习方式,形成学习结果。如"典故"的运用,《行路难》"闲来垂钓碧溪上,忽复乘舟梦日边"表达了诗人对从政充满期待;《酬乐天扬州初逢席上见赠》"怀旧空吟闻笛赋,到乡翻似烂柯人"表达了诗人对故友思念和对家乡物是人非的感慨;如"动词"的运用,《行路难》中"停""投""拔""顾"四个动词写出了诗人失意的苦闷,《水调歌头》中"转""低""照"三个动词写出词人思念亲人以及内心的忧伤。

当然,除了关注诗歌的"共性"特征,也得关注诗歌的"个性"价值。如《行路难》中有"反复"的运用,而且"押韵"有变化,前面是"an",后面则变成了"ai"。突出诗人当时找不到政治出路的郁愤,内心方寸大乱,"押韵"变化也可以看出诗人内心情感的跌宕;如《酬乐天扬州初逢席上见赠》用了"二十三年"这个确数,陈与义的《临江仙·夜登小阁忆洛中旧游》用的是"二十余年",是约数。刘禹锡用确数"二十三"更能体现出诗人对被贬经历的每一年都铭心刻骨,痛楚和心酸难以忘怀。关联后面的乐观,可以看出,痛苦越深,越能体现诗人对逆境超越的价值巨大。

最后,教师也需适时进行提炼与总结。通过关联与比较,学会如何阅读文言诗文。第一,要识别作者运用的表现方法;第二,要理解作者运用这种方法与他想要表达的情感两者之间是如何契合的。

埃里克森与兰宁在《以概念为本的课程与教学:培养核心素养的绝佳实践》中指出:"知识正在以指数级数量增长,我们必须向更高层次的抽象度(概念)迈进,以聚焦和处理信息,这样知识才能被完整和有效地存取和利用。"

因此,"概念性知识的理解"是初中文言诗文教学需要跨越的第三个台阶。教师要引导学生关注"概念"的显著特征。当然,只识记"概念"是远远不够的,教师要让学生充分"比较"作品表现手法相似之处与不同之处,在关联与比较中思考作者在作品中如何表达情感思想,即从"表达什么"转向"如何表达"的思考,如此逐步实现"概念性知识"的建构与理解,而这种"理解"的"概念"在日后阅读其他文本过程中可以随时"关联"并能"运用"。

二、价值取向与实施路径

1. 价值取向

从外部现实看,中考文言诗文测评从 2020 年起采用"组合"的形式。运用关联与比较是应对此项变革最有力的举措,理应成为初中文言诗文教学的新实践。

从学习水平看,运用关联与比较能实现文言诗文知识的结构化。对照"事实性知识的识记""事实性知识的理解"与"概念性知识的理解"三个层面,可以将知识的"点状"串联成"线状",关联成"网状",最终变成"立体状",实现知识的"组合",成为真正可以运用的"知识"。

从思维品质看,运用关联与比较能促进学生思维能力的提升。在关联比较中求同整合,培养学生的聚合思维;在关联比较中求异区分,培养学生的发散思维。我们不是要关注某个概念或者某个知识点,而是要通过学习某一方面的知识,让学生有所思考,进而形成自己对待这个世界的一种态度与方法。

2. 实施路径

关联与比较的实施路径可以分解为两个下位问题:对象是什么? 如何进行?

关联与比较的对象需要根据学生学习实际而定,大体可以分为:学习内容的关联与比较,教师要有意识地将有关联与比较价值的学习内容选取组合;知识的关联与比较,实现知识的"再加工",在"同中求异""异中求同"中产生意义;学生认知水平的关联与比较,即"关联"前备知识与现有知识,"比较"原有认知水平与将要达到的认知水平的距离。

如何进行关联与比较? 事实性知识识记需将知识"点"关联成"线",更多关注知识之间以怎样的逻辑组合? 事实性知识理解需从"识记"上升到"理解",着重将知识的"点"联成"网",更多关注和先前学过的知识有何相似或区别? 概念性知识理解意在将"事实"上升到"概念",着重将知识联成"立体",更多关注两者如何达成统一?

当然,也有一些问题需要进一步思考。如在初中文言诗文教学过程中,关联与比较内容的择选与聚焦、形式的完善与丰富、路径的明晰与细化、广度与深度的挖掘和开拓,等等。这样一种新的教学实践为初中文言诗文的教学打开了一扇门,提供了新的方向。教师应该努力尝试转变教学方式,在关联与组合中实现对传统文言诗文的解构与重构。文言诗文教与学的方式需要迎来这样新的变革,由此才能迎来新的突破,迸发新的教育活力。

旨在提升学生思维品质的古诗文群文阅读教学实践思考

——我这样教文言文

　　统编初中语文教材已全面使用,古诗文的阅读量得到空前加大,在提升学生语文核心素养背景下,古诗文阅读"单篇平推"的教学方式越来越呈现出弊端与不足,如知识的散点化,无法形成结构化;思维的浅表化,无法构成深度化。

　　《义务教育语文课程标准(2022年版)》提出文言文要"注重积累、感悟和运用","发展思维能力,提升思维品质,形成自觉的审美意识,培养高雅的审美情趣,积淀丰厚的文化底蕴,继承和弘扬中华优秀传统文化"。

　　为了扭转古诗文阅读"高耗""低效"的颓势,落实语文课程标准具体要求,古诗文群文阅读教学是一种应时而生、应学而有的课堂教学新样态。

　　群文阅读教学,是指教师在一个单位时间内指导学生阅读相关联的多个文本,通过梳理整合、拓展联系、比较异同等,使学生在多文本阅读过程中关注其语言特点、意义建构、结构特征以及写作方法等,使阅读由原有的读懂"一篇"走向读通"一类"。这种新型阅读方式不仅可以丰富阅读内容,拓宽阅读视野,提高阅读效率,还能极大提升阅读品质,对全面提高学生语文核心素养具有重要意义。

　　统编初中语文教材中有许多古诗文"自然组合"(编者将若干首诗歌组合成一篇课文),这就要求教师敏锐洞察编者的组合意图,尝试群文阅读教学实践。因此,我以统编初中语文九年级上册《诗词三首》(《行路难(其一)》《酬乐天扬州初逢席上见赠》《水调歌头》)为例,阐述旨在提升学生思维品质的古诗文群文阅读教学的路径与价值思考。

一、聚焦组合逻辑:培养结构思维

结构思维,并非指在阅读过程中要形成某种固定的结构模型,而是指阅读理解要有整体性、立体性,要有先后秩序和由近及远、由表及里、由浅入深的逻辑秩序。结构思维体现为把散碎的信息按照一定的逻辑使其建立关联、形成序列、凸显层次和规律,让学生理解更加有条理、立体、系统。

在《诗词三首》中,三个作品的组合呈现出鲜明的逻辑,教师可以通过设置"三层问题"引导学生关注作品组合的内在逻辑,培养学生的结构思维。

第一层问题:为什么课文要以《行路难(其一)》《酬乐天扬州初逢席上见赠》《水调歌头》这样的顺序呈现,能否换序? 学生借助常识信息梳理,得出第一层认知结果:排序按照诗人所处时代的先后(李白是盛唐,刘禹锡是中唐,苏轼是北宋)。

第二层问题:除了时代因素,还有没有其他内在规律? 这对学生结构思维进一步提出挑战。学生从诗歌的发展演变探查发现三首诗歌的排序符合诗歌的发展规律(《行路难(其一)》属于古体诗,《酬乐天扬州初逢席上见赠》是七言律诗,《水调歌头》是词)。

第三层问题:如果你是教材编者,课文若变为"诗词四首",你将会选录的第四个作品是什么,准备如何安放这个作品? 这一问题指向学生高阶思维,包含多种思维能力与思维品质,学生除了要考量作品之间的逻辑,还要充分考虑诗歌内容情感等方面的特点。

这个问题不单单指向结构思维的培养,它还可以指向多元思维能力的培养。当然,结构思维在群文阅读教学中是尤其要关注的,这一点是毋庸置疑的,它有利于学生规避阅读理解的碎片化,提高阅读效率,提升思维品质。

二、多重求同比异:培养比较思维

比较思维体现为把不同的文本信息从语言内容和表现形式等角度加以辨析,求同探异,深化理解。

以《诗词三首》为例,在内容主题层面,教师可以引导学生结合三个作品,描画出诗人在诗歌中的情感变化线条,比较作品的共同点和不同点。学生可以发现三个作品的共同点：首先，都展现了"困境"——李白受到权臣谗毁排挤，被"赐金放还"；刘禹锡参与王叔文集团的政治革新，失败后被贬在外二十多年；苏轼因与当权变法者政见不同，自求外放，当时在密州，与亲人异地相隔；其次，三个作品最终都实现了"超越"，李白用"长风破浪会有时，直挂云帆济沧海"展现超越，刘禹锡用"沉舟侧畔千帆过，病树前头万木春"展现超越；苏轼用"但愿人长久，千里共婵娟"展现超越；第三，三个作品在"困境"和"超越"之间都有情感的曲折和波澜，贴近真实的心理状态。存在的不同之处：三个作品呈现的"超越"方式具有独特性。李白依靠的是"先贤的力量"（姜尚和伊尹），刘禹锡凭靠的是"友情的力量"（白居易），苏轼依靠的是"亲情的力量"（苏辙）。当然，更重要的还要归结于他们作为生命个体都拥有强大的内心力量。

在表现形式层面，教师同样可以以例示范，引导学生关注作品彼此的共同点和不同点。如三个作品都有比喻、拟人等修辞手法的运用；再者，《行路难（其一）》和《酬乐天扬州初逢席上见赠》都运用了典故，但用典效果不同；《行路难（其一）》和《水调歌头》都运用了疑问句式，但表达效果不同。当然，也得关注三个作品独有的"语言形式"，如《行路难（其一）》中的"换韵"（an→ai），《酬乐天扬州初逢席上见赠》中的"确数"（二十三），《水调歌头》中"浪漫的想象"与"奇妙的类比"，等等。

因此，教师要让学生充分比较作品表现手法的相似之处与不同之处，在比较中思考作者是如何表达情感思想的，即从"表达什么"转向"如何表达"。异中求同，同中求异，在整合中寻求共性，在区分中寻求个性，最终完成对作品"共性"＋"个性"的理解。"传统单篇课文的阅读，是从头至尾的纵向阅读，其中的比较主要是前后的纵向比较。而群文阅读，由于将多个文本视作一个整体，因此其中的比较除了纵向比较以外，还有文本之间各类语文因素的横向比较。它们纵横交织，可形成立体的网状结构，更有利于学生自由驰骋思维，活跃思路，从而提升学生的思维品质。

三、联想迁移延展：培养发散思维

发散思维是指由此即彼，体现为从信息原点进行多向度联想、迁移和延展的能力。古诗文群文阅读教学特别适合将课内古诗文与课外古诗文关联组合，落实统编初中语文教材"1＋X"的阅读要求，培养学生的发散思维，拓宽学生的认知层域。这就需要教师选择课内外诗歌并适时将其组合起来，在充分提取、整合诗歌信息的基础上，形成一个完整的理解结构，进而开阔学生的阅读视域，提高学生的阅读兴趣并推动其阅读思维方式的正向发展。

《诗词三首》中，《行路难（其一）》可以联系"天生我材必有用，千金散尽还复来"（《将进酒》）、"仰天大笑出门去，我辈岂是蓬蒿人"（《南陵别儿童入京》）、"大鹏一日同风起，扶摇直上九万里"（《上李邕》）等关于李白"坚定信念"的诗句；《酬乐天扬州初逢席上见赠》可以联系"芳林新叶催陈叶，流水前波让后波"（《乐天见示伤微之、敦诗、晦叔三君子，皆有深分，因成是诗以寄》）、"自古逢秋悲寂寥，我言秋日胜春朝"（《秋词》）、"莫道桑榆晚，为霞尚满天"（《酬乐天咏老见示》）等关于刘禹锡"乐观处世"的诗句；《水调歌头》可以联系"回首向来萧瑟处，归去，也无风雨也无晴"（《定风波》）、"试问岭南应不好，却道：此心安处是吾乡"（《定风波·南海归赠王定国侍人寓娘》）、"人生如逆旅，我亦是行人"（《临江仙·送钱穆父》）等关于苏轼"人生感悟"的诗句。

至于具体的教学路径，教师可以让学生关联之前所学、所知的内容，亦可作为新内容的补充拓展呈现给学生，实现迁移延展。如此，古诗文阅读教学就能在宽度上横向拓展，在深度上纵向挖掘，这有助于增加学生的阅读量，拓宽学生的阅读面，帮助学生走出"为阅读而阅读"的误区，引导学生利用"群文"的理念和方式来发展阅读能力，提升思维品质，最终进入阅读的新层次和思维的新高度。

四、探寻反常意图：培养逆向思维

逆向思维体现为超越"常识""常思""常理""常情""常态"，对事物、事理进行别具一格的理解和判断。因观察和理解的角度不同而得出不同结论，给人以耳目一新的启示。

群文阅读常常运用逆向思维。《诗词三首》中就有许多培养学生逆向思维的语料。如《行路难（其一）》中"金樽""清酒""玉盘""珍羞"与"停杯""投箸""拔剑""四顾"的反常,"冰塞川""雪满山"与"长风破浪""直挂云帆"的反差;《酬乐天扬州初逢席上见赠》中"沉舟""病树"与"千帆过""万木春"的对照,"弃置身"与"长精神"的反差;《水调歌头》中"我欲乘风归去"与"又恐琼楼玉宇"的矛盾,"何事长向别时圆"与"人有悲欢离合,月有阴晴圆缺,此事古难全"的对照,等等。

教师要善于捕捉到这些"反常""反差""对照"与"矛盾",在教学实践过程中,采用"情境联系"+"问题链设计",引导学生关注诗人是如何表达的?"常理""常情""常态"应该是怎样的?诗人为什么会有这样的表达?这样表达的背后意图是什么?如此,古诗文学习就能趋向深度化,对学生思维提出了更高的挑战。就学生学习经历与感受而言,学生觉得诗人表达"有意思",作品内容"有意义",人生启发"有价值"。"反常"的体认思考能不断促进学生的逆向思维,这有助于学生突破思维惯性和思维定式,对学生言语创新、思维创新以及观察事物的角度,体察人生的方式具有重要的推动促进作用。

五、借机学以创作:培养创新思维

创新思维是指以新颖独创的方法解决问题的思维过程,通过这种思维能突破常规思维的界限,以超常规甚至反常规的方法、视角去思考问题,提出与众不同的解决方案,从而产生新颖的、独到的、有意义的思维成果。

群文阅读本身在内容、主题或手法层面就提供了一个"聚焦点",这个共有的"聚焦点"往往能成为学生创作的基点。如《诗词三首》三个作品在内容主题层面都具有"超越困境"的"精神力量",都具有珍贵的"育人"价值。因此,教师可以以此为契机,促使学生思考如何面对成长经历中的困境(苦难、挫折、失意)?超越困境的价值是什么?如何超越?转化为具体教学实施路径,教师可以采用"材料拓展"+"情境联想"的方式,搭建创作平台,引导学生进行深度思考,培养学生的创新思维,以如下活动设计为例:

> 阅读下面两则材料,如果是你,你会如何安慰他们?完成"穿越时空的明信片"创作。
>
> 李清照《如梦令》:昨夜雨疏风骤,浓睡不消残酒。试问卷帘人,

却道海棠依旧。知否，知否？应是绿肥红瘦。

柳宗元《小石潭记》：坐潭上，四面竹树环合，寂寥无人，凄神寒骨，悄怆幽邃。以其境过清，不可久居，乃记之而去。

在充分体认两个作品的基础上（教师又构筑了一个古诗文阅读"群"），学生运用《诗词三首》中所领悟到的"正能量"即兴创作，作品有：

致易安：纵使海棠花已逝，明年仍有盛开时。

致子厚：寒潭凄清，终得君赏识；君才未展，必有扶摇日。

最后，教师以维克多·弗兰克尔《活出生命的意义》中的一段话作为小结："如果说生命有意义，那么遭受苦难也有意义。没有苦难和死亡，人的生命就不完整……正是在极端困苦的环境下，人才有实现精神升华的机会。"由此，语文课与心理课实现了融合，古诗文的世界与生活的世界实现了融合，诗人的人生与学生的生命实现了融合。学生在思考中创作，促进了创新思维的提升；在劝慰中成长，实现了生命价值的重塑。

当然，综合而论，需要注意的是，思维能力与思维品质并非截然割裂分离，而是相生相长、共融共生的。落实到具体的古诗文阅读教学中，群文阅读教学在助益学生拓展审美视界、丰厚文化底蕴、整合信息的基础上，促进其结构思维、比较思维、发散思维、逆向思维与创新思维等思维能力与思维品质的共同提升。

《普通高中语文课程标准（2017年版）》明确指出："语文课程应该引导学生丰富语言积累，培养良好语感，掌握学习语文的基本方法，养成良好的学习习惯，提高运用祖国语言文字的能力；语言文字运用和思维密切相关，语文教育必须同时促进学生思维能力的发展与思维品质的提升……通过阅读与鉴赏、表达与交流、梳理与探究等语文实践，积累言语经验，把握语文运用的规律，学会语文运用的方法，有效地提高语文能力，并在学习语言文字运用的过程中促进方法、习惯及情感、态度与价值观的综合发展。"

王君老师说："联结是一种眼界，整合是一种格局，聚焦是一种取舍，议题是一个切口,群文是一个载体,比较是一种方法,层进是一个规律,思维发展是天空,语言运用是大地,深度学习是方向。"古诗文群文阅读是古诗文阅读教学方式的一种革新,需要我们以全新的姿态,发扬创新精神,勇敢地去迎接挑战,呈现出旨在提升学生思维品质的课堂教学新样态。

洞庭天下水　岳阳天下楼

——我这样品读文言诗歌(一)

唐代是岳州山水风景诗歌的兴盛时期,岳阳楼诗是其重要组成部分。岳阳楼耸立在岳阳西门城头、洞庭湖畔,自古以来就有"岳阳天下楼"之誉,与滕王阁、黄鹤楼并称为"江南三大名楼"。历代文人骚客的吟咏酬唱,使岳阳楼成为一座名垂千古的"诗文楼"。李白、元稹和白居易三位诗人都有同题材的岳阳楼诗,"迁客骚人"的"览物之情"是否如范仲淹所言"得无异乎",需要关联品读,深入体会其中所蕴含的情思意蕴。

一、联系特有的"处境",还原"登楼"情境

品读岳阳楼诗,要知晓诗人是在怎样特有的现实处境中登的楼,这是首先要明确的问题。李白《与夏十二登岳阳楼》作于乾元二年(公元 759 年),时值李白流放途中遇赦,回舟江陵(今湖北荆州),南游岳阳(今属湖南),秋季作此诗;元和五年(公元 810 年)四月,元稹被贬江陵府士曹参军。元和九年(公元 814 年)二月,元稹应潭州刺史张正甫之邀侍宴陪游渡洞庭,在湖南游历一月有余,期间写下了《岳阳楼》;唐宪宗元和十四年(公元 819 年)春天,四十八岁的白居易结束了四年贬谪江州(今江西九江)司马的生涯,赴任忠州(今重庆忠县)刺史。他乘船沿长江逆流而上,途经岳州(今湖南岳阳)时,登上洞庭湖畔的岳阳楼,眺望那烟波浩渺、优美如画的无边春景,写下了情韵悠长的《题岳阳楼》。

三位诗人的现实处境各有不同。李白有两重"喜悦":第一,"流放遇赦",重获自由的喜悦;第二,与友人南游岳阳,携手登楼的喜悦。相比之下,元稹

也有友人陪伴,但他的处境依旧是"被贬",因而内心终究充满惆怅与忧愁。再者,白居易的遭际与前两位诗人又有不同。第一,他是孤身一人,无人陪伴;第二,他结束了一个地方的贬谪生活,正要赶赴下一个地方(同样是被贬之地),故而在奔波辗转中展现出深重的哀怨与愤懑。由此观之,三位诗人登岳阳楼时的现实处境呈现出"喜悦"—"忧愁"—"悲愤"的特点,情感基调自上而下,这为我们进一步品读理解诗歌奠定了情感基础。

二、抓取特定的"景"和"事",体会"登楼"情思

诗人登楼望远,在诗歌中描绘了哪些"景"?叙写了哪些"事"?这些"景"和"事"有什么特征?通过这些特征,诗人想表达怎样的情思?这是我们深入理解诗歌,体会诗人"登楼"情思需要思考的一组问题链。

李白的《与夏十二登岳阳楼》中的"景"有两层特征:第一,宏观层面,"楼观岳阳尽,川迥洞庭开"展现了诗人登高临远见到的辽阔景象;第二,微观层面,诗人则选取了"鸿雁南飞"和"月升东山"两组景物,这本是常见的客观景物,但是在特定环境之下,就带上了诗人的主观情感。"愁心去""好月来"恰到好处地表现了李白畅然愉悦的心情。同样,诗歌叙写的"事"是诗人想象与友人饮酒放乐的情景。在"云间""下榻",在"天上""行杯",醉后翩翩起舞,习习凉风吹拂衣袖,同样表达了诗人流放获释后的喜悦心情。

元稹的《岳阳楼》中"岳阳楼上日衔窗,影到深潭赤玉幢"两句描绘了红日斜照楼窗以及楼窗在洞庭湖上的倒影。"满棂湖水入西江"一句则不说通过窗子向外眺望一碧万顷的洞庭湖水,而是说湖水从窗子溢出并流向没有尽头的长江,巧妙地融入了诗人的主观感受。全诗着重渲染景物,以景结情,把难以排遣的怅惘愁绪表达得非常含蓄婉转。

白居易的《题岳阳楼》用"水漫漫""连梦泽""近长安"等语描绘了洞庭湖的宏伟阔大;诗人又用"猿啼""雁渡"抒发天涯沦落之感,常年贬官在外,远离京城,饱尝孤独。"此地唯堪画图障,华堂张与贵人看"两句,诗人在说洞庭风景壮阔优美,可以制成画幛,张挂在豪奢的厅堂里,让贵人们赏玩,颇有讽刺意味的同时,也含蓄地抒发了诗人羁旅漂泊之感和内心的悲伤愤懑。

三、关注特殊的"形式",品味"诗人"匠心

古代诗歌的品味与解读可以分为"感知层次""解码层次"与"品鉴层次"。"感知层次"指向诗歌写了什么;"解码层次"主要聚焦把浅层次理解引向深入,以达到对诗歌内容情感的深入理解;"品鉴层次"则指向诗歌怎么写,关注的是诗歌的言语形式,领悟作者的言语智慧。因此,我们在品读岳阳楼诗的过程中,同样需要返归诗歌的言语形式,来探究诗人在岳阳楼诗中所展现的创作匠心,即所谓"诗人的言语智慧"。

1. 独特的视角

三首岳阳楼诗的选材视角不可谓不独特,李白的《与夏十二登岳阳楼》从俯视、遥望、纵观、感觉等角度展现了岳阳楼之高耸、洞庭湖之壮阔;元稹的《岳阳楼》不直接描绘"实景",而是选取了俯视视角下的"倒影",这也是其他诗人所没有的构想;白居易的《题岳阳楼》的视角是鸟瞰洞庭湖,这比较常见。但是,视角突然由实转虚,"连梦泽""近长安"超越时空局限,显示出诗人的时空观念,把心中之情、眼前之境和苍茫无尽的宇宙时空融为一体的审美追求。

2. 奇特的想象

三位诗人的想象力在作品中也尽显无疑。李白想象与友人"云间下榻""天上行杯""醉后凉风""吹人舞袖"。元稹想象岳阳楼在水中的倒影,宛如神仙居处,"万般意"就像那洞庭的湖水从窗子溢出并流向没有尽头的长江。白居易则想象"春岸绿时连梦泽,夕波红处近长安""此地唯堪画图障,华堂张与贵人看",这无不彰显了诗人奇特的想象力所形成的艺术魅力。

3. 炼字的艺术

三位诗人都在自己的岳阳楼诗中尽显炼字的艺术。《与夏十二登岳阳楼》中一个"尽"字就将岳阳的自然景色一览无余,一个"开"字就将洞庭景象的辽远壮阔集中概括,诗人的炼字艺术给人一种雄浑豪放的感受;《岳阳楼》中一"衔"字来唤起读者的联想,便使得整个境界活跃起来,生动展现了红日斜照楼窗的景象。《题岳阳楼》中"漫漫"一词将洞庭湖的浩渺写得极为生动形象,在描绘优美动人的景色的同时,又通过"独""苦""难""唯堪"等字,向读者展示了诗人真实的内心独白。

4. 主观的景语

在"景"的描绘上,三首岳阳楼诗呈现出同样的特点,即都融入了诗人的主观情感,使得"景"语变"情"语,如《与夏十二登岳阳楼》中的"雁引愁心去,山衔好月来"、《岳阳楼》中的"岳阳楼上日衔窗,影到深潭赤玉幢"、《题岳阳楼》中的"猿攀树立啼何苦,雁点湖飞渡亦难"等语,这也印证了王国维在《人间词话》中所谓"有我之境,以我观物,故物我皆着我之色彩"。我们在品读岳阳楼诗的时候,尤其要关注诗歌中融入了"主观情感"的"景"。

5. 宕开的叙事

在"事"的叙写上,三首岳阳楼诗同样也有相似之处,即都采用了"宕开一笔"的写法,写他事以引起所抒之情,如《与夏十二登岳阳楼》中的"云间下榻""天上行杯";《岳阳楼》中的"满棹湖水入西江";《题岳阳楼》中的"此地唯堪画图障,华堂张与贵人看"。这些看似"毫不相干"的"事"实则起到了烘托的艺术效果,由此再和"景"组合在一起,在"景""事"交织中往往传递出作者的情思意蕴,由此,不得不佩服诗人艺术构思之巧妙。

三位诗人诚如范仲淹笔下的"迁客骚人",登楼望远,览物而悲,览物而喜,不像古仁人那般"不以物喜,不以己悲"。但我们无法否认,三首岳阳楼诗以其生动的画面、真挚的情感以及巧妙的构思同样能够征服读者,展现出诗歌非凡的艺术价值。再者,关于品读岳阳楼诗的方法,我们可以遵循"三步走":即联系诗人特有的"处境",还原诗人"登楼"的具体情境;抓取特定的"景"和"事",体会诗人"登楼"的深厚情思;关注诗歌特殊的"形式",品味诗人独到的"匠心"。这或许不失为品读此类诗歌的有效路径。

附:

与夏十二登岳阳楼

〔唐〕李　白

楼观岳阳尽,川迥①洞庭开。

雁引愁心去,山衔好月来。

云间连下榻②,天上接行杯③。

醉后凉风起,吹人舞袖回④。

【注释】

①迥(jiǒng):远。②连下榻:为宾客设榻留住。③行杯:传杯饮酒。
④回:回荡,摆动。

岳 阳 楼

〔唐〕元　稹

岳阳楼上日衔窗,影到深潭赤玉幢①。

怅望残春万般意②,满棂③湖水入西江④。

【注释】

①赤玉幢(chuáng):指岳阳楼在水中的倒影宛如一座赤玉幢。玉幢
即玉楼,指神仙居处。②万般意:千头万绪难以表达的情意。③棂
(líng):窗格,指窗。④西江:指长江。

题 岳 阳 楼

〔唐〕白居易

岳阳城下水漫漫①,独上危楼倚曲栏。

春岸绿时连梦泽②,夕波红处近长安。

猿攀树立啼何苦,雁点湖飞渡亦难。

此地唯堪画图障③,华堂张④与贵人看。

【注释】

①漫漫:无边无际的样子。②梦泽:即云梦泽,指湖北南部、湖南北
部一带低洼地区。③图障:画幛。④张:张挂。

天时人事日相催　冬至阳生春又来

——我这样品读文言诗歌(二)

　　冬至,是二十四节气之一,也是中国民间传统祭祖节日。古人崇尚阴阳学说,认为冬至是一年中"阴极之至,阳气始生",更有"冬至大如年"的说法。由于冬至特定的节气和人文传统,诗人在冬至时节往往触景生情,或感慨时光与人生,或喟叹岁末与寒冬,或寄托思念与哀愁,为后人留下了许多情感迥异、风格独特的诗歌佳作。在冬至到来之际,让思绪跟随着诗人的文字飘飞,不仅能感受诗人的深情和怅惘,亦能开阔自己的胸襟与胆识,为我们的人生铺就一片明亮。

一、结合创作背景,了解"冬至"诗境

　　在"冬至"这样一个特定的"节日",诗人是在怎样的境遇下写了这首诗,这首诗本身展现了诗人怎样的境遇,这是读"冬至"诗歌首先要关注的两个问题。诗人在不同境遇下表现的情感会有所不同。

　　《冬至》写于唐代宗大历二年(公元767年),杜甫当时在夔州已经度过了弃官飘零以来的第九个冬至日。长年为客流落异乡的杜甫,对于第十个冬至节的到来生发出无穷的感慨,便有了"年年至日长为客,忽忽穷愁泥杀人"这样至真的诗句,"年年"对"忽忽",对偶与叠词妙用,表现时间飞逝,又是一年冬至,而长期漂泊的诗人仍然有家难回,穷愁潦倒。这便是所谓"情到深处句便工""情动于中而形于言"的真挚表达。

　　《冬至日遇京使发寄舍弟》是杜牧客居江南时所作,约作于唐文宗大和年间。从诗题看,乃诗人于冬至日逢入京使,托他捎信给自己在京城长安的弟

弟杜颛。其次,从"樽前岂解愁家国"来看,诗人的愁绪并非只是与弟弟(亲人)分离。文宗时代,牛李党争激战方酣,宦官专权日益严重,大唐王朝早已失去盛世景象而摇摇欲坠,怀有一腔抱负却无处施展的杜牧"愁"的除了"家",还有"国"。

《冬至日独游吉祥寺》写于熙宁五年,当时苏轼自请出京,任杭州通判。他曾跟随杭州知州沈立去吉祥寺赏牡丹。赏花第二天,沈立展出了十卷《牡丹亭》,苏轼看到壮观的赏花画面有感而发写下了《吉祥寺赏牡丹》:"人老簪花不自羞,花应羞上老人头。醉归扶路人应笑,十里珠帘半上钩。"到了这一年冬至,苏轼再游吉祥寺,有感于园中无花无人,时过境迁,却别有况味,写下了《冬至日独游吉祥寺》,便有了"何人更似苏夫子,不是花时肯独来"这样超凡脱俗的名句。

三个作品综合来看,诗人在冬至时节的现实境遇有相似之处:孤身客居他乡,难免孤独悲凉。细细比较,也有区别。杜甫是孤独中的人生感慨,杜牧是孤寂中的念国思亲,苏轼是孤身中的闲情雅致。

二、借助想象与联想,体会"冬至"诗情

在吟读诗歌过程中,可以依托诗歌中的具体内容,进行画面的想象与联想,从而增强自己的阅读体验,深入理解诗人所想表达的情感指归。

《冬至》中"穷愁泥杀人"一句可以想象"冬至"那一天寒意直扑人面,愁苦阴冷,诗人扶杖而行,身临"丹壑",心系"紫宸","热闹是他们的,我什么也没有"。联想"莫思身外无穷事,且尽生前有限杯""艰难苦恨繁霜鬓,潦倒新停浊酒杯"……这些诗句都写于漂泊期间,我们可以读到杜甫漂泊背后的落寞与感伤,内心的渴望、失意与挣扎,颠沛流离的命运和日渐衰老的身体联系在一起,仿佛一首一唱三叹的歌,在我们耳边回响不已,为之动容。

《冬至日遇京使发寄舍弟》描画了诗人晚上在旅馆就寝,担忧弟弟在长安的被子不够暖和;傍晚在江边散步,寒意袭来,担心弟弟在长安的衣服不够御寒。偶然听闻风吹过竹门之声,恍惚以为是弟弟在长安住处的松窗雪打声。思念之情虽不明说,却尽在不言中。与其说是思念身处长安的弟弟,不如说是心系弟弟身处的长安。弟弟与长安,家和国,都是杜牧心中的寄挂。"欲把

一麾江海去,乐游原上望昭陵""秦人不暇自哀,而后人哀之。后人哀之而不鉴之,亦使后人而复哀后人也"……受儒家思想影响的杜牧,心中有着"家国情怀"的烙印,他用自己的文字,倾诉着心忧家国天下的情怀。

《冬至日独游吉祥寺》展现了这样的画面:想象着冬至那一天,下着绵绵的细雨,细雨打湿了干枯的野草,这天气真不适合出游。这样的寒冬雨天,花都没开,苏轼却独自跑到寺内赏春。仕途不算顺利,就像眼前的寒雨萧萧,但苏轼绝不消沉,仍有闲情雅致,要第一个看到春的到来,正应了诗人雪莱的名句"冬天来了,春天还会远吗?"这正是"东坡本色",即使面对枯草残茎,凄风苦雨,也能安之若素,坦然观瞻名刹古寺,品味出不一样的味道。那份从容雅致,实在让人羡慕,如同"人生如逆旅,我亦是行人""人生到处知何似,应似飞鸿踏雪泥"、"人有悲欢离合,月有阴晴圆缺,此事古难全"……这些都是苏轼在这个"不确定"的世界里告诉我们要坚守的"人生准则"和"处世品格"。

三、咀摸诗歌语言,品味"冬至"诗心

诗歌语言是文学作品中最凝练、最优美的语言。咀摸诗歌的语言,可以更真切地品味诗人的诗心。

第一,感受"反问"的力量。诗人的反问,其实是想有个人与之倾诉与对话。"路迷何处见三秦"是杜甫人生迷茫、不知路在何处的"反问";"樽前岂解愁家国"是杜牧借酒浇愁、无路请缨的"反问";"何人更似苏夫子"是苏轼超然旷达,拒绝平庸媚俗的"反问"。诗歌中的反问,往往彰显诗人最真挚、最强烈的情感,读这样的诗句,我们须反复吟咏,真正读出诗人的"心"声。

第二,品味"炼字"的艺术。"穷愁泥杀人"中的"泥"字,形象感十足,本身就带有"泥泞""拘泥"之意,杜甫"活化"了"泥"字的运用,让读者联想到除了"泥泞"的现实道路、"泥泞"的生活现状,更饱含着诗人"泥泞"的愁绪、"泥泞"的人生;再者,杜甫"江上形容吾独老"中的"独"与苏轼"不是花时肯独来"中的"独"两者的语境义全然不同,需细细咀摸。杜甫的"独"是悲伤落寞,是孤苦伶仃,是茕茕子立;苏轼的"独"是超然旷达,是清旷超俗,是特立独行;而杜牧"辇下唯能忆弟兄"中的"唯"也带有"唯独"之意,细细品之,是无力,是无为,亦是无奈与无望。

第三,理解"相对"的精妙。这里所指的"相对"包含了"对比""对写"与"对照"等诗歌典型的表现手法。杜甫"江上形容吾独老,天涯风俗自相亲"是自身"独老"的处境与乡土"相亲"的风俗之间的对比,更加凸显了"穷愁"的不堪境况;"杖藜雪后临丹壑,鸣玉朝来散紫宸"是诗人扶杖而行,身临"丹壑",心系昔日"紫宸"散朝的场景,今昔相照,虚实相对,眼下的凄清落魄与昔日的热闹繁华对比,"穷愁"的心绪更加重加深了一层;杜牧"竹门风过还惆怅,疑是松窗雪打声"采用的是"对写"的手法,这是写思乡怀人的典型手法,如同"故乡今夜思千里,霜鬓明朝又一年""香雾云鬟湿,清辉玉臂寒""想得家中夜深坐,还应说着远行人"这类诗句。从对方入笔,想象对方的场景,含蓄而浓烈地表达自己的思念与愁绪;苏轼"萧萧寒雨湿枯荄"展现的是萧瑟冷清的环境氛围中,按理而言,不具备出游赏花的条件。但是,苏轼却反其道而为之,做到了"不是花时肯独来"。在现实环境与自身行为的"对照"中,更加凸显了诗人独特和超然的人格品性。由此,诗歌中"相对"的特性不失为我们解读诗歌的一条路径,帮助我们更好地品味"诗心"。

附:

冬 至

〔唐〕杜 甫

年年至日长为客,忽忽穷愁泥杀人①。

江上形容吾独老,天涯风俗自相亲。

杖藜雪后临丹壑②,鸣玉朝来散紫宸③。

心折此时无一寸,路迷何处见三秦④。

【注释】

①泥杀人:纠缠的样子。②丹壑:指峡谷深渊中一汪水池,形容山中胜景。③紫宸(chén):宫殿名,天子所居。唐时为接见群臣及外国使者朝见庆贺的内朝正殿,在大明宫内。④三秦:原指关中地区。项羽破秦入关,把关中之地分给秦降将章邯、司马欣、董翳,因称关中为三秦。此代指朝廷。

冬至日遇京使发寄舍弟

〔唐〕杜　牧

远信初逢双鲤①去,他乡正遇一阳生②。

樽前岂解愁家国,辇下唯能忆弟兄。

旅馆夜忧姜被③冷,暮江寒觉晏裘④轻。

竹门风过还惆怅,疑是松窗雪打声。

【注释】

①双鲤:代指书信。②一阳生:即冬至。冬至后白天渐长,古人认为是阳气初动。③姜被:姜肱与二弟仲海、季江,俱以孝行著闻。其友爱天至,常共卧起。后比喻兄弟间相亲友爱。④晏裘:即"晏子裘"。春秋齐相晏婴,生性节俭,一件狐裘穿了三十年。后比喻节俭或处境困窘。

冬至日独游吉祥寺①

〔北宋〕苏　轼

井底微阳②回未回,萧萧寒雨湿枯荄③。

何人更似苏夫子,不是花时④肯独来。

【注释】

①吉祥寺即广福寺,寺中牡丹最盛。在宋时,该寺是一个名刹。②微阳:谓阳气始生。阳,指暖气。③枯荄(gāi):干枯的草根。④花时:百花盛开的时节。这里指牡丹花开的季节。

人生一知己　足以慰风尘

——我这样品读文言诗歌(三)

古代文人士大夫多以诗会友,朋友之间常常互相唱和,通过诗歌交往应酬。朋友之间的诗歌往来叫作"酬赠"或"酬唱"。一方写给另一方的诗叫作"赠",对方的回复称作"酬"。酬赠诗是古人结交朋友、求取仕途、抒发心迹、表露品格的主要途径,代表作品有孟浩然的《望洞庭湖赠张丞相》、刘禹锡的《酬乐天扬州初逢席上见赠》、柳宗元的《与浩初上人同看山寄京华亲故》、张籍的《节妇吟》、朱庆余的《近试上张籍水部》等。在酬赠诗中,既有离别思念之感怀,也有胸襟抱负之倾吐;既有对美好人格的景仰与倾慕,也有对沧桑世事的无奈和喟叹。品读不同风格的酬赠诗,我们可以感受诗人丰富的生命情调和独特的艺术美感。

一、知人论世,还原"酬赠"之情境

王维晚年隐居蓝田辋川,青山逶迤,峰峦叠嶂,奇花野藤遍布幽谷,瀑布溪流随处可见。因辋河水流潺湲,波纹旋转如辋,故名辋川,它是终南山的一脉。裴迪是王维的好友,常常在辋川"浮舟往来,弹琴赋诗,啸咏终日",《辋川闲居赠裴秀才迪》便是他与裴迪相酬为乐之作,记录彼此流连山水、把酒言欢的美好经历。"复值接舆醉,狂歌五柳前",这是王维对"知己"的"欢谑书写"。

《赠孟浩然》大致写于李白寓居湖北安陆时期,此时他常往来于襄汉一带,与比他年长十二岁的孟浩然结下了深厚的友谊。两人结识,固然不乏饮酒唱和、携手同游的乐趣,但至为重要的是两人都追求情感思想上的和谐与共鸣。这首诗是浩然遭归南山,太白送行所作,是两人真挚友谊的见证。"吾

爱孟夫子,风流天下闻",这是李白对"偶像"的"真情告白"。

《寄李儋元锡》是韦应物在滁州刺史任上的作品,约作于公元784年(唐德宗兴元元年)。唐德宗建中四年(公元783年)暮春入夏时节,韦应物离开长安,秋天到达滁州任所。韦应物交游并不广,但李儋、元锡却是他的至交,在长安与他分别后,曾托人问候。次年春天,韦应物写下这首诗寄赠以答,感时伤事,望其来而相慰。"闻道欲来相问讯,西楼望月几回圆",这是韦应物对"挚友"的"深情召唤"。

三首诗都展现了诗人对友情的珍重,而展现的酬赠情境却有所不同。王维的酬赠是"现在相聚时",着重于"我们"赏心乐事的书写;李白的酬赠是"将要告别时",着重于"你"风度品格的刻画;韦应物的酬赠是"祈盼相聚时",着重于"我"苦闷心绪的表露。还原酬赠诗的具体情境,对其进行充分把握,是赏读这类诗歌首先要关注的。

二、沿波讨源,体会"酬赠"之情志

酬赠诗是诗人(主体)与友人(客体)通过文字实现情感互动的载体。刘勰在《文心雕龙》中说:"观文者披文以入情,沿波讨源,虽幽必显。"赏读这类作品需要在整体把握主客体交互情境的基础上,进一步抓住"典型环境"(景)—"特定活动"(事)—"鲜明形象"(人)的脉络,体会诗人在作品中想表达的情志。

品读《辋川闲居赠裴秀才迪》,可以思考这样一组问题:诗人和友人所处的环境(景)如何?有哪些活动(事)?诗人想表达什么?我们借助首联、颈联可以感受到辋川迷人的秋景:苍翠的寒山、缓缓的秋水、渡口的夕阳、墟里的炊烟,有声有色,动静结合。我们再通过颔联、尾联可以感知到王维和裴迪在柴门外,倚杖临风,听晚树鸣蝉、寒山泉水,看渡头落日、墟里孤烟,辋川闲居生活快乐非凡。

品读《赠孟浩然》,可以思考:诗人对孟浩然是怎样的情感表达?诗人展现了孟浩然怎样的形象?他想表达什么?通过关注首联和尾联,我们感受到李白对孟浩然的亲切挚恳与钦佩仰慕。颔联则展现了孟浩然少年时鄙弃仕途荣华,晚年白发鹤氅,逍遥于青松白云之间的形象。颈联借用徐邈与陶渊明典故,写孟浩然于明月东升之际,迷醉于杯酒浮沉之间,陶醉于花草自然之中,彰显其高洁品性。这首酬赠诗不仅表现了李白对孟夫子品格的敬仰,也折射出他自己的人生追求。

品读《寄李儋元锡》,同样可以思考这样一组问题:诗人处于怎样的环境?他的心理状态如何?他想表达什么?我们可以循着诗句品读到花开花落间,世事茫茫,春愁黯黯。诗人因多病想辞官归田,内心充满矛盾。"邑有流亡愧俸钱",不仅是仁人自叹未能尽责,也流露其进退两难的苦闷心绪。尾联道出酬赠的真实用意,是需要友情的慰勉,是渴望和友人的畅叙。整首诗起于分别,终于相约,表现了朋友之间的深挚友谊,也表达了诗人心怀天下、忧国忧民的博大情怀。

三、含英咀华,品味"酬赠"之匠心

1. 关注谋篇布局

古代诗歌,尤其是近体诗,十分讲究谋篇布局,主要体现在情与景的组合方式上。情与景关系的安排既可以先景后情,也可以先情后景,还可以情景交融,甚至可以配合绘景,于叙事中以细微的活动表现丰富的情感。《辋川闲居赠裴秀才迪》呈现"景""事"交替的特点。首联与颈联写景,颔联与尾联叙事,这种"景事交叠"的写法最终形成"景—事—人—情"交融的境界。《赠孟浩然》则构成"抒情—描写—抒情"的结构,开头直言"吾爱",自然过渡到描写,展现孟浩然"可爱"之处,最后归结到"敬爱";《寄李儋元锡》呈现出"景—情—景"的结构,整首诗由景起笔("花里""花开"),情由景生("春愁黯黯""思田里"),最终以景收束("西楼""月圆"),情由景终(期望团聚与慰勉)。因此,三首诗在谋篇布局上都可谓是匠心独运,都是律诗中的佳作。

2. 理解典型意象

中国人的思维是一种意象思维,多采取观物取象,立象以尽意的思维方式。这种思维方式决定了中国人常常通过刻画审美意象来抒写情感,创造某种艺术形象。这一特点在三个作品中都得到了具体映现,品读时需要理解把握这些典型意象。如"临风听暮蝉"中的"蝉"意象。在王维笔下,蝉是秋天的象征,是报秋的使者,能衬托田园环境的幽静。不仅如此,王维更是将蝉视为

品性高洁、卓尔不群的代表，"咏蝉者每咏其声，此独尊其品格"；再如"高山安可仰"中的"高山"意象，语出《诗经·小雅》"高山仰止，景行行止。"司马迁《史记·孔子世家》专门引之以赞美孔子，李白在诗中则以仰望高山隐喻自己对孟浩然风度品行的景仰；又如"西楼望月几回圆"中"西楼"与"月"。西楼是主体建筑西边楼梯向东的小楼，站在楼上能看到月亮升起的景象。紧随暮色的是寂静的夜，月亮是夜晚的精灵，在色彩上偏于冷色调，在情感上颇能引发离愁别绪，韦应物用"西楼望月几回圆"的意象组合作为收束足见其悲切幽思之情。

3. 感受语言特点

诗歌语言高度凝练，蕴含着诗人丰富的情感。严羽的《沧浪诗话》中有语云："夫诗有别材，非关书也；诗有别趣，非关理也……所谓不涉理路、不落言筌者，上也。"《辋川闲居赠裴秀才迪》体现出绝美的"炼字"艺术。"寒山转苍翠，秋水日潺湲"中的"转""日"，前者呈现静态中的"动感"，后者呈现动态中的"永恒"之感；"渡头余落日"中的"余"精确地剪取了落日行将与水面相切的一瞬间，富有包孕地显示出落日的动态和趋向。"墟里上孤烟"的"上"极为传神地写出了炊烟悠然上升的动态度。这便是王维诗歌语言的"凝练"之美。《赠孟浩然》则展现了高超的"炼句"艺术。"吾爱孟夫子，风流天下闻"与"高山安可仰，徒此揖清芬"都以一种舒展的唱叹语调表达诗人的敬慕之情，自有风神飘逸之致，疏朗古朴之风；"红颜弃轩冕，白首卧松云"与"醉月频中圣，迷花不事君"两联在对偶的自然流走中增加了摇曳错落之美。用典融化自然，不见斧凿痕迹，足见李白诗歌语言的"天然"之美。相较于前两个作品，《寄李儋元锡》在"炼字""炼句"方面并无突出特点。但是，这丝毫不影响这首诗的艺术效果。韦应物以"身多疾病思田里，邑有流亡愧俸钱"告诉我们诗歌的语言不在于华美绚丽，而在于思想立意，韦氏诗歌语言"简淡"之美彰显无遗。

因此，在品读酬赠类诗歌的过程中，我们要借助吟咏诵读的方式，尽可能地调动各种感官，充分感知体验诗人用其独有的语言所构筑的诗歌世界。还原主体与客体的交往情境，把握诗人的情感流向，关注诗歌的谋篇布局、意象运用以及语言特点，这些都有助于我们更好地读懂酬赠诗背后所蕴含的题旨，诗人的情志以及时代的风貌。

附：

辋川闲居赠裴秀才迪

〔唐〕王　维

寒山转苍翠，秋水日潺湲①。

倚杖柴门外，临风听暮蝉。

渡头余落日，墟里②上孤烟。

复值接舆③醉，狂歌五柳④前。

【注释】

①潺湲（chán yuán）：水流缓慢的样子。②墟里：村庄。③接舆（yú）：楚国隐士，人称"楚狂"，曾劝孔子不要做官。这里借指裴迪。④五柳：陶渊明自称"五柳先生"。这里诗人以"五柳"自比。

赠孟浩然

〔唐〕李　白

吾爱孟夫子，风流天下闻。

红颜①弃轩冕②，白首卧松云。

醉月频中圣③，迷花④不事君。

高山安可仰，徒此揖清芬⑤。

【注释】

①红颜：指青年。②轩冕：借指官位爵禄。③中圣："中圣人"的简称，即醉酒。④迷花：此指陶醉于自然美景。⑤清芬：喻高洁的德行。

寄李儋元锡

〔唐〕韦应物

去年花里逢君别，今日花开又一年。

世事茫茫难自料，春愁黯黯①独成眠。

身多疾病思田里②，邑③有流亡愧俸钱④。

闻道欲来相问讯，西楼望月几回圆。

【注释】

①黯黯：心神沮丧的样子。②思田里：想念田园乡里，即想到归隐。③邑：管辖的地区。④俸钱：俸禄。

落实梳理路径，强化统整意识

——我这样复习文言文

　　根据《2020年上海市初中课程终结性评价指南·语文科》具体内容，2020年上海中考语文一大改革在于将原先"课内诗歌鉴赏"与"课内文言文阅读"两个部分合二为一，更加凸显"文言诗文"的"统合性"。语料选用上多是采用摘录两则古诗文的方式，即呈现出"诗＋文""诗＋诗""文＋文"三种组合形式，更加趋向于"比较阅读""联合阅读"的形式。这对学生"文言诗文阅读"的综合能力提出了更高的要求。在此背景之下，教师引导学生对中考文言诗文篇目做必要的梳理，落实梳理的路径，强化统整的意识是大势所趋。基于此，本文尝试对中考文言诗文篇目的梳理提供一些策略性的思考和操作性的建议。

一、以时空为序梳理统整，贯通史地脉络

　　在常见考题类型中，多会涉及文言诗文的篇目及其朝代、作者等基本信息，难度系数不高。但是，学生在这方面的实际作答效果却不太好，总有学生会产生混淆。为此，教师可以尝试借助于思维导图，引导学生以时代、地理顺序梳理文言诗文篇目。这样一种设计的意图在于：一方面，以活动（项目）形式寓教于乐，避免"静态信息"产生的机械枯燥感。另一方面，以导图、图画的形式帮助学生正确记忆相关信息，强化学生的"归类统整"意识。

　　著名历史地理学家、现代地名学的开拓者之一谭其骧先生曾评说："地名是各个历史世代人类活动的产物，它记录了人类探索世界和自我的辉煌；记录了战争、疾病、浩劫与磨难；记录了民族的变迁与融合；记录了自然环境的

变化,有着丰富的历史、地理、语言、经济、民族、社会等科学内涵,是一种特殊的文化现象,是人类历史的活化石。"

因此,对中考文言诗文篇目以时空为序进行梳理统整,能有效贯通史地脉络,促进学生历史、地理学科素养的提升。时空观念是其核心思维,培养学生在特定时间联系和空间联系中对事物进行观察分析的意识和思维能力,呈现形式有历史纪年、历史时序、年代尺、历史地图等,而文言诗文篇目是很好的实践载体。

二、以文体特点梳理统整,贯通阅读路径

在中考文言诗文篇目中,以文体特点对中考文言篇目进行梳理,发现有一些文章体式相近,不妨将其"组合""统整",由"单篇"复习转化到"同类"进行复习,由此可以形成一些共性的阅读路径,提高学生文言诗文的复习效率,促进阅读能力的有效提升。

1. 叙事类文体的阅读路径

《小石潭记》《桃花源记》《醉翁亭记》《岳阳楼记》《卖油翁》《周处》等文章都统属于"叙事类"文体。

叙事类文体的阅读路径(参照曹刚《课文可以这样读》):

(1) 写了什么人、事、物、景? 表达了作者怎样的情感(思想)?

(2) 文中人、事、物、景的组合大体分几个部分? 每个部分分别表达什么意思? 各部分内容之间是怎样的联系?

以《岳阳楼记》一文为例,按照上述阅读路径进行解读:

(1) 写了滕子京、"迁客骚人""古仁人""予"这些"人";记叙了滕子京被贬巴陵郡,重修岳阳楼,想象"迁客骚人"登楼"览物"这些"事";描绘岳阳楼(洞庭湖)景色,具体有阴雨之景和晴和之景;表达了作者"不以物喜,不以己悲"的生活态度以及"先天下之忧而忧,后天下之乐而乐"的政治抱负,抒发了作者对志同道合少的慨叹、对古仁人的崇敬追慕以及与好友滕子京的共勉。

(2) 文中人、事、景(物)的组合大体分为三个部分。第 1 部分(第 1 段)叙事:滕子京被贬巴陵郡,重修岳阳楼,"属予作文以记之";第 2 部分(第 2—4段)写景:结合"阴雨之景"与"晴和之景"描绘,写"迁客骚人"登楼"览物而悲"

与"览物而喜"两种心情。这一部分可分两层，第一层(第2段)：承上总写远眺洞庭湖的雄伟景象，再由"览物之情，得无异乎"引出下文。第二层(第3—4段)：具体写"迁客骚人""览物之情"因景而异，或悲或喜。第3部分(第5段)议论：由"迁客骚人"引出"古仁人"，两相对比，表明自己的生活态度和政治抱负。

2. 论说类文体的阅读路径

《生于忧患，死于安乐》《天时不如地利》《潍县署中寄舍弟墨第一书》《鱼我所欲也》《爱莲说》《陋室铭》等文章都可归属于"论说类"文体。

论说类文体的阅读路径(参照曹刚《课文可以这样读》)：

(1) 文中表述了哪些基本观点(看法)？ 这些观点针对什么提出？ 观点之间的逻辑关联是怎样的？ 作者要论述的核心观点是什么？

(2) 论述部分的主要内容及语言形式是否有力地支撑了论点？

以《生于忧患，死于安乐》一文为例，按照上述阅读路径进行解读：

(1) 作者要论述的核心观点是"生于忧患，死于安乐"。文章开头援引六个著名人物事例，有力地论证了"人才要在忧患中造就"的道理，即"生于忧患"的部分，继而再论述了"人处困境能激发斗志，国无忧患容易遭灭亡"的道理，从个人层面论述到国家层面，即从"生于忧患"论述到"死于安乐"，最终得出"生于忧患，死于安乐"的结论。

(2) 论述部分主要采用举例论证(列举事实论据)和对比论证的方法展开论证。语言形式上多采用排比修辞，使文章读来气势逼人，具有无可辩驳的力量。

3. 说明类文体的阅读路径

贯通"说明类"文体的阅读路径(参照曹刚《课文可以这样读》)：

(1) 文章哪些判断句承载了作者所说的事理(事物特征)？ 这些句子之间是怎样的关系？

(2) 各部分事理(或事物特征)如何加以引申？ 文章是否有情趣？ 如何达到这种效果？

以《核舟记》一文为例。按照上述阅读路径进行解读：

(1) "舟首尾长约八分有奇，高可二黍许""旁开小窗，左右各四，共八扇"

"船头坐三人""舟尾横卧一楫""楫左右舟子各一人"等语句突显了核舟体积小、容量大、做工精巧的特点。文章以空间为序,先总后分,先中间后两边,从右到左,由上至下,有条不紊地描述了核舟船舱、船头、船尾、船背等各个部分。

（2）"船尾"一段文字,作者传神地描绘了两个"舟子"的举止情态,突显核舟之"精巧"。"罔不因势象形,各具情态""嘻,技亦灵怪矣哉!"等语句运用"双重否定""感叹句"的语言形式充分彰显了作者的赞美之情。

三、以关键词梳理统整,贯通真实生活

1. 以"景点"为关键词——洞见天地

在中考文言诗文篇目中,有许多自然景点、名胜古迹,里面有许多写景佳句。在这些写景佳句的基础上,学生可以将其进行归类统整,发挥自己的想象,借用现代汉语将它们描绘成一幅幅色彩绚丽的风景图画,继而采用"蒙太奇"式手法进行画面组合,带领读者通过古诗词领略祖国的大好河山,感受天地之美。

"岱宗夫如何,齐鲁青未了"的泰山雄姿（杜甫《望岳》）,"水光潋滟晴方好,山色空蒙雨亦奇"的西湖胜景（苏轼《饮湖上初晴后雨》）,黄鹤楼下"晴川历历汉阳树,芳草萋萋鹦鹉洲"的生机（崔颢《黄鹤楼》）,破山寺中"竹径通幽处,禅房花木深"的幽静（常建《题破山寺后禅院》）,《岳阳楼记》中"衔远山,吞长江,浩浩汤汤,横无际涯",《醉翁亭记》中"野芳发而幽香,佳木秀而繁阴,风霜高洁,水落而石出",《桃花源记》中"中无杂树,芳草鲜美,落英缤纷"……与作者一同神游在文言诗文造就的天地之间,感受自然与天地之美,别有一番快乐和惬意。

2. 以"情感"为关键词——洞见众生

在中考文言诗文篇目中,通过很多作品,我们又可以感受到作者在不同作品中所传递的真挚情感,所谓"洞见众生",其实就是回到真实的生活,体验人世间的爱恨情愁,通过文言诗文,来一场说走就走的情感体验之旅。

"挥手自兹去,萧萧班马鸣"（李白《送友人》）,是对故人的依依惜别;"衣带渐宽终不悔,为伊消得人憔悴"（柳永《蝶恋花》）,是对心爱之人的缠绵相思;"知否? 知否? 应是绿肥红瘦"（李清照《如梦令》）,是对生命流逝的感伤;

"可怜白发生"（辛弃疾《破阵子·为陈同甫赋壮词以寄之》），是对报国无门的悲愤；"悄怆幽邃"（柳宗元《小石潭记》），是难以排遣的忧伤；"爱杀江南"（张养浩《水仙子·咏江南》），是对江南深切的热爱……经由文言诗文，如同经历了许多不同的人生，体验各种各样的情感，拓宽了精神空间，丰富了情感体验。

3. 以"思想"为关键词——洞见自我

如果说文言诗文构筑了一个巨大的"情感"世界——感性范畴，那么它同时也造就了一个深邃的"思想"宝库——理性范畴。若以"思想"为关键词对文言诗文篇目进行梳理统整，则会洞见那些璀璨的思想像一道道光一样，照进你的内心，让你看见真实的自我。

"沉舟侧畔千帆过，病树前头万木春"（刘禹锡《酬乐天扬州初逢席上见赠》），是一种豁达的胸襟；"长风破浪会有时，直挂云帆济沧海"（李白《行路难》），是一种坚定的信念；"先天下之忧而忧，后天下之乐而乐"（范仲淹《岳阳楼记》），是一份伟大的抱负；"我亦无他，唯手熟尔"（欧阳修《卖油翁》），是一份历练的灼见；"日月之行，若出其中；星汉灿烂，若出其里"（曹操《观沧海》），是一份磅礴的气度；"会当凌绝顶，一览众山小"（杜甫《望岳》），是一份高远的理想；"随意春芳歇，王孙自可留"（王维《山居秋暝》），是一份恬然的诉求；"人有悲欢离合，月有阴晴圆缺，此事古难全。但愿人长久，千里共婵娟"（苏轼《水调歌头》），是一份超脱的领悟和美好的祝福，"人生自古谁无死，留取丹心照汗青"（文天祥《过零丁洋》），是一份拳拳的爱国之心和甘于牺牲的无畏……许许多多灿若星河的人生导师，在他们的文字里引导我们洞见真实的自我，找到属于自己的人生之路。

世事洞明皆学问，人情练达即文章。中考文言诗文不是由那些冷血无情的陌生符号组成的句子，它是华夏民族的语言汇集而成的精品，承载的是历史，是文学，是思想，是人生。诚如于漪老师《语文教学谈艺录》中所言："汉语言文字不是单纯的符号系统，它有深厚的文化历史积淀和独特的文化心理特征。""民族文化是民族的根，而民族语言负载民族文化，是根之根。语言文字在民族生命的组合中，对外是屏障，对内是血液，是粘合剂。"

因此，在繁重而又显枯燥、机械的中考文言诗文复习过程中，教师不妨转变复习的思路，打开思维的桎梏，突破眼界的局促，引导学生深耕于文言诗文中,对中考文言诗文篇目进行有效的梳理、合理的统整,以时空为序,贯通史地脉络;以文体特点梳理统整,贯通阅读路径;以关键词梳理统整,贯通真实生活。如此,打通文言诗文复习的壁垒,贯通现代文的阅读路径,贯通作文写作的选材与立意,贯通语文学习与真实的生活。在"比较阅读""联合阅读"的过程中,更好地激发学生对祖国语言文字的热爱,丰富语言语感的积累,训练"聚合统整""比较分析"的思维能力,培养其审美情趣,增强文化理解,提升文化自信。

空中课堂古代诗歌教学课例之问题链设计分析

——我这样分析问题

我们需要明确问题链的"概念界定""形式样态"与"价值功能",即什么是问题链? 问题链是怎样的? 为什么要有问题链?

第一,问题链是教师为实现教学目标,将教材知识转换成层次鲜明、具有系统性的一连串教学问题。它是一组有中心、有序列、相对独立而相互关联的问题。其次,从形式看,问题链是一问接一问,一环套一环;问问相连,环环紧扣;步步深入,由此及彼。再者,问题链不是教师提几个问题加上学生回答,而是师生围绕环环相扣的问题,进行多角度、多层次的探索和发现。这是问题链的价值。教师通过问题链设计能引导学生进行知识回忆与建构,并与学生共同完成对知识的探索过程,达到发展学生独立思考的能力与创造性思维的目的。

一、第一单元《古代诗歌三首》问题链设计分析

1.《迢迢牵牛星》

核心问题:诗人想表达怎样的情感?

下位问题1:描画了怎样的织女形象?

关注"纤纤擢素手,札札弄机杼。终日不成章,泣涕零如雨"四句。"纤纤"有修长柔美之意,仿佛能看到织女的美丽;"札札"是织布机发出的声响,仿佛能看到织女那双修长柔美的手织布的样子。两句话展现了织女织布的画面,"纤纤"如见其人,"札札"如闻其声,刻画了一个"柔美勤劳"的织女形象。"终日"即整日,是很长的时间段,织女看似在织布,实则忧思难解,思绪

111

绵长,"零如雨",仿佛看到织女以泪洗面,无心织布,内心悲愁的场景,刻画了一个"内心哀愁"的织女形象。

下位问题2:织女悲伤的原因是什么?

关注"河汉清且浅,相去复几许。盈盈一水间,脉脉不得语"四句。"清""浅""复几许"形容"银河"。距离并不遥远,牛郎与织女却无法逾越,更突出"不得"的意味,体现织女与牛郎无法相会、无法言说的无奈与哀愁,很好地解释了织女"终日不成章,泣涕零如雨"的原因。"盈盈"形容银河清澈晶莹,能感受到织女涌动的情思;"脉脉"写出了织女默然不语,眼中含着深情的样子,读来情意绵长。既有织女终日织布不成,暗自垂泪的忧伤,也有织女临银河遥望,含情脉脉不得相遇的无奈。

下位问题3:诗人如何想到牛郎织女?

关注"迢迢牵牛星,皎皎河汉女"两句。怎样的牛郎星和织女星触动了怎样的情感?"迢迢"遥远,"皎皎"明亮,两句"互文见义"。诗人把自己内心哀愁寄托在织女形象上,表达相思不得见的离恨别愁。也许有着相思之人,也许是在追寻理想的路上。诗人仿佛如"脉脉不得语"的织女苦苦追寻,心向往之而不得。无奈、悲伤、哀愁并不仅仅属于"泣涕零如雨"的"织女",诗人也是在书写自己,也是在传递自己的情思。

2.《寒食》

核心问题:诗人想表达什么?

下位问题1:有没有写到和寒食节习俗相悖的内容?

关注"日暮汉宫传蜡烛,轻烟散入五侯家"。结合注释,我们知晓寒食节的习俗是禁火,只吃冷食。然而,这两句诗却展现了豪门贵族在寒食节全民禁火之时特例燃烛的场景。"传""散"表现了汉宫赐火到五侯家的动态过程。汉宫本指汉代宫廷,唐诗多采用以汉喻唐的写法,实际指唐朝皇宫。一个"传"字意味着皇宫逐一赐火,封建制度下森严的等级次第昭然在目。虽是"轻烟",一个"散"字写出了袅袅轻烟在王侯贵族腹地飘散开来的样子。诗人含蓄地用五侯受宠,写出了天下只有权贵享有点火的特权,其实是对这种特权的一种嘲讽。

下位问题2:诗歌前二句写了什么内容?

关注"春城无处不飞花,寒食东风御柳斜"两句,主要通过"花""柳"来展现长安城寒食节美好的春日景象。"飞"字突出了落花随风飞舞之姿,"无处不"用双重否定展现了满城飞花之场景;"斜"字描画了柳条摇曳的姿态。一"飞"一"斜",明写"花""柳",实则都是在写"东风",与"轻烟散入五侯家"照应。

下位问题3:前两句与后两句有什么关联?

前两句描写长安城白天一派美好的春日景色,使人如见柳条之姿、落红之舞。充溢着对皇城春色的陶醉和对承平盛世的歌咏;后两句写夜晚景象,生动刻画出一幅夜晚走马传烛图,使人如见蜡烛之光,如闻轻烟之味,可以读出诗人对朝廷盛行享乐之风的不满与讽喻。前后有时间的承接,有空间的聚焦,有环境的烘托,有情节的对照。

3.《十五夜望月》

核心问题:诗人想表达什么?

下位问题1:诗人笔下的月夜有着怎样的特点?

关注"中庭地白树栖鸦,冷露无声湿桂花"两句。我们可以发现作者并没有直接描写月,而是着重描写中秋月夜中庭的景物。诗人通过"白"字将中庭地面撒下的月光比作白霜,让我们感受到中秋月光的皎洁明亮,而白霜给人以寒意,"树栖鸦"写鸦雀栖息在树上,停止了喧闹,渐入梦乡。明月之夜,连鸦雀都渐渐睡去,突出了月夜的清幽寂寥。冷和湿,写出中秋夜晚,桂花不知不觉被清冷的露水润湿。两句结合起来,可见诗人笔下的月夜清幽冷寂。

下位问题2:诗人描写月色想表达怎样的情感?

诗人不直接写圆月皎洁柔美,却凸显出清冷,这与诗人的情绪相关。结合"白""树栖鸦""冷""无声",不难体会清冷的环境衬托诗人内心的孤寂。诗人在这个场景中已经待了许久,在这默默无声漫长的时间里,望月怀人的情绪蔓延开来。

下位问题3:诗人表达的情感只是一己之思吗?

"今夜月明人尽望"中的"尽"字,推己及人。作者由一个人望月联想到和自己一样望月的人们,点明秋思不限于一己之思。诗人明明是自己在怀人,并不直接表达思念,用一种委婉的方式表达,将这份情思表现得蕴藉深沉。一个"落"字仿佛把诗人和如诗人一样望月怀远的人联系了起来,传递着情感,月亮的清辉可以洒向人间每个角落。他想强调,这份秋思是天下所有心怀牵挂的人们共有的。在中秋之夜,在这个思念的时节里,思念的对象可以不同,思念的情味却可相通。

综上,第一单元《古代诗歌三首》的问题链和问题链整合如表1所示:

表1　第一单元《古代诗歌三首》的问题链和问题链整合

课文	诗歌篇目	问题链	问题链整合
古代诗歌三首	迢迢牵牛星	1. 描画了怎样的织女形象? 2. 织女悲伤的原因是什么? 3. 诗人如何想到牛郎织女?	展现了怎样的景、事、人? ↓ 这样的景与这样的事、这样的人之间有怎样的关联? ↓ 诗人想表达什么?
	寒食	1. 有无写到相悖的内容? 2. 前二句写了什么内容? 3. 与后两句有什么关联?	
	十五夜望月	1. 诗人笔下的月夜有着怎样的特点? 2. 诗人描写月色想表达怎样的情感? 3. 诗人表达的情感只是一己之思吗?	

传统节日民俗诗歌的解读路径及问题链设计:

(1)关注事实。诗歌写的是什么传统节日?与之相应的传统习俗理应是怎样的?诗中展现了怎样的景、事、人?《迢迢牵牛星》七夕佳节有情人眷属之日——织女却含泪织布;《寒食》理应禁火吃冷食——实则传蜡烛、轻烟散;《十五夜望月》本应是家人团圆热闹——实际却是树栖鸦、冷露无声。

(2)建立关联。诗人叙写这样的事,刻画这样的人,展现这样的景,彼此之间存在什么关联?《迢迢牵牛星》中织女"终日不成章""泣涕零如雨"是在于其相思不得离恨之苦;《寒食》中"飞花""御柳斜"的景烘托出春意浓酽,与"传蜡烛""轻烟散"相照应,含有对特权的嘲讽;《十五夜望月》中"地白""树栖鸦""冷露""湿桂花"可以感受到诗人的孤寂无依,原因即在于其思亲念家。

(3)推论意图。诗人想表达什么?《迢迢牵牛星》表达的不单单是对心爱之人相思不得见的离恨之苦,也可以是诗人实现理想过程中"不得"而产生的"愁";《寒食》主题有两种说法:一说为称颂之作,一说为讽喻之作;《十五夜望月》传达的思念之情不仅仅是诗人个人的，它表达的是一种天下人普遍具有的情感。因此，又具有哲理意蕴。

二、第三单元《古代诗歌三首》问题链设计分析

1.《马诗》

核心问题：诗人想表达什么？

下位问题1：有哪些景物？有什么特点？营造怎样的环境？

这两句诗主要有三个景物：大漠、燕山和月。大漠指沙漠，是广大而荒凉的，写出了沙漠的广阔辽远、无边无垠；燕山，此处的燕山是指燕然山，借指边塞；还写了燕山之上的月，一弯钩月高悬于燕山之上。"沙如雪"的"雪"给人冰凉寒冷之感，"月似钩"的"钩"用于描写战场充满兵戈之气，寒光凛凛，而燕山正是边塞战场所在。这样写不仅表现大漠和月的特点，也营造了边塞的氛围，寒光凛凛，充满肃杀之气。景物组合带来视角变化，视线跟着广阔无垠的沙漠向远处延伸，跟着燕山月向高处延伸。由大漠至燕山，再至燕山之月，给人一种空间辽远阔大之感。这些景物组合在一起，营造出了一个广阔辽远、充满肃杀之气的边塞战场的氛围。

下位问题2：马有什么特点？

"络脑"是马所佩戴的装饰，即黄金装饰的马龙头。"快走"是指马疾驰奔跑起来，组合在一起，可以读出这是一匹带着黄金马饰飞奔疾驰的马。经络脑不仅仅是马的装饰，还有对马的备受重视，把黄金装饰的马龙头配给这匹马，背后显示出的其实正是马的主人对马的器重，而这匹马也配得上这样的器重。快走，写出它疾驰飞奔的样子，既显示出它的骄傲，也显现出它的能力。由此，读出了第三、四句中马的形象——一匹备受重视、充满着骄傲之情、疾驰飞奔的马。一个"踏"字写出了马的飞奔疾驰、马的骄傲。这匹马能够展现自己的能力，能够驰骋飞奔，能够被人器重。

下位问题3：借助"马"表达怎样的情感？

"何当"指什么时候可以骄傲地驰骋飞奔。这两句诗写的是马的想象，也是它内心的愿望，渴望能疾驰飞奔和被人器重。这愿望的背后是理想与现实冲突。借此我们可以推想，当前的马也许并未有黄金的马饰，并未被器重，并

未有疾驰飞奔的潇洒，而且尚不知自己能够实现愿望的确切年月。第一、二句写出的边塞战场是诗中第三、四句中马所在的环境，暗示出这匹马内心的愿望是获得重用，驰骋疆场，也即能够作为一匹战马而得到赏识，得以佩戴黄金装饰的马龙头，得以在沙场之上驰骋飞奔。

结合诗人李贺的生平经历，通过对马诗的分析，我们读出诗人在借助马表达自己渴望得到重用、渴望建功立业的志向。诗中的马是诗人李贺的自况，与诗人的自我形象融合在一起。诗歌借助马的特点写出马的理想，表现出马对得人知遇、一展所长的渴盼，又写出这样的理想暂时不能实现，表现由此而产生的悲凉之情。

2.《石灰吟》

核心问题：诗人想表达什么？

下位问题1：石灰有怎样的经历？

在第一、二、三句中，石灰经历了千锤万凿、烈火焚烧、粉骨碎身，可以看出石灰承受的痛苦在逐渐增强。锤与凿，这是被无数次锤打穿凿，最终才有机会离开深山。烈火焚烧，这是离开深山之后，开始承受烈火的灼烧煎熬。粉骨碎身，这是被碾碎成细末，身体支离破碎。石灰经历了锤、凿、焚、烧、粉、碎，从最开始的石头到最后成为细墨状的石灰。诗人借一系列的动词写出了石灰形成过程中经历的痛苦。石灰承受着千锤万凿、烈火焚烧、粉骨碎生的痛苦。

下位问题2：石灰有怎样的特点？ 为什么有这样的特点？

从"若等闲"中，可以读出石灰面对痛苦经历的态度，石灰没有将烈火焚烧这样的煎熬当作是极大的痛苦，而是将这样的痛苦视若平常，从中可以感受到的石灰极强的忍耐力。由此，我们读到了石灰的特点——坚忍。从"浑不怕"中，同样可以读到是面对痛苦时的态度。"浑不怕"是全然不害怕的意思，从中可以感受到石灰的无畏无惧。由此，我们读到了石灰的另一特点——坚强。

从"要留"二字，可以读到石灰承受痛苦却若等闲、浑不怕的原因正是为了"清白"。清白既指石灰的颜色，即石灰经历了种种痛苦之后，留下清白的颜色；清白又指人品操守，即石灰在这些磨难中始终都保持着操守的纯洁。我们读出了石灰的特点：面对痛苦的坚忍坚强，也读出了石灰的品格，始终保持纯洁的操守。

问题3:诗人借"石灰"表达怎样的思想情感?

诗人没有直接写自己的理想人格,而是借助具体的事物石灰,生动形象地写出石灰的品格。用这样的方式,委婉地表达自己的情感和抱负,诗中的石灰是诗人于谦的自况,诗人借石灰表达了自己甘愿承受痛苦、以身报国的宏伟抱负以及绝不向世俗低头,绝不同流合污的坚贞精神。

3.《竹石》

核心问题:诗人想表达什么?

下位问题1:竹生长环境怎样?

从第一、二句中的"青山"与"破岩",可以读出"竹"长于青山之上,碎裂残破的岩石之中,这是植物立根艰难的地方。第三句中的两个动词"磨"与"击",可以读出竹还要面对数不清的"磨练"与"击打"。这样的磨练与击打从何而来呢? 东西南北风告诉我们,可能是来自于四面八方的风,难以躲避,竹的生长环境十分恶劣。

下位问题2:竹有怎样的特点?

从"咬"这个动词,可以读出"竹"生长的力量,"定"则写出"竹"目标明确。"竹"生长于青山乱石之中,只有依靠这样的方式才能在此立根。"立"字也颇见"竹"的风骨;"还坚劲"中的"还"字表现了"竹"未曾改变。什么未曾改变呢? 就是"竹"的坚劲,坚强而有力,最后一个"任"字是任凭、凭借的意思,表明竹始终傲然挺立于青山乱石之中,而对带来磨难的风轻视不在乎。从竹的态度中,读出了其最重要的品质——坚劲,这正是诗人笔下竹的特点。

下位问题3:诗人想表达什么?

第四句诗中,风可以指自然界流动的空气,另一层意思可以指来自外界的影响。诗中的东西南北风,除了指来自四面八方的风,也指外界的影响与打击,从中可以读出诗人想表达的是对坚劲人格的推崇,无论有多少来自于外界的影响,都傲然挺立、坚劲刚强。在这首诗中,诗人借咏叹事物表达自己志向,即借助石中之竹的特点,委婉地表达自己对坚劲人格的推崇。诗的作者郑燮是清代著名的书画家、文学家,这首诗也是诗人为自己的一幅名为竹食图的画作所题之诗。无论是画还是诗,都能够表现出竹的品格,也能够让人感受到作画作诗之人的人格。

综上,第三单元《古代诗歌三首》的问题链和问题链整合如表 2 所示:

表 2　第三单元《古代诗歌三首》的问题链和问题链整合

课文	诗歌篇目	问题链	问题链整合
古代诗歌三首	马诗	1. 营造怎样的环境? 2. 马具有什么特点? 3. 诗人想表达什么?	"物"所处的环境怎样? ↓ "物"具有怎样的特点? ↓ "物"的特质与"人"的品质之间的共通点是什么? ↓ 诗人想表达怎样的情志?
	石灰吟	1. 石灰有什么经历? 2. 石灰有什么特点? 3. 诗人想表达什么?	
	竹石	1. 竹生长环境怎样? 2. 竹有怎样的特点? 3. 诗人想表达什么?	

咏物诗的解读路径及问题链设计:

(1)显性:由物象到环境→环境特征。在明确物象是什么的基础上,由关注"物象"到关注物象所处的"环境",明确其显性的环境特征。如此,可以设计第一个问题:"物"所处的环境怎么样?

(2)特性:由环境到物象→物象特质。在明确环境特征之后,由环境再反观物象,这时候要进一步解读在特定环境中物象的特质是怎样的。由此,可以设计第二个问题:在这样的环境中,"物"有什么特性?

(3)共性:由物性到人性→人物品质。在明确物象特质之后,就要试图找到物与人之间的共通性,即由物性到人性,提炼出人物的品质是怎样的。由此,可以设计第三个问题:"物"的这些特性能象征"人"的哪些品质(想法)?

(4)诗性:由品质到情志→诗歌情志。在明确人物品质(想法)之后,可以进一步探索诗人凸显这些品质(想法)的真实意图,即想要表达什么,指向整首诗的思想主题。由此,可以设计第四个问题:整首诗歌想表达什么?

三、古代诗歌教学问题链设计统整分析

诗歌由于其跳跃性的言说方式与诗人思维过程的分离而带来了读者在诗歌理解上的极大困惑,中国古代诗歌同时由于汉语音形义结构的独特性,尤其如此。

破译诗歌语言背后的思维密码,从而还原出诗人的思路历程及情感体

验,是读懂古典诗歌的关键。做到这一点,我们要相信"诗歌是一个自给自足的文本"。因此,我们既要避免那种过于相信背景会为我们打开理解诗歌方便大门的背景批评传统的思维定势,也要防止那种一切都说不清道不明的只凭感觉的绝对印象主义的惯性心理。从诗歌的语言入手,拨开语言"迷雾",开掘出语言背后的思维隧道,还原出诗人隐秘的情感世界。

根据"认知维度""解读深度"有如下四个解读层次:

1. 感知层次

感知层次的教学指向的是诗歌写了什么。这一层次的教学,从语篇视角来看,属于语义层理解,主要引导学生了解诗歌的时间、地点、人物、物象、事件等。

2. 解码层次

解码是把含蓄的或难以理解的文本信息通过教学手段转换成可理解的内容,解码层次的教学指向的仍然是诗歌写了什么。这一层次的教学,聚焦于文本信息结构。一是解决学生感知阶段不能理解的问题;二是把感知阶段浅层次理解引向深入,以达到对诗歌的透彻理解。

3. 品鉴层次

品鉴层次的教学指向的是诗歌怎么写,从语篇视角来看,属于语形层的教学,关注的是诗歌的言语形式,领悟作者的言语智慧。教学实践中,学生在充分了解文本思想内容的基础上,进一步对作品的表现技巧、语言风格等进行欣赏和鉴别,通过分析、探讨、体验和评价,力求达到情感共鸣和理智领悟的认识高度,逐步培养其批判性思维,提高其艺术审美力。

4. 重构层次

重构层次的教学指向的是诗歌为什么这样写,从语篇视角来看,属于诗歌的言语形式,领悟作者的言语智慧。教学时需要跳出诗歌来看诗歌,应揭开作者的信息密码,在获取更多有用信息上下工夫,关注语篇各部分意义的发展与联系,完整地理解作者的经验世界和情感世界,对诗歌进行解构和重构,在深度学习中不断提升自己的体验、分析、鉴赏、评价、创造等阅读能力。

初中阶段的古代诗歌教学,主要是在"感知层次"和"解码层次"两个层次,但不局限于这两个层次,可以适当涉及"品鉴层次"和"重构层次"。因此,古代诗歌的解读路径可以如图 1 所示:

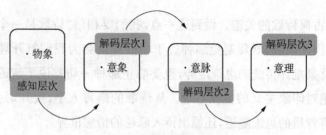

图1　古代诗歌的解读路径

意象是主观化的客观物象，是情感化的艺术符号。意脉是"诗歌意义的展开过程，是诗歌在人们感受中所呈现的内容的动态连续过程"，即诗歌意象之间相互粘连组合而形成的诗歌意义的潜在逻辑过程，意理则指向诗歌的中心与主旨。具体关系如图2所示：

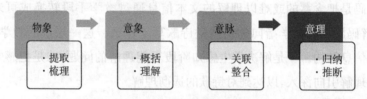

图2　物象、意象、意脉与意理的具体关系

根据这样一条解读路径，我们可以设计如下问题链设计（见表3）：

表3　问 题 链 整 合

课文	诗歌篇目	问题链整合1	问题链整合2
古代诗歌 三首	迢迢牵牛星	展现了怎样的景、事、人？ ↓ 这样的景与这样的事、这样的人之间有怎样的关联？ ↓ 诗人想表达什么？	提取梳理 哪些景、事、人、物？ ↓ 概括理解 怎样的景、事、人、物？
	寒食		
	十五夜望月		
古代诗歌 三首	马诗	"物"所处的环境怎样？ ↓ "物"具有怎样的特点？ ↓ "物"的特质与"人"的品质之间的共通点是什么？ ↓ 诗人想表达怎样的情志？	关联整合 景、事、人、物有什么关联？ ↓ 归纳推断 为什么要这样关联？
	石灰吟		
	竹石		

（1）物象感知层：诗歌写了哪些景、事、人？

（2）意象解码层：诗歌展现了怎样的景、事、人？

（3）意脉解码层：这样的景、这样的事、这样的人彼此之间有什么关联？

（4）意理解码层：为什么展现这样的景、这样的事、这样的人？为什么有这种关联？

海德格尔："对我们来说，最重要的事情是去倾听，倾听在诗歌中如何聚集着诗人在词语上（同时亦即在语言上）取得的经验整体。"

初中语文线上教学"三段式"作业设计与实践思考

——我这样设计作业

在疫情影响下,线下教学转为线上教学,这对教师的"教"和学生的"学"是巨大的挑战。作业是反馈"教"和"学"最有效的依托,它能够"帮助学生巩固学习内容,掌握学习方法,养成学习习惯,提高思维品质,具有促进学生核心素养发展的功能"。

当教学样态、使用工具与组织形式发生了变化,那么作业的设计、布置、批阅等方面也要做出与之相应的变化。因此,我以文言诗文作业设计实践为例,阐述初中语文线上教学"三段式"作业设计与实践思考,着力解决目下初中语文作业所呈现出重"机械抄写",轻"表达交流";重"知识识记",轻"能力素养";重"结果判断",轻"过程指导";重"指令完成",轻"兴趣激发"等问题,旨在对线上教学作业内容、实践形式、评阅方式等提供路径参照。

一、初中语文"三段式"作业设计与意图

1. "三段式"作业设计与意图

"三段式"作业是指根据学生的作业完成方式,设计"三个阶段"的作业,由"分享式作业""互动式作业"与"合作式作业"三个部分构成(见图1)。"三

图1 "三段式"作业的构成

个阶段"指向"三个层级",由浅表转向深度,由低阶转向高阶,呈现鲜明的逻辑递进,符合学生的心理认知特点,满足学生的学习发展需求。

第一阶段是"分享式作业":学生(A)以文字(语言)形式将作业(作品)分享给其他学生(B、C)或公众(钉钉群、朋友圈),追求由"完成作业"走向"分享作品"。"分享"在于突破传统作业完成以后交给教师批阅"判断对错",完成"任务指令"的形式,让学生对作业实现颠覆性理解——作业即作品。不仅如此,"分享"还在于鼓励学生将自己的精神世界向外部世界打开,如花般绽放,敢于表达自我,彰显自信风采。

第二阶段是"互动式作业":学生(A)提出问题,学生(B)回答问题,学生(C)评价回答。这样一种"命题—回答—评价"一体化作业设计,旨在促进每位学生经历真实的学习过程,强调学生与学生的交际互动,追求由"个体表达"走向"对话交流"。"互动"在于促进生命个体与生命个体间的真实交流,由此激发思想与思想的碰撞,让学习真实而有深度地发生,在于将"作业"的"自主权""评判权"归还给学生,由学生做"出卷人"和"评卷人",而不仅是"答卷人"。如此,"作业"设计与实施样态更加多元,学生对作业的体认和收获也更加丰富。

第三阶段是"合作式作业":学生 A＋学生 B＋学生 C(小组合作形式),由若干个学生成立合作小组,一起为完成某个项目任务而开展探究型作业,强调合作意识,共同探索创造,追求由"对话交流"走向"群体合作"。"合作"是未来时代人才发展的必备条件。"独行者快,众行者远","合作"在于鼓励学生在巨大的考验与艰巨的任务面前,能够发挥集体智慧,倡导合作精神,齐心协力共同解决问题。这也非常契合当下"疫情"攻坚战整个社会所呼吁倡导的"团结奋斗"精神,这对学生的价值观念和必备品格(核心素养)也是一种很好的引导和促进,具有很好的育人价值。

2. 初中语文"三段式"作业设计与意图

以文言诗文为例,初中语文"三段式"作业设计由"最系列"分享式作业、"问答评"互动式作业与"项目化"合作式作业三部分组成(见图2)。

"最系列"分享式作业,即聚焦文言诗文,要求学生分享"最喜爱的诗句""最喜爱的诗人""最关注的元素"等,它指向"知识本位",强调知识的关联、整

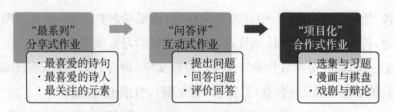

图2 初中语文"三段式"作业的构成

合与比较,即知识的理解与运用。

"问答评"互动式作业,即聚焦文言诗文,要求学生结合理解"提出问题""回答问题""评价回答",它指向"能力本位",强调质疑分析与评价,即能力的发展与提升。

"项目化"合作式作业,即聚焦文言诗文,要求学生开发相应的创意成果。例如"诗文选集"与"习题汇编"(静态文字),"漫画"与"棋盘"(静态图画),"戏剧"与"辩论"(动态展演),它指向"素养本位",强调探究精神创新意识,即素养的培育与形成。

综合来看,文言诗文"三段式"作业与学生5C素养的培育也是高度契合,如图3所示:

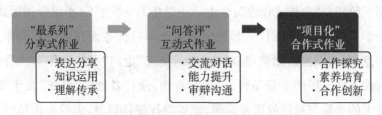

图3 初中语文"三段式"作业设计意图

"最系列"分享式作业能促进文化理解与传承(culture competency);"问答评"互动式作业能促进审辩思维(critical thinking)与沟通(communication);"项目化"合作式作业能促进合作(collaboration)与创新(creativity)。

二、初中语文"三段式"作业实施路径

1."最系列"分享式作业

"最系列"分享式作业的实施路径主要由四个部分展开,如图4所示:

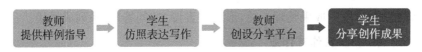

图4 "最系列"分享式作业实施路径

首先,教师通过钉钉平台作业发布功能,给出当日"最系列分享"的主题,提出具体要求,呈现样例指导,如"最喜爱的诗句":我最喜欢"江南无所有,聊赠一枝春"(陆凯《赠范晔》),在淡淡的致意中透出深深的祝福,希望你我都能拥有温暖的春天。学生参照教师提供的样例,结合教师的指导,在平台内完成表达与写作任务;其次,教师每日在线上课堂教学阶段预留出足够的分享时间,以钉钉群为平台,要求学生以接龙形式,将自己的作品以文字形式发送,让学生体验表达的成就感。如此,学生不仅分享了自己的作品,也能看到其他同学的思考成果,充分发挥互评功能,学生能形成情感共鸣与心灵激荡;再者,等所有学生分享完以后,课代表将每位同学的发言整理好,最终形成"每日分享成果",优秀作品享有"教师朋友圈"发布(视作发表)的奖励,让学生进一步感受成果发表的价值。

2."问答评"互动式作业

"问答评"互动式作业实施路径主要由"三个部分"组成,如图5所示:

图5 "问答评"互动式作业实施路径

第一个部分是互动"提问",要求学生聚焦文言课内外古诗文(尤其是课内篇目),提出自己在阅读过程中的思考和疑问,以文字形式分享在钉钉群,通过每人分享,群里就集聚成一个丰富的"问题库"。第二个部分是互动"回答",要求学生选择感兴趣、可以凭借自己研究思考给出结论的问题,做具体的回答,同时在钉钉群里分享自己的"思考成果"。如此,群里又集聚了精彩的"答案库"。第三个部分是互动"评价",要求学生针对其他同学的回答,选择感兴趣的回答进行评价,表示赞同的,可以进行补充深化阐述;表示反对的,可以提出不同的观点与理据。这一任务同样要求学生在钉钉群里留言分享,如此就形成了精妙的"评语库";最后,由课代表组织学有余力的同学一起将前面三个阶段的成果整理汇总,形成文言诗文"问答评"系列成果集。

3. "项目化"合作式作业

"项目化"合作式作业实施路径主要有"三个阶段"组成,如图 6 所示:

图6 "项目化"合作式作业实施路径

第一阶段是"构建阶段",围绕"合作团队""项目成果""任务清单"进行。首先,教师结合学生兴趣特长和性格特点,遴选班级中语文素养较为出众的学生担任"组长",由组长负责招募组员,构建成立"合作团队";其次,组内商议建构拟想研发的项目成果。具体有项目成果1:静态文字成果,包含编制文言诗文选集、编制文言诗文练习、撰写古代诗人传记;项目成果2:静态图画成果,包含开发文言诗文棋盘、绘制文言诗文漫画、设计旅游文化手册;项目成果3:动态展演成果,包含创演文言诗文戏剧、组织文言诗文辩论。再者,各小组根据项目成果建构具体的任务清单,即进行任务分解,促进项目成果的实现。

第二阶段是"研发阶段",围绕"资源整合""技术运用""任务实践"进行。首先,小组团队围绕项目进行资源搜集、储备与整合;其次,组内技术能手需要为项目研发提供必要的技术支持,比如文字编辑需用到 Office,图画编辑需用到 Photoshop,思维导图设计需用到 Mind Master 等;再者,小组成员根据所制定的任务清单进行任务实践,在这一过程中组员线上即时联系,发挥集体智慧。教师也确保在线状态,以便提供必要的指导,为项目推进起到"保驾护航"的作用。

第三阶段是"展示阶段",围绕"实物展示""动态展演""项目总结"进行。"实物展示"主要针对静态项目成果,"动态展演"主要针对动态表演项目成果,"项目总结"即围绕整个项目的研发由整个小组团队做汇报总结,可以是成功的经验分享,也可以是问题的反思收获,还可以是项目的后续规划与完善方案。

三、初中语文"三段式"作业成效与思考

1. 作业实施成效

穆旦在《玫瑰之歌》中写道:"那些古老熟悉的意象与句子,似乎早已融入我们的血液之中,然而身处今天这样一个飞速旋转、混乱分裂的世界,它们还依然有效,依然能够带给我们最初的感动吗?"答案是肯定的。

学习品质方面,文言诗文"三段式"作业能培养学生良好的学习习惯,激发他们浓厚的学习兴趣,提升其强劲而可持续的学习动力,指导其准确而高效率的学习方法;在语文核心素养方面,文言诗文"三段式"作业重视语料整合,能有效加强学生语感训练,渗透语理习得,促进语言的建构与运用;其次,作业设计能有效指导学生的思维过程,促进思维品质,提升思维能力;再者,作业也融入了审美的元素,提升审美情趣,增进了学生对传统文化的理解与传承。具体表现为:

"最系列"分享式作业满足了学生渴望表达聆听的心理情感需求,将枯燥静态的文言诗文知识融入进日常生活,将学生的语文学习与日常生活进行深度关联,搭建了对话平台,引导学生在关注文言诗文的同时,关照自己的生活,点亮自己的人生,学会从古人的文字中重拾那些封存的美好。审美的熏陶、文化的理解、生命的激扬都在分享的过程中得到潜移默化的促进,真正实现了作业的育人价值。

"问答评"互动式作业从"作业主体"方面实现了解构与创新。学生不仅是"答题者",也可以是"出题者""评题者"。它唤醒了学生对学习的内在热情与热望,重塑了学习对于一个生命个体重要的意义与价值,让学生不断认识到一个人有"想法"是一件多么重大和意义非凡的事情,学习不单单是"记"和"练",而是"撞"与"思",是诞生与创造,是独一无二,是与高贵优美不断逼近靠拢并最终融为一体的过程。

"项目化"合作式作业从"以往注重用知识结构组织教学内容转变为以任务情境组织教学内容,从注重个人学习转变为小组合作探究学习,从注重学

习语文教材上的文章（文言诗文）转变为多种学习资源及混合式学习环境的创建，以语言的建构与运用为基础，注重课内课外、线上线下整体思考，注重听说读写整合，注重学生问题解决能力、合作探究能力、创造性思维等的培养。在这样的学习中，学生是主动的、在场的；学习是不唯书本的，是将知识的学习和应用立足于复杂的生活场景，在解决实际任务的过程中建立和既有语文经验的关联，语言、思维、审美等能力在任务解决过程中得到提升。这样的学习从以往接受为主的学习转变为体验为主的学习，从而实现学生认知方式的变革"。

2. 作业设计思考

"最系列"分享式作业的分享内容多以教师指定的内容为主，未来可以将选择权归还给学生，由学生自己选定分享的内容（主题）；分享形式目前以文字居多，辅以语音，未来可以借助微信等技术支撑，录制短视频，促使学生的静态文字分享转化为动态演讲分享，进一步丰富分享的形式和手段；分享空间目前以学生和教师所在的钉钉群为主，辅以微信朋友圈，未来可以将分享空间进一步扩大，可以分享给家长、社区乃至更大的虚拟和实体空间，将文化（正能量）通过分享进一步传递；分享主体目前以个体为主，未来可以考虑生生组合式、亲子组合式、师生组合式等不同形式的群体组合分享。

"问答评"互动式作业在"提问"阶段融入"命题能力"指导，对学生的提问进行科学梳理与规范讲解，指导学生如何发现问题，如何提出高质量的问题。在"回答"阶段融入"学术研究"指导，对学生的研究过程与方法进行有效指导。在"评价"阶段融入"应用文写作"指导，即如何准确而客观地做出评价，如何把自己的研究科学有条理地表达出来。

"项目化"合作式作业需要从"深度"和"广度"两个维度进一步关注项目活动内容与学生真实学习经历的关联；从"知识"和"认知"两个维度进一步关注项目活动实践与提升学生素养之间的关联。从"过程"和"评价"两个维度进一步关注项目活动意图与实际取得效果之间的关联。

总而言之，初中语文线上教学"三段式"作业设计实践以促进学生核心素养为出发点和落脚点，以他们的学习风格、兴趣爱好、天赋秉性、学习动机、意志品质等方面为切入点，努力实现作业的发展功能，关注作业设计系列性、连贯性……在识记、理解和应用的基础上增强综合性、探究性和开放性,为学生搭建发挥创造力的平台,为学生个性特征的发展创造空间,这有助于为学生的语文学习提供必要有效的思考过程,丰富学习经历,指导学生在阅读与鉴赏、表达与交流、梳理与探究等活动中积累语言材料,形成敏锐的语感,培养语文能力,养成良好的学习习惯,锻炼意志,培养合作意识和创新精神,提升核心素养。

"双新"强调培育核心素养,"双减"呼吁回归育人本质,新冠疫情促使教学形式转型。但是,万变不离其宗的是在课堂里(无论是线下还是线上)始终都住着"学生",住着"人",这也意味着住着"未来",住着"希望"。因此,作业的设计应该从"完成任务""执行命令"的藩篱中解放出来。作业之"作"在于精耕细作,它是一种积极的创作;"作业"之"业"在于业精于勤,它是一种努力的姿态。作业是教师精心准备送给孩子的一个礼物,这份礼物能成己达人,点亮学生,成就教师,让教师与学生都能礼遇美好与未来。

用注释撬动"教"与"学"

——我这样运用注释

注释是课文的有机组成部分,属于语文教材中的"助读系统",承担"助读"的功能,特别是文言诗文注释,为教师在增进文本研读、开展课堂教学、实施教学评价等方面提供有力的依据、有用的帮助和有效的支撑。

然而,在实际备课、上课与评价过程中,教师对文言诗文注释的认识及运用程度还远远不够。注释始终扮演着"一次性阅读"的角色,加强对注释多重教学功能的开发运用,以新的分析视野来帮助教师更好地"用教材",将更有利于课程资源在教师教学实践中的运用,更有利于加深课程资源研究的深度和价值。

因此,基于教师立场,我结合统编初中语文教材文言诗文注释来阐述文言诗文注释的价值取向及运用路径,期望进一步开发优化文言诗文注释的运用空间,促使教师"借助注释"的策略可以更加多元,形式可以更加丰富,进一步实现从"借助注释"到"运用注释"的价值转变。

一、运用注释,增进文本研读

1. 选准"切入点",沿波讨源

《酬乐天扬州初逢席上见赠》标题注释为:

> 选自《刘禹锡集》卷三十一(中华书局 1990 年版)。刘禹锡参与王叔文集团的政治改革,失败后被贬到外地做官二十多年。唐敬宗宝历二年(826),刘禹锡在扬州遇到白居易。在酒宴上白居易写了

《醉赠刘二十八使君》,对刘禹锡屡遭贬谪、怀才不遇的命运寄予深切的同情。刘禹锡作此诗答谢。

这段注文可作为研读这首诗的"切入点",以此盘活整首诗的理解,如"贬到外地做官二十多年"照应首联,"白居易写了《醉赠刘二十八使君》"又能照应尾联;"屡遭贬谪、怀才不遇的命运"指向"沉舟""病树",最终"千帆过""万木春",这份豁达乐观的胸襟实属令人敬仰;"答谢"不仅仅是指"以诗相答",而是通过"长精神"勉励彼此,这份情谊委实令人感动。

再者,《书戴嵩画牛》中"处士"注释为"本指有德才而不愿去做官的人,后来也指未做过官的士人"。教师若以"杜处士"的身份为理解的"切入点",再联系杜处士的行为表现,结合"处士笑而然之",对人物形象就能清晰把握;《记承天寺夜游》中有注解文字"此文写于作者贬官(今湖北黄冈)期间。""作者的朋友,当时也贬官在黄州。"由这两段注释文字可以得知苏轼和张怀民的遭遇相同,这也为后文理解"怀民亦未寝""相与步于中庭""但少闲人如吾两人者耳"提供了深入研读的空间。

2. 瞄准"比较点",打通文意

《卖油翁》中"无他,但手熟尔"注释为"没有别的(奥妙),只是手法技艺熟练罢了。熟,熟练。尔,同'耳',相当于'罢了'"。后文"我亦无他,惟手熟尔"中的"尔"则没有注释。细究一下,两者用法相同,故后者做了省略。但细想之,用法相同,情感态度相同吗?曹刚老师在《课文可以这样读》中指出:第一个"尔"字,折射出老人对陈尧咨射技所持的态度——轻视、不屑,如"导火索",令文势顿生波澜;后一个"尔"字体现卖油翁自谦沉稳,如"太极推手",令文势归于平缓。因此,运用注释进行"比较",能实现对文本的深入研读。

再者,《愚公移山》中"其如土石何?"中"其"注释为"用在'如……何'前面加强反问语气。"此言出自智叟,再联系愚公之妻"如太行、王屋何?"一句则没有"其"字,教师抓住这点,便能增进其对文中两个人物不同形象的理解;《望岳》中的"会当"注为"终当,终要",《行路难(其一)》中的"会"注为"终将",《江城子·密州出猎》的中"会"注为"终将"。三者细比较,对三位诗人在各自作品中所展现的雄心壮志与坚定信念便能很好地理解。

3. 抓准"关联点",梳通文脉

《岳阳楼记》中"然则北通巫峡"中"然则"注释为"如此……那么",教师在文本解读过程中可以借此注释勾连上下文,增进对文本内容的贯通理解。同样,后文"然则何时而乐耶"一句也能遵循此法。除此之外,"或异二者之为"一句注释为"或许不同于以上两种表现。"那么,以上是哪两种表现呢? 教师可勾连上文"览物而悲"和"览物而喜"两个段落,再勾连下文"古仁人"的论述,实现对整篇文章文脉的打通。

再者,《登幽州台歌》中的"悠悠"注释为"形容时间的久远和空间的广大",时间上对应"前不见古人,后不见来者",空间上对应"天地",面对"久远"和"广大",诗人的"孤独"可想而知,与后文"怆然""涕下"紧密关联;《狼》中"黠"注释为"狡猾",可关联前文中"狼"的种种"狡猾"之举;《爱莲说》中"同予者何人"注释为"像我一样的还有什么人?"可关联前文的"予独爱"。

因此,运用注释可以增进教师在备课环节对文本的深入研读,弥补其在解读过程中的缺陷和不足,完善其对作品的深度理解和全面把握,从而明确这些作品中理解的核心点和疑难点,以便其在教学设计与实践过程中有的放矢。

二、运用注释,促进课堂教学

1. 抓住"密集点",厘清思维脉络

文言诗文中往往会出现人物、官职、地名等名词注释,构成注释"密集点"。如《咏雪》中有"谢太傅""儿女""胡儿""公大兄无奕女""王凝之"等人物注释,教师可以借此帮助学生进行梳理:谢奕、谢据、谢安为三兄弟(按年龄排序),胡儿(谢朗)称谢安为"叔父",谢道韫也称其为"叔父",他们二人是"堂兄妹"。"谢氏"乃诗礼簪缨之族,寒雪日"讲论文义",场景温馨,意蕴深厚。

再者,如《生于忧患,死于安乐》中的"舜""傅说""胶鬲""管夷吾""孙叔敖"和"百里奚",教师运用人物注释可以引导学生关注文中这六个人物的出身:耕田、筑墙、贩子、罪人、隐居、俘虏,得出共性特征①:都出身卑微;进而再关注他们的人生走向:帝王、宰相、贤士、相国、相国、大夫,得出共性特征②:都有所成就;最后,再细读注释,进一步得出共性特征③:都经历磨炼。经历了

什么磨炼?为什么要经历磨炼?又自然引出后文的深入学习。又如《使至塞上》中"属国""居延""萧关""都护"等官职与地名注释,《江城子·密州出猎》中的"老夫""太守""孙权""冯唐"等人物注释,《唐雎不辱使命》中"专诸之刺王僚也,彗星袭月""聂政之刺韩傀也,白虹贯日""要离之刺庆忌也,仓鹰击于殿上"等人物事件注释,都能用来梳理,帮助学生理清思维脉络。

2. 借助"补充点",促进思维深度

如《书戴嵩画牛》中"谬矣"注释为"错误。两牛相斗时,多是'尾搐入两股间'的情形,也有'掉尾而斗'者"。教师可以此作为教学突破口,引导学生关注牧童的判断有其合理性,但戴嵩《斗牛图》也并未脱离真实而画错。按理而言,杜处士完全可以据理力争一番,但却"笑而然之"。显然,杜处士并不在意结论对错,而是对牧童能从日常生活中得出真知灼见而默许肯定,人物豁达的形象得到突显,呼应"处士"身份。

再者,《陋室铭》"何陋之有"注释为"语出《论语·子罕》。意思是,有什么简陋的呢?"教师可运用该注释引导学生利用工具书查阅《论语·子罕》的原文:子欲居九夷。或曰:"陋,如之何?"子曰:"君子居之,何陋之有?""君子居之"便不觉其陋,回应"斯是陋室,惟吾德馨"一句,彰显其自己"君子"立场,安贫乐道,不与世俗同流合污,《陋室铭》的主题尽显无疑。

3. 发现"质疑点",激发思维活力

例如《小石潭记》中"水尤清冽"注释为"水格外清凉",教师可引导学生关注"清凉"一词是否合适,并进行相关的探讨研究活动。追索前文"下见小潭",一"见"字不能得出"清凉",而应该是"清澈","清凉"乃触觉,但作者文中并未言及用手沾水;再者,利用工具书查阅,发现"冽"字有"寒冷"之意,但也有"清澄"之意,两相比较,取"清澄"之意更为合适,"见"是视觉感官,感受到水清明澄澈才更合乎实际。

再如《三峡》"哀转久绝"注释为"声音悲凉婉转",教师可以据此激发学生的思考——"婉转"从何而来?"转"字该作何解?立足语言环境与字词含义,学生触类旁通,联系《与朱元思书》"蝉则千转不穷"中"千转"注释为"长久不断地叫。千,表示多。转,同'啭',鸟鸣,这里指蝉鸣。"得到共识:"转"字没有"婉转"之意,应该同"啭",鸟鸣,这里应指"高猿长啸"。

因此,教师运用注释能锻炼学生的质疑辩证意识,激发其思维活力。将教材中的注释设置为讨论点,激发学生的讨论甚至是辩论热情,不仅能够训练语言表述能力,更能够启迪学生的思维与智慧,鼓励他们多角度地理解文本,从而实现对文本的深层次解读。

三、运用注释,完善教学评价

1. 落实"基本点":考查"低阶思维"

运用注释来考查学生阅读浅易文言文的能力是教师评价学生文言文学习的主要手段之一,在考试评价中往往以文学常识、词语解释、句子翻译为主要评价形式。这样的评价形式过于机械,虽不提倡消除,但也只是考查了学生的"低阶思维",根据布鲁姆教育目标分类学的标准,学生的认知水平处于"记忆""理解"层面;按照 SOLO 分类理论,学生思维属于"单点结构"与"多点结构",如:

"记忆"层面"单点结构"类试题:

《卖炭翁》的作者是_____代的_____(人名)。(2021 年上海中考)

两段文字都讲述了春秋战国时期的故事,《橘逾淮为枳》选自《_____》;《公输》选自诸子百家中_____家的经典著作。(2020 年上海中考)

"理解"层面"多点结构"类试题:

用现代汉语翻译下面的句子。(2021 年上海中考)

而计其长,曾不盈存。

用现代汉语翻译下面的句子。(2020 年上海中考)

齐人固善盗乎?

2. 提升"关键点":转向"中阶思维"

为了开发注释对评价的功能空间,教师可以运用注释将对学生思维的考察提升到"中阶思维"。根据布鲁姆教育目标分类学的标准,将学生的认知水

平提升到"运用""分析"层面;按照 SOLO 分类理论,学生思维属于"关联结构"。如:

> 样题1:《曹刿论战》对"下视其辙登轼而望之"有两种断句方法。你同意哪一种? 请简述理由。
>
> 断法一:下视其辙,登轼而望之。
>
> 断法二:下,视其辙;登,轼而望之。
>
> 样题2:《桃花源记》"不足为外人道也"一句中"不足"注释为"不值得,不必",《汉语大词典》对"不足"一词有"不能"一说,请比较一下两种解释,你认为哪种解释更合理? 说说理由。

3. 创新"突破点":实现"高阶思维"

教师完全可以开展关于与文言文注释相关的活动任务予以评价,丰富利用注释来进行评价的形式。运用注释,对学生思维的考查再提升一步来到"高阶思维"。根据布鲁姆教育目标分类学的标准,将学生的认知水平提升到"评价"和"创造"层面;按照 SOLO 分类理论,学生这时候的思维属于"抽象拓展结构",如:

> 材料1:"宴酣之乐,非丝非竹"注释文字为"宴中欢饮的乐趣,不在于音乐。丝,弦乐器;竹,管乐器"。(《醉翁亭记》)
>
> 材料2:"无丝竹之乱耳"注释文字为"没有世俗的乐曲扰乱心境。丝,指弦乐器;竹,指管乐器"。"调素琴"注释文字为"弹琴。调,调弄。素琴:不加装饰的琴"。(《陋室铭》)
>
> 问题1:编者将"非丝非竹"译为"不在于音乐",联系材料谈谈看法;
>
> 问题2:"无丝竹之乱耳"与"可以调素琴"是否矛盾? 联系注释谈谈看法;
>
> 问题3:如果请你为"宴酣之乐,非丝非竹"、"无丝竹之乱耳"做解释,你会如何做注解?

再者,对于《醉翁亭记》中的字词理解和句子翻译,教师不必采用生硬的默写形式,在精读原文注释基础上,附上宋代黄庭坚《瑞鹤仙》一词:

> 环滁皆山也。望蔚然深秀,琅琊山也。山行六七里,有翼然泉上,醉翁亭也。翁之乐也。得之心、寓之酒也。更野芳佳木,风高日出,景无穷也。
>
> 游也。山肴野蔌,酒洌泉香,沸筹觥也。太守醉也。喧哗众宾欢也。况宴酣之乐、非丝非竹,太守乐其乐也。问当时、太守为谁,醉翁是也。

要求学生为这首作品做注释,在这样的活动任务中,学生在对注释的关注、学习和运用中自然而然就会形成真正的知识与能力。

因此,以注释为依托构建科学客观的评价体系,对改善文言诗文教学现状,提高教学质量具有重要意义。随着统编教材的全面推行与课程改革的不断深入,教师需要充分重视文言诗文注释的功能与价值,适时运用注释完善评价方式,这是反馈教师"教"与学生"学"的有效途径。

注释进入教材和课堂,无疑给文言诗文教学带来新的资源和挑战。在备课、教学以及评价过程中,教师不能因注释篇幅短小而忽视它的作用,更不能视而不见。在"双新"背景下,教材内容发生变化的同时,注释的内容和形式也在变化,教师必须不断发掘注释的功能价值,更新使用教材的理念,在从"教"转向"用"教材的过程中,发挥好注释的作用,让注释成为教与学的好帮手,探索出更多运用注释的好方法,优化文言诗文的教学,为提升学生语文核心素养发挥注释的重要作用。

核心素养视域下文言诗文注释的运用策略与价值思考

——我这样思考注释

　　"双新"强调立德树人，凸显素养指向。普通高中语文课程标准（2017 年版）指出："语文核心素养是指学生在积极的语言实践活动中积累与构建起来，并在真实的语言运用情境中表现出来的语言能力及其品质；是学生在语文学习中获得的语言知识与语言能力、思维方法与思维品质、情感、态度与价值观的综合体现"，主要包括"语言建构与运用、思维发展与提升、审美鉴赏与创造、文化传承与理解"四个方面。

　　文言诗文在中华民族五千年的文明中流传下来，经过大浪淘沙，是中华民族汉语言文字的瑰宝，是提升学生语文核心素养的有效载体。《义务教育语文课程标准》（2022 年版）指出："阅读浅易文言文，能借助注释和工具书理解基本内容。注重积累、感悟和运用，提高自己的欣赏品位。"

　　文言诗文注释是对文言诗文的进一步阐释，既是教师教学的参考依据和有效依托，也是学生阅读理解的有用帮手和有力支撑。因此，在核心素养视域下，文言诗文注释的功能价值需要进一步确立与优化，运用策略需要进一步丰富与拓宽。因此，我以统编初中语文教材中的文言诗文注释为例，阐述其在语文核心素养四个层面所具有的价值功能与运用路径，促使文言诗文的教学重心由教师的"教"转向学生的"学"，学生能够由"借助"注释转向"运用"注释，由此实现语文核心素养的提升。

一、积累语用经验，促进语言建构

　　随文学习文言字词是学生掌握文言最好的学习方式之一，而注释在这其中就发挥着扫清认知障碍,解决认知冲突,提供学理依据,明确知识概念等重要作用。通过对文言诗文注释的"借助"与"运用",学生能实现语感与语理的相互促进,积累起有效的语用经验,以此促进语言的建构。

八年级下册《桃花源记》中"渔人甚异之"中的"异"(语料),学生刚开始可能不太理解,采用"组词法"理解成"奇异",如此就会产生认知偏差。在这种情况下,教师可以引导学生运用注释进行再认知,理解"异"字是"对……感到惊异"的意思,属于"意动用法"(语理)。通过语料(现象)的积累与语理(规律)的习得,往后学到九年级下册《邹忌讽齐王纳谏》"吾妻之美我者"中的"美"字时,学生便能关联之前所学,进行认知迁移,形成"认为……美"的准确理解。

如果想提升语感品质,学习者必须借助丰富的语料(现象)和科学的语理(规律)来实现认知建构。语理是对语言现象的理性认识,把语言现象提升到规律层面,就会形成语理(规律)。由语料(现象)到语理(规律),再到语感(品质),在语文学习中,这段内化的过程应该由学生自己通过有效的学习经历实现建构。

因此,在文言诗文学习过程中,教师需要引导学生运用注释加强语感与语理协同促进。《卖油翁》中有"睨之""颔之""知之""遣之",学生可以运用注释进行语感与语理训练,辨别"之"的不同指代义;《狼》中"洞其中"的"洞"注释为"洞穴,这里用作动词,指挖洞。"《爱莲说》中"不蔓不枝"注释为"不横生藤蔓,不旁生枝茎"。蔓、枝,都是名词用作动词。"如此,"名词作动词"的语理得以清晰化;《狼》中"隧入"的"隧"注释为"通道,这里用作状语,'从通道'的意思。"《愚公移山》中"箕畚运于渤海之尾"中"箕畚"注释为"用竹篾、柳条等编织的器具。这里是用箕畚装土石的意思。"如此,"名词作状语"的语理也更显明朗化。

北师大王宁教授指出:"积累和阅读是相辅相成的。如果我们不是从具体的文言文阅读中去积累,而是脱离用字的环境去背字表,那是不可能培养出能力来的。认读和积累不能脱离感性材料。"统编初中语文教材文言诗文注释包含着丰富的字词含义注释(语料)。因此,学生决不能只是"借助"这些注释完成"理解"(这种理解往往是将文言粗略地转换成现代汉语),而是要充分"运用"注释来促进语用经验的积累,实现语言的建构。

二、整合比较探究,提升思维能力

《普通高中语文课程标准(2017 年版)》指出:"思维发展与提升是指学生在语文学习过程中,通过语言运用,获得直觉思维、形象思维、逻辑思维、辨证思维和创造思维的发展,促进深刻性、敏捷性、灵活性、批判性和独创性等思维品质的提升。"在我看来,合理而有效地运用文言诗文注释是实现这些价值诉求的有效路径。

譬如,统编初中语文教材文言诗文中,对"汤"字有如下注解:

（1）六年级上册《伯牙鼓琴》,"汤汤乎若流水"中"汤汤"注释为"水流大而急的样子。"

（2）六年级下册《两小儿辩日》,"探汤"中"汤"注释为"热水、开水。"

（3）七年级上册《〈论语〉十二章》,"饭疏食,饮水"中"水"注释为"文言文中称冷水为'水',热水为'汤'。"

（4）九年级上册《岳阳楼记》,"浩浩汤汤"注释为"水势浩大的样子。"

（5）九年级下册《送东阳马生序》,"持汤沃灌"中"汤"注释为"热水"。

对于这五条注释,教师可以引导学生做两重思考:

第一,"汤"有"热水"和"水势浩大"之义,结合(2)(3)(5)三条注释,提炼整合"汤"字"热水"的义项;结合(1)(4)两条注释,提炼整合"汤"字"水势浩大"的义项。如此,学生便能学会灵活运用教材中的文言注释,将同类用法、同义字词进行归类整合,最终形成聚合思维。

第二,注释(2)中"汤"注释为"热水、开水",是否合理? 教师可以引发学生进行发散思考。通过工具书查阅和对照思考,"汤"字当解释为"热水"。"开水"指"沸腾"的水,必须达到一定温度,即"热水"不一定是"开水",两者在语义上有歧义,不能并存,所以应该舍去"开水"之义。在质疑探究的过程中,学生的分析思维、求证思维等思维能力都得到激发提升。

"错"注释为锻炼学生的思维能力提供了适宜的契机,由此撬动学生的"真"思考。教师需要引导学生学会运用这些注释进行质疑思考,形成独立的质辩意识,在发展语言能力的同时,进行思维训练,促进思维能力的提升。

再如,七年级上册《杞人忧天》中"只使坠,亦不能有所中伤"中"中(zhòng)伤"注释为"伤害"。初看注释尚不能明确"中伤"取"主动义"还是"被动义"。如此,学生可以联系原文,形成还原语境的思维意识,在辨析中进行思维训练,最终得出结论,应取"被动义","中伤"即"受到伤害"。

再者,回到本册教材《狼》一文中"途中两狼"一句,"中"字并未注解,那么"中"字该作何解释呢? 学生若能联系《杞人忧天》"中伤"一词做深入探究,明确"中"字的读音和义项,那么,"途中两狼"就不会粗疏理解为"路上的两只狼",而是"路上遭遇两只狼""路上受到两只狼突袭",更能突显事件的意外以及屠户恐惧的心理。

不止于此,"天之苍苍""兼葭苍苍""两鬓苍苍十指黑"中关于"苍苍"的注释,"念天地之悠悠""白云千载空悠悠""青青子衿,悠悠我心"中关于"悠悠"的注释,将这些注释形成的语料整合进行比较辨析,都极具思维价值。一条条"小注释"关联比较,便能产生"多联系""深思考""广研究",学生的探究思维就能得到训练,思维品质便能得到"质"的提升。

三、合理想象描绘,培养审美情趣

《普通高中语文课程标准(2017年版)》指出:"审美鉴赏与创造是指学生在语文学习中,通过审美体验、评价等活动形成正确的审美意识、健康向上的审美情趣与鉴赏品位,并在此过程中逐步掌握表现美、创造美的方法。"文言诗文注释在这方面同样能发挥其独有的价值。

例如,八年级上册《渡荆门送别》中"月下飞天镜,云生结海楼"有两条注释:

[月下飞天镜]:月亮倒映在水中,犹如从天上飞来一面明镜。
[海楼]:海市蜃楼。这里形容江上云霞多变形成的美丽景象。

要理解这两句诗的具体内涵,学生可以运用上面两条注释进行丰富的联想与想象。由语言文字到画面情境,由音韵节奏到动静色彩,由课堂封闭空间延展到自然开放空间,学生在真实的学习经历中进行充分的审美体验与创造,便能得出这样的理解:水势平缓的江面上,一轮明月倒映水中,仿佛天界落下的一面仙镜;远远望去,天边的云彩层层叠叠,仿佛海市蜃楼一般。

再如,九年级上册《岳阳楼记》中"浮光跃金,静影沉璧"注释为:

[浮光跃金]:浮动的光像跳动的金子。这是写月光照耀下的水波。

[静影沉璧]:静静的月影像沉入水中的玉璧。这是写无风时水中的月影。

通过这两个比喻句的注释,学生可以自由想象岳阳楼下洞庭湖湖水在月光照耀下"浮动如金""平静如璧"的美感。

不止于自然审美体验,运用文言诗文注释还能尽情领略人物的心性之美,如《书戴嵩画牛》中的"杜处士"、《咏雪》中的"谢太傅";人物的智慧之美,如《邹忌讽齐王纳谏》中的"邹忌"、《出师表》中的"诸葛亮",等等。

于漪老师在《语文教学谈艺录》中说道:"语文教学中美育的任务很明确,培养健康高尚的审美情趣和一定的审美能力。中学语文教学把发展学生感知美、理解美、欣赏美、创造美的能力作为基本任务之一。语文教材中有丰富的美育因素,自然美、人文美、语言美,无处不在。有意识地给学生以熏陶,能使学生情操高尚起来,对学习、对生活有正确的、健康的积极的追求。"文言诗文注释中就有丰沃的审美元素可以挖掘并加以运用。

四、重视文化积累,促进文化理解

统编初中语文教材文言文注释蕴含着丰富的中华传统文化知识,涉及礼俗、历史、天文、文艺、地理等多个方面。在日常学习过程中,教师可以引导学生做相关的归类整理,实现有效积累,在积累的过程中增进对文化的认同与理解。

《寒食》中的"寒食"，《游山西村》中的"春社"等注释构成的"节日文化"；《两小儿辩日》中的"盘盂"，《〈论语〉十二章》中的"箪"，《醉翁亭记》中的"觥筹"，《行路难》中的"金樽"，《鱼我所欲也》中的"豆"等注释构成的"器物文化"；《木兰诗》中的"胡"，《使至塞上》中的"萧关"，《送杜少府之任蜀川》中的"三秦""五津"，《周亚夫军细柳》中的"霸上""棘门"等注释构成的"地域文化"。这些"文化养料"散布在文言诗文注释中，它蕴含着华夏民族丰富的思想观念、生活方式、风俗习惯等，可以为培养有根的中国人发挥重要作用。教师需要引导学生深耕于注释的"土壤"，做一个有心人，用心开凿挖掘，运用注释还原作品时代原貌，辨析提取精华内容，吸收优秀传统文化养分，浸润在深厚的古代传统文化中，促进对中华传统文化的认知和理解。

优秀传统文化历经时代的淘洗传承至今，是中华文化的精髓所在，对个人民族文化认同及人格精神的培养具有难以替代的作用。《义务教育语文课程标准（2011 年版）》指出："认识中华文化的丰厚博大，汲取民族文化智慧……吸收人类优秀文化的营养，提高文化品位。"文言注释能担此重任，关键是需要给予其充分的关注和合理的运用。

综合而言，文言诗文注释集语文核心素养中语言、思维、审美、文化四个维度的价值功能于一体。在文言诗文学习过程中，教师需要积极引导学生对注释进行"再"认知，认真多元地"再"思考，合理充分地"再"运用，切实将文言诗文注释的资源用足、用好。《老子》云："合抱之木，生于毫末；九层之台，起于累土；千里之行，始于足下。"在"双新"背景倡导语文核心素养的当下，上位的教学理念需要往下位践行落实，而文言诗文注释就是理念得以落地、生根、开花的土壤。虽然微乎其微（属于教材的"助读系统"），却发挥着不可估量的价值。当学生由"借助"注释转向"运用"注释，那么，学生的语文核心素养也就自然而然在这样一种进阶的"转向"中得到了切实提升。

隐喻理论在散文阅读教学中的运用
——我这样运用理论

　　隐喻是认知语言学非常重要的研究内容。莱考夫和约翰逊在《我们赖以生存的隐喻》中写道："隐喻不仅仅是语言的事情……人类的思维过程在很大程度上是隐喻性的。"也就是说,隐喻不仅仅是一种修饰语言、增强表达效果的修辞格,它更是反映了作者的思维认知方式。

　　在自由言说抒情的散文作品中,作者往往会运用隐喻的方式表达自己的情感思想。学者谢有顺在《散文的后面站着一个人》中说道："物质是我们认识事物、探索精神的基础。但这只是散文的一部分,好的散文在物质元素之上,还有作家的精神发现和心灵看法,可这也必须是与散文的物质性相结合而生的。事实、经验和细节之上,贯彻着作家的精神发现和心灵看法,这是散文最重要的两个维度,它们的完美结合,才能产生好散文。"

　　统编教材中就有许多散文作品,在"物质元素"之上通过隐喻渗透着作者的"精神发现"和"心灵看法",如朱自清《匆匆》《春》、老舍《济南的冬天》、宗璞《丁香结》《紫藤萝瀑布》、贾平凹《一棵小桃树》、茅盾《白杨礼赞》、汪曾祺《昆明的雨》、刘成章《安塞腰鼓》、毕淑敏《精神的三间小屋》等。

　　然而,在实际教学过程中,教师对"隐喻"(通常视为"比喻"修辞格)的教学往往将学生带入"生动形象"的"死胡同",以生搬硬套式的"答题套路"来教学,学生难以深入品味散文作品中的"隐喻"其实是作者对语言的锤炼,彰显着作者的思维品性和审美情趣。因此,本文旨在探讨教师借助认知语言学的隐喻理论来促进散文阅读教学的路径,从而提升学生的语文素养。

　　按照认知语言学的观点,隐喻的本质其实就是通过另一种事物来理解和体验当前的事物，另一种事物就是喻体（源域），当前事物就是本体（目的域）。它的运作机制就是将喻体的特点映射在本体上，人们通过喻体特点的形成来认识本体。具体映射关系如图1所示：

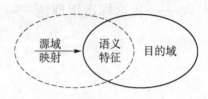

图1　隐喻运作机制示意

利用"隐喻理论"中的"映射"机制，教师在散文阅读教学过程中可以针对不同的喻体（源域）和本体（目的域）组合呈现的特点，引导学生通过不同形式的语言实践任务来完成解读，促进对文本的深入理解。

一、填补还原隐含信息

在散文作品中，作者往往沉浸在自己构筑的"隐喻"情境里，无意识地把本体事物及其特征隐含起来，教师则可以采用"填补"的方法创设思考支架，引导学生将这些隐含的信息"还原"出来。如老舍的《济南的冬天》第3自然段有这样一个句子：

这一圈小山在冬天特别可爱，好像是把济南放在一个小摇篮里，它们安静不动地低声地说："你们放心吧，这儿准保暖和。"

填补1：这一圈小山在冬天特别可爱，好像是把如_____般的济南放在一个小摇篮里。

调动学生已有的认知经验，结合后文"小摇篮"，便能得出"婴儿"的结论。如此，就可以明确两组比喻："围了个圈儿"的"小山"像"摇篮"，"济南"像"婴儿"。接下来，关键点在于要运用"映射"机制让学生充分发挥联想和想象，构建"摇篮""婴儿"的喻体特征及其组合特征。

填补 2：这一圈小山在冬天特别可爱,好像是把如婴儿般(　　　)的济南放在一个(　　　)的小摇篮里。

根据这一填补支架,学生就能提炼出"婴儿"是"有生命力""富有生机""新生"的,"摇篮"是"温暖""安全""舒适"的。将两者组合起来就能得出:"摇篮"与"婴儿"这两个喻体之间暗示了"围了个圈儿"的"小山"对"老城"的呵护,营造了一种温馨、祥和又孕育着新生的氛围。

填补 3：这一圈像(　　　)一样的小山在冬天特别可爱,好像是把济南放在一个小摇篮里,它们安静不动地低声地说:"你们放心吧,这儿准保暖和。"

在老舍先生的笔下,济南的一切都是有生命质感的,仅仅将"小山"局限于"摇篮"还不够。结合两次填补的结论,再借助填补 3 的支架,教师需引导学生的思维再往上"攀爬"。济南是一个"婴儿","小山"是一个"摇篮",这是第一层认知。但是,作者说"小山""可爱",显然也带上了"生命"的"印迹"。如此,由"摇篮"继续映射,就能得出第二层认知,"摇篮"是"母亲的怀抱",小山应该像"母亲"一样"呵护"着"济南"。

隐喻具有强大的认知功能,形成基础是理性,升华手段是感性,在理性与感性的相互交融中体现着思维的抽象感和想象力。借助三次填补任务,教师可以带领学生挖掘老舍的"精神发现"和"心灵看法","济南的冬天"有"温晴",也有"温情"。

二、列表整合多重喻体

在散文作品中,作者采用的喻体往往会比较繁密。在喻体比较密集的句群里,教师在实际教学过程中可以借助列表整合的方法,要求学生结合具体语句,根据表格(见表 1)元素,进行罗列整合,以此促进对文本的理解。

表1　多重语体整合

喻体事物	喻体特征	映射特征	本体事物

如毕淑敏在《精神的三间小屋》中论述第三间"自我小屋"时,有这样一处隐喻:

我们把自己的头脑变成他人思想汽车驰骋的高速公路,却不给自己的思维留下一条细细的羊肠小道;我们把自己的头脑变成搜罗最新信息和网络八面来风的集装箱,却不给自己的发现留下一个小小的储藏盒。

操作路径1:要求学生从句子中提取本体事物和喻体事物。这一过程涉及信息的识别与提取层面。

操作路径2:借助喻体事物的修饰性短语充分感知喻体特征,继而运用映射机制,建构本体特征。由喻体特征构建映射特征的过程是整个教学的"聚合点",教师应调动学生的前备知识与生活经验,使其充分感受"喻体"特征与"本体"特征在某个(些)特征上的"契合"。它旨在训练学生的联想、想象、理解、类推等高阶思维能力。

操作路径3:引导学生将"映射"之后建构的本体特征整合起来,联系文本内容,进而通过分析推论,得出作者的情感意图。

经由三条操作路径,最终可以得出如下样例(见表2):

表2　《精神的三间小屋》多重喻体整合

喻体事物	喻体特征	映射特征	本体事物
高速公路	速度飞快、道路宽阔	跟随他人思考太快	头脑
羊肠小道	通行缓慢、道路狭窄	没给自己思考过程	
集装箱	公共物品、容量大	储存他人思考成果	
储藏盒	私人物品、容量小	没给自己思考空间	

由此可推出作者想表达的情感意图：从时间与空间的角度，表现了自我思考被极度挤压、缺乏自我的人生状态，作者情感意图指向否定和批评，呼吁"独立的自我"。

莱考夫和约翰逊在《我们赖以生存的隐喻》中强调，在日常生活中，人们往往参照熟悉的、有形的、具体的概念来认识、思考、经历，对待无形的、难以定义的概念，会形成一个不同概念之间相互关联的认知方式，以达到系统地描述世界的目的。

因此，对于"隐喻"的挖掘，可以采用列表整合的方法，理清本体与多重喻体间的关系，使学生思维可视化、条理化，使"喻体特征"与"本体特征"间的"映射"过程更加显性。同时，列表整合法蕴含着一套完整的"隐喻"思考路径，指向思维能力的培养。

三、框架梳理层级关系

有些散文的标题本身就带着鲜明的"隐喻"特性，整篇文章的隐喻意味特别深厚，如《春》《精神的三间小屋》《紫藤萝瀑布》等。苗兴伟与廖美珍在《隐喻的语篇功能研究》中指出：在语篇层面上，隐喻概念及其延展可以形成系统词汇网，并以一定的逻辑形成连贯延续的信息链；同时隐喻概念诱发类比转移，使人们能够提取隐喻蕴涵，并运用于对抽象概念和复杂情景的理解，进而理解语篇主题，即由联想和推理获取主题信息链。隐喻语篇在框架结构上表现为一定共性：两条信息链（主题信息链和辅助信息链）之间的互动。映射和互动共同推进语篇发展，构筑完整的语篇。如图2所示：

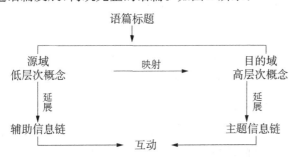

图2 隐喻语篇的框架结构

教师可以引导学生梳理喻体与本体之间多层级关系，促进学生对文本的整体感知与内涵体悟。以宗璞《紫藤萝瀑布》为例：

首先，确立文中"源域"（喻体）和"目的域"（本体）。需要注意的是，喻体和本体不是简单的一一对应关系，有时会有由多个喻体映射同一个本体，有时也会由"喻体 1"映射"本体 1"，而"本体 1"又转换成"喻体 2"，继续映射"本体 2"。在《紫藤萝瀑布》中，"瀑布"映射到"紫藤萝"，"紫藤萝"是"本体 1"；而"紫藤萝"转为"喻体 2"，继续映射到"人"（生命），"人"（生命）就成为了"本体 2"。

其次，抓住"喻体"，构筑喻体所具有的"意义网络"。学生根据"瀑布"展开具体联想：空中下垂、无始无终、迸溅的水花、粼粼波光、气势磅礴……随后，联系"本体"，将"喻体"具有的"意义网络"往"本体"进行映射、类比，找出"喻体"与"本体"的共性特征，丰富对"本体"的认识，形成"本体"的"意义网络"。学生由"瀑布"的"意义网络"建构"紫藤萝"的意义网络：具有生命力、流动、灵动、璀璨盛开等；再将构筑好的"紫藤萝"的"意义网络"映射到"人"（生命），建构"人"（生命）的"意义网络"：生机、美好、永恒等。最后，在构筑"本体"的"意义网络"后，联系全文，体会作者选用特定的"喻体"映射"本体"特定的特征背后所想要表达的情感思想。

宗璞亲眼见到紫藤萝花由衰到盛的过程，更感悟出生命的美好和生生不息的永恒。用"瀑布"比喻"紫藤萝"，而又由"花"喻"人"。紫藤萝由衰败到盛放，隐喻生命的怒放与再生、"人"心灵之花的重放、美的不灭和对美的追求。每个人的一生不可能完全一帆风顺，在人生的旅途上常常会遭遇各种坎坷，就像紫藤萝花一样也会经历怒放和衰败。整个推导过程用如下框架结构图（见图 3）呈现：

整个教学过程其实也就如同框架结构图的组成部分。由"瀑布"的喻体意义解读映射到"紫藤萝"的本体意义解读，再由"紫藤萝"映射到"人的生命"的思考解读，逐步推导，最终完成对整篇文本情思意蕴的理解。

隐喻不仅是使语言完善的修辞，更是一种思维方式。认知语言学中的隐喻理论可以成为散文阅读教学的辅助依托。至于如何运用这些隐喻理论，曹刚老师在《探索文本解读的路径》中指出：教师不要急于向学生灌输语言知识

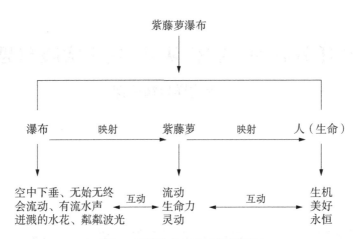

图3　紫藤萝花开隐喻解析框架

概念(此指显性的隐喻理论知识),而是要揭破陈述性知识背后的思考方法,将其转化为程序性知识,设计相关的语言实践活动,将语言学知识概念隐藏在语言实践活动的后台,引导学生在语言实践活动中内化思考方法,提升语言敏感性。

因此,认知语言学中的隐喻理论可以通过填补还原、列表整合及框架梳理等方式有机地融入散文阅读教学中,成为学生学习散文有用的抓手。教学中有效地挖掘作家的"精神发现"和"心灵看法",能提升学生语文素养,特别是语言感知和思维品质。当然,以上的学习路径也仅仅只是迈出了一小步,如何以隐喻理论为载体,落实更具体有效的操作路径来提升学生散文阅读的综合能力,这是日后需要进一步思考和探究的问题。

基于"任务驱动"的"板块式"教学实践与思考

——我这样教精读课

"板块式"教学即"板块式教学思路"的简称,为语文教育名家余映潮老师所倡导。它不是一种简单的教学方法,而是一种策划、安排课堂教学顺序与层次的理念与要求。"板块式"教学的研究与运用,其意义在于让课堂教学过程清晰而简明,让教学重点突出而内容丰富,让学生的活动充分而深入。

在"板块式"教学理念影响下,我在课堂教学实践中又融入了"任务驱动"的方式。所谓"任务驱动",即在课堂教学中,规避寻常"提问—回答"的传统课堂推进模式,而是呈现"任务",要求学生基于"任务"进行必要的语文实践活动,以此促进学生的学习经历真实发生。下面以梁启超的《敬业与乐业》一课的教学为例,对基于"任务驱动"的"板块式"教学进行分析阐述。

一、课例描述

1. 板块一:梳理行文思路

任务一:速读课文,根据提示完成填空。

文章开头就提出了作者的观点"_____",而后分别论述了"_____之必要""要_____"和"要_____",最后一段总结全文,"_____"就是"_____","_____"就是"_____",这就是人类合理的生活。

生1:文章开头就提出了作者的观点"'敬业乐业'四个字,是人类生活的不二法门。"

生2:而后分别论述了"有业之必要""要敬业"和"要乐业"。

生3:最后一段总结全文,"敬业"就是"责任心","乐业"就是"趣味",这就是人类合理的生活。

设计意图:运用填充组合文章语句的形式作为教学的支架,能引导学生立足文本并从文本整体把握作者的主要观点。阅读议论性文章,第一步就是要求能把握作者的主要观点,这一任务的完成能为后续学习做好铺垫。

任务二:用图示法标注出文章的结构。

生1:①/②③④⑤/⑥⑦/⑧/⑨

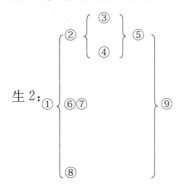

设计意图:通过这个任务,学生对文章结构层次有了整体把握,能感知这篇文章是典型的"总—分—总"结构,"分述部分"由"有业""敬业"和"乐业"三个部分串接。学生在梳理行文思路方面行进了一大步,也为后文的学习奠定了扎实的基础。

任务三:思考探讨。

(1) 能否删除文章第2—5段"有业之必要"这个部分?

生1:不能。一个人如果连"业"都没有,何谈"敬业"与"乐业"呢? 必须先交代"有业之必要"。

生2:不能。这是前提基础,没有"业",就不存在"敬业"和"乐业"。

生3:不能删除。这段文字论述了"有业之必要",作为"敬业"和"乐业"的前提条件,能使论证更严谨周密。

设计意图:通过"能否删除"的思考,学生对文章2—5段"有业之必要"这个部分有了较为清楚的认识,从思路上明确了这部分是论述"敬业"与"乐业"的前备条件。

(2) 能否把"敬业"和"乐业"两个部分互换顺序?

生1:不能。一个人首先应该对自己的职业"尊敬",专注于自己的职业。在这个基础上,才会感受这份职业带来的"快乐",做到"乐业"。两者是递进的关系。

师:很好! 这是敏锐的发现! 发现了"敬业"与"乐业"两者之间本身固有的关系。还有其他发现吗?

生2:不能互换顺序。大家看第一、二节,作者在第一节里说:"'敬业乐业'四个字,是人类生活的不二法门。"第二节里,作者说:"本题主眼,自然是在'敬'字、'乐'字。但必先有业,才有可敬、可乐的主体,理至易明。"从这两句话中可以看出,先得论述"敬业",再论述"乐业"。

师:真不错! 还关注到其他自然段里的话,从结构呼应层面有了新的发现。还有补充的吗?

生3:文章结尾也是"敬业"在前,"乐业"在后。

师:所以,当我们在考虑"能否换序"的问题时,就可以有两种思考的角度——谁来为大家小结一下?

生4:首先要考虑自然段本身之间是什么关系;然后,还可以考虑文章另外的自然段里有没有与之形成呼应的语句。

师:归纳小结得真好!

设计意图:任务3是"板块一"的教学重点和难点,极具思维挑战力。两个问题的思考都指向"行文思路的梳理",学生在这两个问题中,思维的训练是有实效的,对文章行文思路的梳理是很到位的。

2. 板块二:剖析说理方法

任务一:浏览学习资料单上罗列的各类论据,按照论据类型进行分类。

注:教师在上课前把文中涉及的论据以学习资料单的形式罗列了出来,学生在学习单上分类作答。这里不作展开。

生(齐答):理论论据是……,事实论据是……

设计意图:这个任务是"板块二"学习的预始任务,难度层级不是特别高,主要是落实一些显性的议论文论据方面的知识,为后面的学习奠定好基础。

任务二:结合这些论据,说一说它们各自是为了论述哪个观点。

生1:"主一无适便是敬"这个理论论据是为了论述"什么是敬业"。

生2:"当大总统是一件事,拉黄包车也是一件事。"通过举例论证的方式具体论述了"为什么要敬业"。

生3:庄子"用志不分,乃凝于神"和孔子"素其位而行,不愿乎其外"两句话都是作为理论论据,论证了"怎样才是敬业"。

生4:孔子"知之者不如好之者,好之者不如乐之者"这句话也是理论论据,这是为了论述"为什么要乐业"。

······

设计意图:这个任务相较于之前的"任务一"有一定难度的提升,这就要求学生能回到文本中快速找到"论据"所对应的"论点"。从教学设计的层面而言,这个任务的实质其实就是在落实"作者如何阐述自己的观点?"这个问题。从"作者的观点是什么?"到"作者是怎么论述观点的?",把思维深度拉高一层,将文本深度又往里推进一层。

任务三:思考探讨。

(1)下面两句话都是为同一个观点服务,能否删去其中一个?

① 庄子说:"用志不分,乃凝于神。"

② 孔子说:"素其位而行,不愿乎其外。"

生1:不能。两个人说比一个人说,更有说服力。

师:仅仅如此吗?还有其他高见吗?

生2:能。它们意思是一样的。

师:哦!意思一样的。它们都是什么意思呢?大家一起对照着注释,把这两句话的意思读一读,看看意思一样吗?

生3:意思是一样的,都是指做好当下在做的事,也就是要专注,不要企图去想别的事,三心二意。

师:意思相同就能删去了吗?

生4:不能删去。意思是一样的,但是一句是庄子说的,一句是孔子说的。

师:两个人有什么区别?

生5:一个是"道家",一个是"儒家",所代表的思想学派不同,也就是说这是从不同的角度来论述的,使论述更全面,更有说服力了。

师:你真聪明!重大的发现啊!谁还有补充?"二次发现"也很珍贵哦!

生6:文章第一节里作者说"敬业""乐业"时提到了《礼记》和《老子》两部著作,正好也对应了"儒家"和"道家"。分别引用"两家"的话使论证更有权威性。

师:哦!真不错!眼光真敏锐,找到了呼应之处。

设计意图:这一"任务"对学生的思维提出了较高的挑战。通过这一"任务",学生对论据的属性及其所论证的观点有了更深入的认识和掌握。

(2)下面这段材料是从原文摘选而来,若将其放回原文,应放在哪个小节?

到英国人公事房里头,只看见他们埋头执笔做他们的事;到法国人公事房里头,只看见他们衔着烟卷像在那里出神。

生1:应放在第7节,材料讲英国人做事很专注,法国人做事不专注。运用举例论证和对比论证的方法,能论述"怎样才是敬业"的观点。

师:有不同观点或不同理由的吗?

生2:放在第6节,可以便于读者知道"什么才是敬业",能很好地论述"什么是敬业"的问题。

生3:放在第7节。这个材料有正面事例和反面事例,这些事例传递的意思和第7节中的庄子和孔子说的话意思是一样的。

师:都是什么意思呢?

生4:都是讲做事要用心专一,集中精神。

生5:放在第6节。第6节中说道:凡做一件事,便忠于一件事,将全副精力集中到这事上头,一点不旁骛,便是敬。材料跟在这句话后面,是很好的例证。

……

设计意图:这个任务的设计意图在于检测学生对论据与论点的对应关系是否已经掌握,是否能在理解文本的基础上,辨别论据的属性及其作用,从而形成自己理性的思考和判断。课堂里形成了不同的意见,针锋相对,结论已不再是焦点,思维的交流碰撞出理性的璀璨之花。

3. 板块三:感受演讲风格

任务一:文中哪些语句能代表作者演讲的风格?圈画并体会其中的效果。

注:学生先在文本中圈画,继而再阐述分析。得到"引经据典"说服力强、

"生活化事例"通俗易懂、能适时联系受众心理、语言活泼有理有趣等重要发现。文章篇幅所限,这里不做展开。

设计意图:这一任务设计源于两个"回归",其一回归"演讲稿",引导学生关注演讲稿特性;其二,回归"文本",从文本里再做一次"寻觅"和"发掘"。

任务二:扮演"梁先生",演讲"一小段"。(要求:注意口吻语气)

注:学生们民主推荐有朗诵专长者进行"演讲",其他同学扮演听众。被推荐者走上讲台,扮演"梁先生"进行"演讲"。(文稿所限,这里不做展开。)

设计意图:这一任务设计意图在于给有表演欲或具有表演天赋的学生施展个人魅力创设平台,丰富学生演讲体验和聆听演讲的体验,打通语文与生活的障壁。

任务三:作为听众的你,听了梁启超先生的演讲,有了哪些收获和感悟?

生1:职业不分贵贱,要尊重每一种职业。

师:是啊,说得真好! 三百六十行,行行出状元。

生2:要尊重那些从事平凡职业的人。

师:哪些呢? 能具体说说吗?

生2:比如送外卖的小哥、保洁阿姨、快递员小哥、门卫叔叔……

师:真好! 你学会关注了生活,有一颗感恩之心。

生3:自己以后选择职业,一定要"敬业"与"乐业"。

师:嗯,不错! 那现在,我们有职业吗?

生4:学生。我们学习也要像对待职业一样——"敬学"与"乐学"。

……

设计意图:通过演讲稿的学习,最终要发挥这一文本特有的"育人"价值——即职业观的引导与确立。这一任务的实践正是基于"育人价值"的思考。学生在这一板块的学习也完成了由演讲效果的感受体味上升到对演讲内容(主题)的思考与感悟。

二、课例分析

1. 关注板块设置:板块的内容与板块之间的逻辑

由于每一个板块都着眼于解决教学内容的某一角度、某一侧面的问题,于是每一个板块就是一种半独立的"小课"或者"微型课"。这就要求教师精心研读教材，优化整合课文内容，提炼出可供教学的内容板块。在上述课例中，《敬业与乐业》是一篇议论性演讲稿，基于这样一种文体特征，我确立了"梳理行文思路""剖析说理方法"以及"感受演讲风格"三个教学板块，前两者是基于论说文的文体属性，第三个板块则是针对"演讲稿"的独特属性。

由于涉及多个"板块"，教师就要考虑板块的切分与连缀，考虑板块之间的过渡与照应，考虑板块组合的科学性与艺术性，也就是所谓"板块与板块之间的逻辑"。在上述课例中，我先是引导学生进行第一个板块的学习——"梳理行文思路"（这一板块已包含对作者观点的提取和把握），从整体上对文本有一个感知。然后，再进入第二个板块的学习——"剖析说理方法"，即从"作者表达了什么观点？"转向"作者是如何论述观点的？"的思考。板块一和板块二之间呈由低到高、由表及里的逻辑。最后，进入"板块三"的学习，立足"演讲稿"的独特性，引导学生感受演讲风格，模仿学习演讲，分享收获感悟。板块二和板块三之间又实现了一次逻辑转换，即从"论说文学习"转向"演讲稿学习"。统合来看，三个板块彼此之间的构建都是由清晰的逻辑线串联而成。

因此，"板块式教学"需要特别关注板块的内容设置和板块与板块之间的逻辑关联。唯有如此，方能形成清晰的教学层次，由浅入深、由易到难、由知识到能力，显现出鲜明的分层推进的特点，凸显"板块式教学"的独特优势。

2. 关注任务驱动：任务的形式与任务之间的逻辑

在同一个板块下，任务的形式应该丰富多元化，以此来调动学生的各种学习行为的真实发生，以往的课堂往往趋向于单一的学习行为，比如"教师讲，学生听""教师问，学生答""学生 A 说，学生 B 说"等模式。学生在同一种学习行为支配下，往往会失去学习兴趣，缺少思维挑战，课堂陷入机械化。这些大多不利于学生形成真实而充分的学习经历。在上述课例中，我将学习任务设置为：

板块一任务构成：填充——标注——问答

板块二任务构成：分类——辨别——辩论

板块三任务构成：圈画——演讲——分享

学生在丰富多元的"任务驱动"下,能真实地体验到不同形式的学习及其成果,由此激发其不断地向上"摘果子"。

当然,除了任务形式的丰富多元化,任务与任务之间的逻辑设计也尤为重要。在上述课例中,我在每个板块都设置了"三个任务",即"三个学习平台(阶梯)",将学生的思维慢慢往上提升。任务与任务之间呈渐进状(有梯度感),是一个由低到高、有易到难、由浅入深的过程。任务一落实基础,如"速读课文,根据提示完成填空""按照论据类型对论据进行分类""圈画特定语句";任务二注重知识与能力承前启后的衔接,如"图示法标识""论据对应论点辨别""演讲模仿表演"任务三注重思维训练与提升,如"段落删除与换序的思考""材料删除与安插的思考""演讲收获的思考"。

每一个板块都有三个任务实践,在每一个任务实践中,学生能得到真实丰富的学习经历,而且,这种基于"任务驱动"的学习更能刺激学生的"最近发展区",激发其学习兴趣和学习潜能。通过每一个板块的学习,学生的思维都能完成一次由低到高的跨越,这样的学习才是真实而有意义的。

3. 关注学习经历:"教的逻辑"转向"学的逻辑"

过往的语文教学大多以教师本位、学科本位、知识本位为主要特征,忽视了学生"学的逻辑"。谭轶斌老师在《语文教学的现实与图景》一书中曾呼唤教育"返魅"——把每一个学生都作为"完整的人"对待,不是重在学会知识,而是重在学会学习;不是重在工具理性,而是重在价值理性。教学应该从"传递——接受"范式转向"平等对话"范式。语文教师应该摒弃以知识传授为中心的教学设计,从"容器教学"转向"人的培养",告别"教教材",走出知识本位,从"教的逻辑"转向"学的逻辑"。

这段论述尤为精妙,给予了语文教师以高屋建瓴的指导和思考。依我之见,基于"任务驱动"的"板块式"教学能起到除弊改良之效用,实现"返魅"图景。在"任务驱动"的"板块式"教学中,通过"填充——标注——问答""分类——辨别——辩论""圈画——演讲——分享"这些任务链的构建,课堂中学生的主体地位得到凸显——学生不再是只是"收听机""复读机"和"回答机",学生在任务中能实现自我的学习。其次,学生充分、有效、丰富的学习经历能得到保证,整个学习经历围绕着"学习逻辑"进行——学生有自我思考、学习、修复、思考的时间，教师的角色也由"讲授者""发问者"转变为"引导者""启发者"。学生本身在多重任务的达成过程中，也在逐步实现着语言的建构与发展、思维的发展与提升等语文素养提升的终极目标。

语文课堂里的学生不再只是一个个认知体，而是一个个完整的生命体。因此，语文教师必须放弃在指令型课程范式中所扮演的控制者角色，成为在开放性、多样化课程范式中学生学习的有效促进者，使教学从"重教"向"重学"转化，完成学生这一学习主体主动参与学习，实现生命激扬的深刻转型。鉴于这些考虑，基于"任务驱动"的"板块式"教学应该是一种很好的新教学路径的尝试。

基于"情境创设"与"任务驱动"的自读课活动设计思考

——我这样教自读课

在"双新"背景下,语文课堂更加聚焦"大单元·大情境·大任务",主要表征为从语文的特点和学生学习语文的规律出发,以语文学科核心素养为纲,以学生的语文实践为主线,以任务为导向,以项目为载体,整合学习情境、学习内容、学习方法和学习资源,引导学生在运用语言的过程中提升语文核心素养。

基于此,统编初中语文教材特别注重单元的结构化设计,"教读""自读"与"课外导读"构成"三位一体"。教读课由教师引导学生学习阅读的方法,这是以教师"教"为主的课堂;自读课则让学生运用在教读课中学到的方法,迁移并实践在新的课文阅读学习中,开展阅读实践,积累阅读经验,这是以学生"学"为主的课堂。

一言以蔽之,教读课"学方法",自读课"用方法",这是应然状态,实然则是课堂模式常常被"教读化",仍旧回归学生亦步亦趋跟随教师的"教师课堂"。温儒敏教授说:"这种以分析性的精讲记忆为主、课型又彼此混淆的教学方式太死板,压抑了学生的自主性学习兴趣和读书的兴趣,应当改一改。"

自读课姓"自",应该以学生的自主阅读、自主探讨为主,而教师则是读书活动的组织者和引导者。那么,自读课到底应该如何还课堂于学生呢? 我认为,在学习经历(语言实践)中,感性的"情境创设"和理性的"任务驱动"不失为一条有效的操作路径。因此,本文以统编初中语文(五·四学制)六年级上册《小站》为例,阐述基于"情境创设"与"任务驱动"的自读课活动设计思考。

一、情境创设：从"小情境"到"大情境"

在《小站》中，作者袁鹰描写的小站是 20 世纪 60 年代铁路线上的一个缩影，这对于新时代的"05 后""10 后"而言太过遥远，学生能通过文字感知到小站的"小"和"美"，但对于大环境以及当时时代工作人员全心全意为旅客服务的淳朴就较为难理解，此时就需要情境创设，帮助学生进入文本。

考虑到新冠疫情肆虐至今已有两年多的时间，导致学生已经很久没有去过火车站，大家自然是期待旅行的。因此，以文字构建的"时空列车"穿针引线，从回忆火车站的模样穿越时空来到袁鹰笔下的小站，勾起学生对"小站"的学习兴趣。

师：请同学们把书本翻到 104 页，拿上时空列车的车票，并在站牌上写上课题"小站"以及作者袁鹰，将我们时空旅行的目的地坐标输入。还有，不要忘记写上时间序列，以便我们能安全返航。

情境创设一定要让学生有代入感，才能达到引发学生学习兴趣的目的，而代入感需要很多细节填补。所以，在板书标题、作者后，我将以下常规操作进行情境化设定：①翻书——拿上时空列车的车票；②明确课题和作者——在站牌输入时空旅行的目的地坐标；③明确《小站》背景时间——输入时间序列，保证安全返航，站牌也非随意画个框框，而是特意搜索了老火车站的站牌。

当然，如果只停留在让情境去"共鸣"，这还只是情境最浅层的作用（称之为"小情境"）。在教学中，将情境当成目的就容易舍本逐末，削弱学习的价值，也会忽略更为复杂的学习心理。因此，要考虑情境创设的第二层、第三层作用，由"小情境"转向"大情境"，即营造真实的学习环境，将学科知识结构转化为学生的认知结构。

《小站》中的情境创设是搭乘袁鹰文字组成的时空列车穿越至上世纪 60 年代感受当时北方山区小站的一个时空旅行设定，将这个设定始终贯穿整节课堂：在解决教学重点时，"提取核心问题"变成了"列车蓄能启动对旅行的好奇期待"；"自读课文"变成了"参观小站"；"解决核心问题"变成了"旅行日记"；"小组讨论"变成了"旅行团交流"；"作者情感议论段"变成了"留言簿感叹"。课后作业设计也不忘时空旅行的设定,请学生用绘画的形式画一张和小站的时空合影或风景照,作为此次乘坐时空旅行列车的纪念。

这样的情境创设,不同于以往的情境导入,而是站在课程视角理解"情境",从教学环节走向整体的、综合化的学习任务设计。若教师仅仅聚焦于某个知识点,将"情境"理解为用"讲个故事"的方式拉近与学生的距离,看起来活跃了课堂,但学生只是获得了零散的知识点,很难使知识之间建立有机联系。

整体化情境创设("大情境")要求教师具备全局眼光,依据课程标准,围绕学科核心素养,创设基于开放问题、复杂需求的情境,着眼于知识的育人价值,通过知识学习在学生身上能够留下来东西,这种留下来的东西才是真正的素养。

二、任务驱动:从"问题思考"到"任务解决"

情境创设为学生自读课的学习实践提供了真实而有意义的学习场景,但要想让学生通过自主活动达成教师预设的教学目标,光有"情境创设"还远远不够。对于一篇课文而言教师是非常明确学生应该达到什么样的目标的,学生却不然。所以,教师在教学设计时,需要设计能够达到教学目标的学习活动,即"任务",促使学生由"任务驱动"促进"语言实践",运用教读课学到的方法解决任务。

在《小站》中,教师针对学生"列车蓄能启动时对旅行的好奇与期待"提出了一个核心问题:这是一个(   )的小站。为解决这个核心问题,教师设计让学生自读课文,圈画语句,找到所圈画语句中的关键词,总结出小站特点的活动。当然,为了符合情境创设,我将活动"情境化",取名"旅行日记",并设计了相应的任务单:

师:时空穿梭的列车果真给力,转瞬间我们已经来到了袁鹰笔下的北方小站。请同学们自读课文,参观一下小站,边看边做圈划,完成旅行日记。

任务单:

旅 行 日 记

_____年_____月_____日 星期_____ 天气_____

今天,我们以作家袁鹰的《小站》构建时空隧道,搭乘时空列车穿梭至上世纪 60 年代,参观了一个北方铁路小站。

这是一个(_____)的小站。

我站在_____观察,发现_____(课文原句)。由_____(句中关键词)可见小站_____的特点。这真是一次难忘的时空旅行,让我见识到 20 世纪 60 年代老火车站的模样。

当任务设置对学生而言较为陌生或者复杂困难时,就需要教师的点拨辅助,即为学生提供有效的"学习支架"。关于"旅行日记",教师的具体示范如下:

今天,我们以作家袁鹰的《小站》构建时空隧道,搭乘时空列车穿梭至上世纪 60 年代,参观了一个北方铁路小站。

这是一个(容易被人忽视)的小站。我站在月台上观察,发现"只有慢车才停靠两三分钟。快车转瞬间疾驰而过,旅客们甚至连站名还来不及看清楚。"由"只有……才""两三分钟""转瞬间""甚至连站名还来不及看清楚"可见小站太小了,旅客坐慢车还有两三分钟,若是坐快车停靠都不停靠,很大可能根本注意不到这个小站的特点。这真是一次难忘的时空旅行,让我见识到 20 世纪 60 年代老火车站的模样。

师:这是我的旅行日记,现在请同学们自行参观小站,完成属于你们的"旅行日记",可以和周围的同学组成小组,以旅行团的方式参观交流。

学生能通过文章语句分析出小站"小而美"的特点,"美"而且是环境美与人也美的双层含义。这项任务的终点,学生以"这虽然是一个(   )的小站,但也是一个(   )的小站"总结,顺利达成教学目标。

由此而言,语文学科核心素养是学生在积极的语言实践活动中积累与构建的,并在真实的语言运用情境中表现出来的语言能力及其品质。语文教学需要基于布鲁姆线性认知体系的"问题设计"逐渐向综合化、情境化的"任务解决"转变。从"问题思考"到"任务解决"的设计转变,正是教育目标从学科本位向学生发展转变的过程,这一过程从"任务解决"的角度将教育目标、学习内容、方式方法整合起来,实现均等的教育内容覆盖,让学生获得学习的参与,收获作为"人"的成长。教师一旦在教学中真正提出了能引发学生多样化语文学习活动的"任务",而不是静态的"问题思考",课堂教学的转变也就开始发生了。

三、活动设计:从"教的逻辑"到"学的逻辑"

过往的语文教学大多以教师本位、学科本位、知识本位为主要特征,忽视了学生"学的逻辑"。谭轶斌老师在《语文教学的现实与图景》中指出:教学应该从"传递——接受"范式转向"平等对话"范式。语文教师应该摒弃以知识传授为中心的教学设计,从"容器教学"转向"人的培养",告别"教教材",走出知识本位,从"教的逻辑"转向"学的逻辑"。

至于自读课活动设计,教师同样需要关注从"教的逻辑"到"学的逻辑"。那么,一个成熟的、理性的"活动设计"应该有哪些方面的考虑?

第一,对"活动设计"的定位需要有明确的认识。"活动设计"的根本目的是促进学生的语文学习,它应该发挥"桥梁"的枢纽功能,沟通"教师—文本—学生"三者之间的关系。在《小站》教学活动中,教师设计的"大情境"与"多任务"都为学生提供真实的学习经历服务。活动本身应该是一个有效的教学载体、一种有效的教学组织形式。

第二,"活动设计"的背后需要有文本的支撑。"活动设计"归根结底还是为"课文的学习"服务的,通过"活动"还是要回到"文本"中,千万不能让"活动"牵着鼻子走,喧宾夺主。语文课如果没有立足"文本",立足"语言",把最本质的"语言文字"丢了的话,那么就很容易变成"泛语文"的课堂教学。因此,在《小站》自读课的活动教学中,所有任务的开展都是基于"小站"这一文本的具体内容开展的。

第三,"活动设计"需要下位的具体操作路径来实施指导。在自读课教学中,如果教师组织学生以"活动"展开学习,那么就需要有追求"横向拉开,纵向推进"的格局意识。"横向拉开"即一个活动能分成不同的内容板块来学习课文不同的核心知识点;"纵向推进"即紧紧围绕一个知识内容的学习,教师给学生搭建一段段学习的阶梯,由浅入深,由表及里,把学习内容可视化,把学习方法路径化,把学习深度"链"化。如果"活动设计"只能"横向拉开",而不能"纵向推进",那么学生"语言—思维"训练(即学习体验)的深度是达不到位的;反之,如果仅仅关注"纵向推进",而忽略"横向拉开",学生的学习广度就失去了保障,学习内容势必单薄。因此,"活动设计"注重"横向拉开,纵向推进"就是为了要保障学习的"广度"和"深度"。

自读课是学生的课堂,教师只是自读课上的一个辅助者,在明确教学目标,设计好"情境"和"任务"后,一切课堂应以学生的自主活动为主。语文课堂本质上是"实践"的课堂,语言学习的规律在"于实践中学",出发点在"知",终极点在"行"。在"双新"背景下,教师要正确理解与把握统编教材"自读"课文,选择更为科学合理的阅读模式和实践策略,以此丰富学生的阅读实践,提升学生的阅读能力,进而真正提升学生的语文学科核心素养。

基于初中语文单元教学设计的深度教研实践思考

——我这样开展教研

《义务教育语文课程标准(2022年版)》强调语文核心素养的培育,而单元教学设计是培育语文核心素养、推动课堂教学转型的有效载体。它是分解、传递和落实课程目标的关键一环,是统整单元内所有课时目标、各个教学环节的主要手段,是教学内容"结构化"组织的抓手。

不仅如此,《义务教育语文课程标准(2022年版)》中明确指出:"聚焦关键问题,推进校本教研……学校要充分重视并不断加强语文教研组建设,以教研组为依托,结合学校具体情况和学科发展趋势,围绕语文课程内容的选择、教学活动的组织、学习任务群的设计和实施等关键问题开展教学研究,落实课程标准要求,推动语文教学变革。根据教师的研究兴趣和专长,组建形式多样的校本教研共同体,有计划地开展主题式校本教研活动,提高教研品质,促进教师发展。"

基于此,依托市教委教研室"指向核心素养培育的新教研"项目理论与工具量表,我校语文教研组开展基于初中语文单元教学设计的深度教研,旨在将教研作为促进核心素养落地的支持系统,将教研活动的组织、实施以及效果评估等各项任务落到实处,以此提升教研活动的"规范性",促进教研实施的"有效性",提高教师参与的"积极性",最终实现以精准、优质、高效的品质教研促进教师的专业发展,培育学生的语文核心素养。

一、深度教研的概念界定与框架模型

1. 深度教研的概念界定

陆伯鸿在《深度教研：系统设计与实践推进》中对"深度教研"进行了概念阐述。深度教研是指在教研主题引导下，展开系列化、深层次、进阶性持续研讨，进而卓有成效地解决有关教学问题的实践研究。深度教研的实施强调参与者充分发挥主体性和能动性，锲而不舍求真，和谐有序推进，以达到对教研主题深入解析、系列活动及环节有效落实、教师能力切实提升的目的。

2. 深度教研的框架模型

《深度教研：系统设计与实践推进》对"深度教研"的运行框架、运作模型以及操作指南等有具体的阐述。深度教研旨在提升教研品质及实效，其运行框架(见图 1)表明教研活动质量与教师专业发展共同体现教研品质。教研品质聚成于教研深度，教研深度分为"问题解决"和"递进发展"两个层级，有"高度""广度""参与度"三个维度，其中"参与度"设"引导参与"和"自主参与"两级五个水平层次。

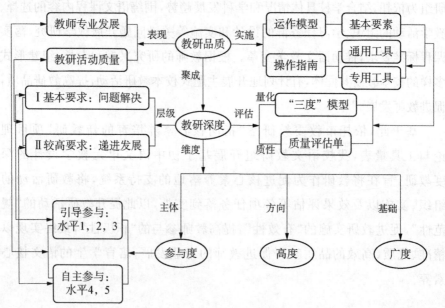

图 1　深度教研运行框架

深度教研螺钉模型(见图2)指将团队、资源、问题、主题、活动、评估六个要素作为深度教研活动的基本要素,构建成为深度教研的运作模型。

深度教研操作指南(见图3)涉及教研工具的使用,其中有通用工具和专用工具之分。通用工具聚焦深度教研"螺钉模型"的六个要素,凸显"规格及层次",形成关于团队、资源、问题、主题、活动和评估的六个属性表。专用工具则针对不同类型的深度教研活动和教师实际需求进行研发(校本化运用),形成预告单、记录单、观察单、反馈单、评估单等十余种教研工具。

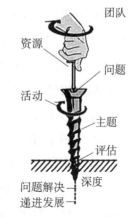

图2　深度教研螺钉模型

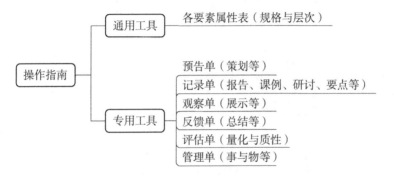

图3　深度教研操作指南

二、基于初中语文单元教学设计的深度教研路径建构

1. 初中语文单元教学设计的概念界定

《初中语文单元教学设计指南》明确指出:单元是依据课程标准或课程纲要,围绕主题(话题、问题)和活动等选择学习材料,并进行结构化组织的学习单位。

单元教学通常是依托教材,以单元主题为线索,聚焦单元目标,遵循学生学习的一般规律,统筹、设计教学内容、作业内容、评价内容、学习资源,并保持这些要素之间的一致性,开展连续课时、循序渐进的教学,最终完成一类知识点的教学任务。

　　初中语文单元教学设计具体指聚焦单元目标,将单元教学目标向下分解,使单元内课文教学或课时教学的教学目标、教学内容、学习活动、课后作业、学习评价等呈现出结构化特征。它要求围绕单元教学目标挖掘这些要素背后隐含的思考过程、思想方法并关注其内在的逻辑,创设有效的学习经历,掌握相关的读写思考路径与方法,形成语文能力,提升语文学科核心素养。

2. 基于初中语文单元教学设计的深度教研路径建构

　　基于深度教研的运行框架与模型以及操作指南,结合初中语文单元教学设计的内涵特征,我校语文教研组积极探索深度教研的实施路径,形成基于初中语文单元教学设计的深度教研整体框架(见图4)。

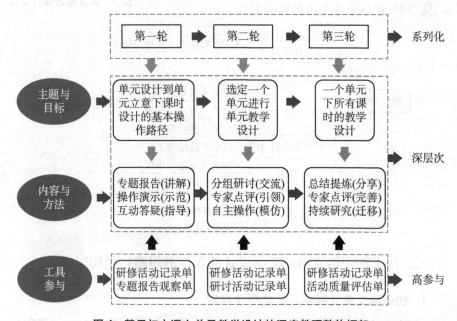

图4　基于初中语文单元教学设计的深度教研整体框架

　　基于初中语文单元教学设计的深度教研为了呈现"序列性",总共需要持续三轮,贯穿半个学期。每一轮都要围绕"主题与目标""内容与方法"进行思考设计,呈现"深层次";同时,也要选择适宜的"工具参与",确保"高参与"。

　　在"主题与目标"层面,首先形成由单元设计到单元立意下课时设计基本操作路径,再选定一个单元进行教学设计,最后实现一个单元下所有课时的教学设计。

在"内容与方法"层面,运用专题报告(讲解)、操作演示(示范)、互动答疑(指导)、分组研讨(交流)、专家点评(引领)、自主操作(模仿)、总结提炼(分享)专家点评(完善)、持续研究(迁移)等多种活动内容与方式。

在"工具参与"层面,根据不同的教研形式,选择研修活动记录单、专题报告观察单、研讨活动记录单、课例研修观察单、活动质量评估单等不同工具量表。

三、基于初中语文单元教学设计的深度教研实施过程

我校语文教研组开展了基于初中语文单元教学设计的深度教研。六年级以"深入探究场面描写与中心的关系"为主题,七年级以"朝花为何夕拾"为主题,八年级以"深入探究景语和情语的关系"为主题,九年级以"深入探究议论性文章特点"为主题。以八年级开展的深度教研为例:

1. 前置思考:组内充分研讨,建构教学框架

统编版八上第三单元主题是"山川之美",选文由《三峡》《答谢中书书》《记承天寺夜游》《与朱元思书》和唐诗五首组成。结合该单元导语和目标,针对选文特点,初二备课组在组长组织引导下充分研讨,最终确立以"深入探究景语和情语的关系"为主题,将本单元的教学分解为三个主题探究活动,形成主题探究活动整体设计框架(见图5),即活动1"如何多角度、多层次描写景物?",活动2"如何做到寓情于景,借景抒情?"与活动3"如何让景物描写为记

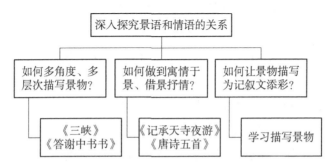

图5　统编版八上语文第三单元主题探究活动整体设计框架

叙文添彩?",三个活动彼此之间形成逻辑关联,构成结构化设计。

2. 活动实践:组内课堂观察,达成教学共识

(1) 活动一:如何多角度、多层次描写景物?

《三峡》与《答谢中书书》的学习旨在促使学生对如何描写景物能形成初步认识和理解。在《答谢中书书》研讨课上,执教教师基于学习任务群理念设计了三个任务:一是"有感情地朗读课文",二是"感悟天地之心",三是"领会生活之美"。这三个学习任务有层次地循序渐进,引导学生慢慢走向生活现实和生命本然,拥有发现美的眼光,欣赏生活中的自然美景。课后,组内教师针对本堂课活动设计进行探讨,在视频播放与教师示例中,学生置身情境,对景物描写有了更好的把握。教师们认识到把单元课文连贯起来,进行结构化教学的必要性,这为后面"借景抒情"的活动课做好了铺垫。

(2) 活动二:如何做到寓情于景、借景抒情?

《记承天寺夜游》《唐诗五首》的学习旨在让学生理解将抒情融于景物描写之妙,"以我观物,故物我皆著我之色彩"。执教教师尝试借助以读促感的方法,让学生在反复吟咏中感受作品张力,体会文言词句丰富之美、意韵之妙,把学生引入与文本直接对话的情境。课堂尾声,教师因地制宜,带领学生观察校园里的桂花树,引导学生在记录"景"的基础上,将想要抒发的"情"融入景中。课后,大家对教师带领学生实地观察景物,记录景物特点以此指导学生理解借景抒情的写法表示赞赏,这为后续学习"让景物描写为记叙文添彩"打下了坚实基础。

(3) 活动三:如何让景物描写为记叙文添彩?

通过前两轮主题活动学习,学生已经学习了如何描写景物与如何借物抒情,本堂活动课主要学习内容是引导学生在叙事中恰当融入景物描写,更真挚地表达情感;能从多种感官出发,借助修辞手法,多角度描绘景物,学会借景抒情,让景物描写为记叙文添彩。执教教师以先前所学课文为例进行指导,实践环节则从选择合适的景物描写,到填写合适的景物描写,让学生进一步掌握如何在记叙文中融入景物描写,教师为学生提供适宜的写作支架,让学生的写作过程更为顺利。

通过三轮课例研修,组内围绕"让景物描写为记叙文文添彩"的主题进行探究,大家充分发挥合作意识,把个人智慧变成集体智慧,大家在交流分享中探讨教学中遇到的难点,总结教学经验,挖掘自身潜能,优化教学过程,促进教学效果。

3. 后续思考:组内复盘深化,提炼教学规律

整个单元教学设计关注文章内容主题和写作特点,通过结构化的设计与教学,教师引导学生由"语感捕捉"促进"语理形成",以"语料组合"加深"语理理解",由"语理内化"转化"语用输出",由"语用输出"实现"语言建构",使学生能多角度、多层次描摹景物特征,并能有意识地在行文时运用景物抒发情感,让景物描写在记叙文中起到画龙点睛的作用。

四、基于初中语文单元教学设计的深度教研成效思考

1. 借助工具量表规范化指导,提升教师参与教研的积极性

依托通用工具表,教研组长能够积极引导组内教师聚焦主题,开展教研活动设计和实施,确保教研活动的规划性、进阶性和有效性,帮助教师更好地把握教材内容,优化教学设计,转变教学方式。借助专用工具表,全组教师能够全程积极参与活动,在记录和分析教研数据过程中,理清活动重点、亮点和不足,从而进行自我评价和反思改进。

2. 依托单元教学结构化设计,提升教师课堂教学的有效性

在整个单元教学设计系列教研活动过程中,老师们交流探讨教学过程中遇到的难点,总结教学经验,挖掘自身潜能,优化教学过程,教学设计得到动态调整,做到了新课标理念要求的"以语文实践活动为主线,以学习主题为引领,以学习任务为载体,整合学习内容、情境、方法和资源等要素,合理组织与安排课程内容",教师的教学理念在教研中不断更新提升,达到了以研促教的目标。

3. 经由深度教研标准化实践,提升校本教研活动的真实性

"新教研"保证了教学的质量,引领线上教学有序高效开展。组内成员循着"真实问题→活动主题→系列活动"教研路径,教师们主动参与,多向交流,充分互动,深度研讨。活动呈现出锲而不舍求真,和谐有序推进,主题深入解析,系列环节落实的良好氛围。通过观察员观察指导和评估反馈,深度教研

不仅重视通过教学或教研场景带入问题，而且重视通过任务驱动、案例分析促进全体参与者真实互动、交流研讨，更加关注教师的深度参与和沉浸式体验，凸显了教研的务实性与体验性，实现"以评促研""以研增质"的新教研文化形态。

在"双新"背景下，通过开展基于初中语文单元教学设计的深度教研，教师能深入分析教学实践中存在的问题，共同研讨问题，探究解决方案，改进教学实践，总结教研经验，评估活动效果，反思未解决问题。未来，我校语文教研组将进一步形成"问题导向、任务驱动、沟通协作"的运作方式，通过高品质深度教研进一步助力提升教师的学科素养和专业能力，从而全面提升学生语文核心素养。

下篇

向外看：观课与评课

奇文共欣赏，疑义相与析。

——陶渊明《移居二首·其一》

教出散文后面的那个"人"

——我评《昆明的雨》的教学

王荣生教授在《散文教学教什么》中有这样的论述：

（1）散文教学设计理念要依据散文的体式进行教学设计，即课堂教学中不能只教散文的共性特征，还必须教出一篇散文的特质来。

（2）散文教学设计的核心问题是依据散文的体式特征确定合宜的教学内容。

（3）散文教学目标是通过体味散文精准的言语表达，体认与分享作者丰富、细腻、独特的人生感受。

（4）散文教学方法是学生在教师指导下的文本细读，增长自己的语文经验。

结合以上四点来看张老师《昆明的雨》这堂课，个人认为亮点有三：

首先，张老师敏锐地关注到了学生的生活经验与这一篇散文所传达的作者独特经验之间的"距离"。为了能有效地引导学生体认与分享作者丰富、细腻、独特的人生感受（经验），张老师采用"征引史料"的方式来弥合这段"距离"，这是很有智慧的。其次，张老师紧紧抓住了《昆明的雨》中的语言特质，有意识地让学生关注那些"平淡自然"的语言。不仅如此，她还拓展了关联性的文本材料来凸显这一语言特质，以此让学生有一个彻底"浸润""感受""习得"的过程，这是很有匠心的。最后，张老师详实的板书内容呈现了整篇文章的脉络,这也彰显了张老师扎实的专业素养和丰厚的教学实践经验,这是很见功底的。

当然,"课"肯定也有缺憾和错失。个人认为,问题就在于上述所举的"三个亮点"还不够"亮",还需要再"着力凸显""用力深挖"。

第一,"征引史料"只是感知作者生活经验的一种方式,"征引"以后还是应该引导学生回到文本中,重新去感受作者的语言,让学生颠覆、打破之前的理解,进行重构、再塑。张老师在"征引史料"的环节,缺少与"文本"的联系,"桥接功能"还不是很明显。

第二,张老师有意识地让学生关注"平淡自然"的语言,但是"着力"不够,很多"美丽的语句"不经意之间"滑走了"。比如开头和结尾两句"我想念昆明的雨"就很有品味的价值。再如"昆明的雨季是明亮的、丰满的,使人动情的。"这句话可以说是整篇文章的"灵魂",是一处鲜明的带有作者标记的"反常表达"。按照常人的语言习惯和思维方式,是不太会用"明亮""丰满""使人动情"这样的修饰语的,充其量会用"大小""稀疏"(李清照"雨疏风骤")这样的语词。

从认知语言学的角度来看,这句话是有隐喻(转喻)的迹象的。"明亮"的背后指向"色","丰满"的背后指向"物","使人动情"的背后指向"事"。三个修饰语其实是作者独特的生命经验、精神特质的凸显。

明亮的颜色是生命(精神)的原色。如浓绿的仙人掌、金黄色的花、青头菌、牛肝菌(色如牛肝),第7段中的浅绿色、颜色深褐带绿、青辣椒、颜色浅黄,第8段中的小花帽子、绣了满帮花的鞋、颜色黑红黑红的、炽红的火炭,以及第10段中的满池清水、绿叶、白花。作者通过对色彩的描述,让我们看到昆明的雨作为最高精神价值所系,代表着原初生命状态的美好与纯净。一种既有人类活动的印记,又不违背自然之美的和谐状态。

丰满的事物是生命(精神)的姿态。写仙人掌时,用了"多,且极肥大""周围种了一圈";写菌子时,用了"极多""最多""也最便宜""家家""连……都""滑,嫩,鲜,香""菌中之王""鲜浓""无可方比""随处可见"等表述;写杨梅时,用"黑红黑红"形容颜色,用"有一个乒乓球那么大"形容体积,用"一点也不酸"描述味道,用"好像都比不上"比较优劣;写缅桂花时,用"很香,香得像兰花"形容气味,又用"密密的""把周围房间都映绿了"形容茂盛之态,用"软软的"形容心理感受。……这些细节都指向"饱和",作者想要表现的就是一种真实的生命(精神)姿态。

使人动情的事情是生命(精神)的本真。题了字的画、鸡枞的笑话、卖杨梅的苗族女孩、房东和养女、莲池水与陈圆圆、小酒店、小诗……通看全文,乍看闲笔甚多,经常旁逸斜出,镜头转换快速。然而,每一处看似漫不经心的闲逸,细细思来,却又紧紧指向主题:使人动情的故事背后是"人"的生命(精神)本真的彰显。

张老师这堂课对文本"语言"的"着力"还有些欠缺,估计受制于后面的教学环节。其实,材料的拓展阅读倒不用那么急着一股脑儿搬出来。正如张老师自己所言是个"急性子",想把好东西全拿出来"招待"学生。但是,不要忘了,汪氏的散文如茗茶,需要慢慢"品";它不像李白的"清酒","会须一饮三百杯"。

第三,张老师的板书内容呈现了文章的脉络,详实清楚是其亮点,问题就在于"多多"真的"益善"吗?个人认为可以适当对文本的梳理内容做精简,这毕竟不是课文学习的重点。另外,给板书留足空间,另开辟一块,整理一下这篇文章语言特质的一些关键词。如此,板书就能呈现整堂课的精髓,更系统、全面。此外,本堂课学生的朗读真的是太精彩了。可惜只是在朗读文中小诗的时候,才给学生创设了平台。其实,在品味语言的同时,完全可以让学生通过朗读的方式来完成,这个亮点可以放得"更亮一些"。

学者谢有顺在《散文的后面站着一个人》中说道:

> 物质是我们认识事物、探索精神的基础。但这只是散文的一部分,好的散文,在物质元素之上,还有作家的精神发现和心灵看法,可这也必须是与散文的物质性相结合而生的。事实、经验和细节之上,贯彻着作家的精神发现和心灵看法,这就是散文最重要的两个维度,它们的完美结合,才能产生好散文。

语文教师只有带着学生透过作者的语言(包括语言形式)读到作者的精

神发现和心灵看法，这才算是真正读懂了"这一篇"散文。我想，语文教师如
何真正引导学生在"散文"中找到那个"人"是一个我们需要不断尝试解决、突
破的课题。最后，感谢张老师《昆明的雨》的倾情演绎，我也非常喜欢这篇作
品，"汪氏"的散文越读越有味儿！

文言文教学教什么？

——我评《书戴嵩画牛》的教学

　　熊老师围绕"通读——知文意""趣读——入情境""再读——思启示"三个主环节展开了《书戴嵩画牛》这一堂课的教学。整个教学流程清晰自然，环环相扣，在文言文教学方面给予我很多收获和思考。

　　文言文教学是需要教文言的，这是第一个层面。文言，是以先秦汉语为基础形成的一种古代汉语书面语。我们学习文言文，前提是学习文言。（王荣生《文言文阅读教学设计基本原理》）在这个方面，熊老师敏锐地抓住了《书戴嵩画牛》这篇文章中"多音字"的现象，通过多音字辨析字音、字义的方法来达到落实文言文字词教学的旨归。比如"杜处士"的"处"、"好书画"的"好"、"所宝以百数"的"数"、"曝书画"的"曝"、"斗牛"的"斗"等，这种敏锐的专业发现以及将其有机地落实于文言文教学实际中的做法值得我学习。

　　文言文教学不仅仅只是教文言，还要研习谋篇布局的章法，体会炼字造句的艺术，这是第二个层面。如果说第一个层面的教学内容属于最基本的疏通字词句含义，解决学生阅读过程中碰到的障碍的话，那么第二个层面的内容直指文言文语言形式的勘探、挖掘。这个层面往语言内部又深入了一层，属于审美鉴赏与创造的范畴。那么，回看熊老师这节课，在这个层面到底落实得如何呢？个人认为，"体会炼字艺术"这方面落实得比较好。熊老师在课堂上引导学生密切关注文中的两处"笑"——"（牧童）拊掌大笑"和"处士笑而然之"，要求学生辨析两处"笑"的不同内涵。这个语言实践任务的思维量是非常大的，学生需要调动自己的生活经验，联系前后文语言环境，再调动语文经验，将两种经验相互融合，从而分析推论出"笑"的不同内涵。由此，这也让我不由得想到了《橘逾淮为枳》中"王笑曰"、《卖油翁》中"康肃笑而遣之"、《两小儿辩日》中的"两小儿笑曰"、《陈涉世家》中"佣者笑而应曰"、2015年上海中考课外文言文《陆象山观棋》中"象山笑而去"等都用到了"笑"字。毫无疑问，不同的作者在不同的语境中所用的"笑"字所想传达的情感内涵肯定是不尽相同的。这里就需要教师在教学过程中发力凸显。为此，我又生成了一个比较大胆的不成熟的设想：我们（教师）能否围绕初中文言中"笑"这个话题（主题）做一个类似于群文教学的设计与实践呢？当然，这些都是熊老师的课堂所给予我的一点零星的思考和启发，真正要实现、要形成，还需要不断地"走"下去。

至于文言文"谋篇布局的章法"这方面，个人认为熊老师《书戴嵩画牛》这节课略有不足。兰保民老师在课后评点的时候说唐宋散文都是艺术佳作，特别是篇幅短小的，那更是一件件珍奇的、独具匠心的艺术品。苏轼的这篇《书戴嵩画牛》全文只有92个字，一定要读出"匠心"。我在看这个文本的时候，也在想一个问题：这么小的一篇文章为什么会分成两个自然段？这两个自然段之间存在什么逻辑关联？选录者为何要如此为之？百思不得其解之后，经兰老师一分析，真的是醍醐灌顶。兰老师引导我们关注第一节中"杜处士"这个人物，以及"好书画""所宝以百数""尤所爱""锦囊玉轴""常以自随"等语句，这些语句都起到了"铺垫""衬托"的作用，有"烘云托月"之效。这就是作者苏轼的"匠心"所在，也是其谋篇布局的功力体现。前文极力渲染杜处士对戴嵩《牛》图的喜爱，后文写到牧童对画作的指责。如此一来，两者之间形成一种强大的张力，更能够凸显出"杜处士"这个人物的形象——心胸宽阔、大度豁达。兰老师这番解读，实在是妙极了！

文言文教学还需要关注文化的传承与理解，这是第三个层面。援引王荣生教授的话来说，就是文言文所传达的中国古代仁人贤士的情意与思想，即所言志、所载道。在这个方面，熊老师《书戴嵩画牛》这一课只是提到了"耕当问奴，织当问婢"的道理（板书），然后运用PPT投影了一段关于艺术创作一定要来源于生活经验的论述语。可能考虑到是预备年级的学生，熊老师在文章"情意与思想"方面没有做太多的深入发掘，她本人在谈教后感受时也说到了这样一种形式比较刻板僵化。个人建议不妨将文后"积累拓展"里苏轼的《书黄筌画雀》一文与课文放在一起做一个"关联阅读"。如此，学生对文本的"情思意蕴"的体悟可能会更深刻一些。《书黄筌画雀》一文有"君子是以务学而好问也"的议论句作为整篇文章的收束，更有利于教师引导学生抓住这句话来体悟苏轼的"情意与思想"。

褚树荣老师在《实现"文化渗透"的文言文教学——文言文教学内容确定的基本要领》中说："我们总跟文言文有着遥远的距离，我们虽然很努力，但是总有一点隔膜。"他的言说似乎与我"走钢丝绳"的感觉相近，正因为有这层"隔膜"存在，致使我始终不敢拿一篇文言文来上公开课。从这一点上来说，熊老师非常厉害，我深感佩服！熊老师说："（我）明明知道喜欢不等于合适，但终究想尝试。"我要为这份充满勇气与魄力的"尝试"点赞！

褚树荣老师又谈及了文言文教学内容的确立，他说，"文言文既然是以古代汉语字样呈现的中国古代文化的结晶，那么显然可以开发出三个层面的内容：第一层面，语言文字的理解和积累；第二层面，文章层面，包括文学形式要素的分析和鉴赏；第三个是最高的层面，指对某一些文化传统的渗透。"我想，这和我自己"三个层面"的论断是不谋而合的。他的表述更具有学理、更为缜密。不仅如此，他还提到："在目前的情形下关注第三层面的教学，关注就是注意而已，而不是以第三层面的教学取代前两个。"我觉得这段论说是比较中肯的。为此，熊老师《书戴嵩画牛》一课在结束之际"蜻蜓点水"式地提及"艺术创作来源于真实的生活经验"，如此为之也并无不可，熊老师不必过于自咎。

"课"总归是遗憾的艺术。遗憾也是一种美，值得回味，值得深思。感谢熊老师带来的文言文公开课教学，在未来的语文教学之路上，我也同样需要练就这份"勇气与魄力"！

教出"有趣"，让学生"感动"起来

——我评《纪念白求恩》的教学

套用当下的一句流行语来讲："无趣"的课堂千篇一律，"有趣"的课堂万里挑一。能把"老三篇"之一的《纪念白求恩》上出十足的"有趣"来，足见倪老师扎实深厚的教学功底及其与众不同的教学魅力，这不得不令人击节叹赏，佩服不已。

倪老师本节课的教学能立足于文本，带领学生，拾级而上，直指"育人"目标，能让学生在学习过程中感受到"攀爬感"，"有趣"自然在其中。课堂上，倪老师一开始便带领学生从文本中梳理出了纪念白求恩的第一个原因是因为他身上具有可贵的精神品质；紧接着，倪老师又把"问题"拉升到第二个层级，即作者属文纪念白求恩的第二个原因是因为在党内一些同志身上存在着不足，所以要学习白求恩的精神。如果这篇课文仅仅在这个层面横向拉开，那么它的厚度和深度还远远不够，照本宣科的痕迹依然很明显。然而，倪老师并没有在这个层级滞留太久，而是引导学生们继续关注文末的结尾部分"一个人能力有大小，但只要有这点精神，就是一个高尚的人，一个纯粹的人，一个有道德的人，一个脱离了低级趣味的人，一个有益于人民的人。"

不仅如此，她还特别用心地将其编排成一首短诗，以各种颜色标注出各种语词，引导学生关注、理解、体悟。如果说教学艺术的本质不在于传授本领，而在于激励、唤醒、鼓舞，那么，倪老师这一教学活动的实施无疑是成功的。她通过这一教学活动真正实现了语文学科"育人"的旨归，践行了部编语文教材"立德树人"的理念，真的是在"激励""唤醒"和"鼓舞"，真的是生命与生命的碰撞，真的是智慧对智慧的启迪。

其次,倪老师紧扣语文学科根本属性,引导学生仔细发掘文本特有的语言形式,这种带领学生学习的发现感是"有趣"的。尽管如其所言,在语言层面挖得还不深,但是个人觉得已经相当不错了。

从词语选用的角度,倪老师能引导学生抓住文中"拈轻怕重""满腔热忱""冷冷清清""漠不关心""麻木不仁""精益求精""见异思迁"等四字词语的运用,而且这些词语本身就是感情色彩非常鲜明的。

从句式特征的角度,倪老师引导学生发现文中双重否定句的运用,"没有一个不佩服""没有一个不为他的精神所感动""无不为之感动";短句的运用,"一个人能力有大小,但只要有这点精神,就是一个高尚的人,一个纯粹的人,一个有道德的人,一个脱离了低级趣味的人,一个有益于人民的人",这不但增强了语言的气势,也加重了语言的分量,是作者毛泽东对全党和全国人民发出的伟大号召,振聋发聩,直指人心。

从语段特征的角度,倪老师引导学生抓住了"对比"这一鲜明的手法,两相比较之下,学生对白求恩的人物形象感知更加深刻了,对党内有些同志身上的问题也熟知了。如此,更能读到文字背后作者所想要表达的意图:除了颂扬白求恩可贵的精神以外,更有一份坦诚的号召和殷切的要求在其中。

不仅如此,倪老师丰富的教学组织形式也给课堂注入了"有趣"的基因。

(1)小组合作式。佐藤学教授在《学校的挑战:创建学习共同体》一书中说道:"课桌椅面向黑板和讲台排成行列,教师以教科书为中心,使用黑板和粉笔进行讲解,教师提问学生作答——这就是我们习以为常的课堂的风景。这种课堂风景在欧美各国正在进入博物馆。如今,黑板和讲台在课堂里消失了,课桌椅改为四至五人用的大小,教科书变成配角,各种各样的资料充实起来。教师的作用正在向学习的设计者与主持者转变。""在课堂里追求活动式、合作式、反思式学习,这里的'学习'是同客观世界对话(文化性实践)、同他人对话(社会性实践)、同自己对话(反思性实践)三位一体的活动。"诚然,在倪老师执教的《纪念白求恩》一课中的确看到了这样一道独特的风景。在倪老师的组织领导下,小组合作式的组织形式促使学生学习热情高涨,学习活动充分,学习的效益得到最大化,其保障了每一个学生在语文课堂中的"学习参与""学习经历"以及"学习体验"。

（2）两人品评式。在品评文中第2—3段语言文字的部分，倪老师要求学生以两人为一组上台进行品评表演。这一活动实践既有朗读的训练和指导，又有语言的咀嚼和品评，两者相辅相成，相得益彰。在我看来，这样一种学习组织形式可以说是完全激发了学生的"最近发展区"，从学生一串串的分析表达中，明显能感受到他们的"语言——思维"得到了实质性的训练，真实的语文学习在发生。有表达，自然就会有倾听，倪老师在语文学习"听—说关系"的调控上熟稔有度。一方面关注了"表达"的指导，另一方面也注意对学生"倾听"的提醒。如此，表达实践的学生促进了理解和表达，底下倾听的学生也收获了观点，促进了理解，学会了倾听，养成了尊重。

（3）"数字信息＋教师演说"式。在上课过程中，为了弥合学生和白求恩这个人物之间的距离感，倪老师别具匠心地征引了许多课外的史料以增进学生对白求恩的了解。和一般征引文段的方式迥然不同的是，倪老师特意设计了一连串"数字信息"在多媒体课件中滚动播出，在一串串有震撼力的"数字信息"慢慢播放的同时，倪老师又加入了自己满怀深情的演说。这样一种新颖的形式形成了巨大的感染力和深厚的影响力，真的是太棒了！通过"数字信息＋教师演说"的方式，文本中的白求恩真正"活"到了学生的内心世界里。

语文课程应致力于培养学生语言文字的运用能力。这是语文课程的根本任务，也是语文课程与其他课程的根本区别。《纪念白求恩》作为纪念性文稿进入课本，在教学时就应该紧紧扣住文本独一无二的语言，以对文本的语言学习和运用为教学重点，进而达成立德树人的目的。文本的思想教育功能本质上要内含在对语言的学习领悟中，"白求恩精神"只有通过语言的"内化"才能成为学生自己的精神食粮，进而转化为自己的学养，达成立德树人的目的。

考虑到《纪念白求恩》一文时代的久远性，作者是伟大的政治人物，体裁是政论文等重重特殊性，能把如此"难啃的硬骨头"上得如此"有趣"，真的是"用心"的设计，"用心"的教学！倪老师的课堂将我深深地"按"在文本里，越看越有味道，越听越有劲儿！

兰老师说："教师的专业幸福就是在跨越一个又一个的障碍中成就的。不要绕着问题走，要迎难而上。"我想，倪老师做到了！

兰老师说:"要追求把语文课上得有趣,让学生感动起来,语文教师一定要有'点石成金'的手段。"我想,倪老师肯定是有的,而且不止一点。

兰老师说:"语文课一定要发挥立体化多功能。语文课不仅仅只是知识、方法的传导,一定是思想、情感的浸润和激发。"我想,《纪念白求恩》一课的教学应该达到了这层效果。

聚焦语言实践，提升思维品质

——我评《愚公移山》的教学

《愚公移山》可以说是一则家喻户晓的寓言故事，它刻在了每一个中华儿女的民族基因里。它是部编版语文教材八年级第一学期的一篇课文，而它在沪教版七年级时学生已经学习过。为此，在我看来，陈老师要上这篇课文也有隐含的两座"大山"需要"移除"。第一，对于学生已经学习过的文本，如何进行二次演绎？第二，《愚公移山》是经典篇目，钱梦龙、郭初阳等名师都已有代表性的演绎，陈老师能否上出自己的特点来？听完陈老师的课，发现我的这些担心根本是多余的。

不得不承认，陈老师的《愚公移山》有其自已的解读和风格演绎。我听完以后最大的感受是语文课并非都要让情感的外显占上头，有时候，知性的引导、理性的思辨同样可以带领学生在语言文字中徜徉，将情感蕴含于心，不刻意外化于形。

一、摆脱传统，一击制胜。凸显着力点，发狠劲敲击

考虑到这是学生第二次对课文进行学习，如果按照以往常规的执教思路，未免落入窠臼，毫无新意。陈老师显然意识到了这点，她没有在字、词、句梳理等方面做停留，而是直接引导学生抓住文中两个角色："愚公妻"和"智叟"进行品评。她让学生反复研读"愚公妻"和"智叟"的两句话：

以君之力，曾不能损魁父之丘，如太行、王屋何？

以残年余力，曾不能毁山之一毛，其如土石何？

着力点集中，发力效果显著。学生在一次一次的比照阅读分析中，理清了"妻"和"智叟"对待"愚公移山"不同的情感态度。前者是"献疑"，态度是中肯的；后者是"嘲笑"，态度是鄙薄的。

陈老师这样一种围绕着力点，反复敲击的教学方式让我觉得颇有特技教师董一菲老师的风采。董一菲老师在执教《周亚夫军细柳》一文时，引导学生反复阅读揣摩"亚夫"和"文帝"的对话：

> 将军亚夫持兵揖曰："介胄之士不拜，请以军礼见。"
>
> 文帝曰："嗟呼，此真将军矣！"

起初，稚嫩无知的我并未领悟到此法的奥妙之处，总觉得啰嗦繁复。可是，随着时间的推进，慢慢地，我就被这样一种"发狠劲，敲重锤"的方式所折服。在一次次品读、一次次教师追问、一次次学生表达的过程中，学生对课文中人物的感知越来越清晰，越来越深刻，从而带动起对整篇文章的理解。高手就是能够在看似简单浅显之处发力，牢牢抓住文本的关节，打通学生理解的"任督二脉"。

二、运用图画，贯穿首尾。激发兴趣点，巧借力提升

陈老师此节课的导入和收尾都运用了徐悲鸿的"愚公移山图"，真可谓匠心独运，巧哉妙哉。在导入环节，陈老师便展示出徐氏画作，让学生说说图画内容与文本内容间有什么差别。此举不仅激发了学生学习探索的兴趣点，将学生拉进了文本，牢牢地"按"在文本里，又能即时检测学生对文章内容的整体把握。更绝妙的是，教师又能以此为契机，引导学生发现图画中没有"愚公妻"和"智叟"这两个人物形象，进而导入接下来对这两个人物的品评环节。

在收尾阶段，徐氏画作再次呈诸眼前。原以为陈老师只是将其拿来作为一个"引子"（一次性用品）——想不到这幅画的作用还不止于此。陈老师适时提醒学生，这幅画作作于 1945 年。学生立马联想到当时的社会背景，继而借助文中"愚公移山"传递的精神内涵放在特定的时代环境背景下，学生的理

解愈加深刻。"愚公移山"作为一则神话寓言，它镌刻在中华民族的 DNA 里。用兰保民老师的话来说，就是用"神话的方式"传递一种"精神的力量"。同样一幅画作，在导入之时能极大发挥其导入功能，在收束之时又能极大彰显其内涵凸显价值。首尾遥相呼应，整堂课由徐悲鸿"愚公移山"图贯穿始末，又能实现"图文比照阅读"，课堂的审美文化含量得到极大充实。可以说，徐氏之画"盘活"了整堂课！

三、立足语言，关注形式。落实教学点，促思维发展

陈老师这堂课的另一亮点在于其对"语言形式"抓得非常牢。在不同的语言形式之间撬动起学生的思维，提升学生的思维品质。当然，从另外一方面也可看出教师对文本的解读是花了苦工的，颇费心思，颇显功力。

比如分析"愚公妻"和"智叟"的两句话时：

以君之力，曾不能损魁父之丘，如太行、王屋何？

以残年余力，曾不能毁山之一毛，其如土石何？

陈老师耐心地引导学生关注"君"和"残年余力"两者之间的区别；"魁父之丘"和"山之一毛"两者之间的区别；"其"字凸显的反问语气。再如：语序调换和替换字的比对分析："甚矣，汝之不惠"与"汝之不惠，甚矣"；"甚矣，汝之不惠"与"甚也，汝之不惠"。又如反问句和陈述句之间的比对分析："何苦而不平？"与"不苦不平"。在词句的替换、调序、更改等不同语言形式的分析品读中，学生在进行着有效的语言实践，语言的建构就是在这样一种有效的学习经历中形成。语言建构的另一面其实也是思维在进行训练。整堂课，思维容量是很丰厚的，应该说，是真正实现了聚焦学生的语言实践，提升学生的思维品质。

张志公先生对语文学习有过这样一段非常经典的论述：

带领学生从文章里走一个来回，即通过弄清语文形式来理解文章内容，再在理解文章内容的基础上进一步弄清为什么用这种语文

形式表达这个内容,即语文形式——文章内容——语文形式。

王尚文教授也提出要紧紧抓住"语文"的缰绳,"语文教学就是要从一个个标点、一个个词语、一个个句子开始构建或更新学生的言语世界,与此同时构建或更新学生的人文世界……语文之外的其他课程诚然不能越过形式而把握内容,但它们往往把形式当作掌握内容的跳板,可以得鱼而忘筌,即便关注它的形式,目的也仅仅在于更好地理解它的内容;语文就不同了,虽然在品味形式的同时也在理解内容,但它的目的主要不在把握内容,而是学习特定的形式如何表达特定的内容。"

在随后的教学反思中,陈老师也明确指出在设计《愚公移山》这堂课时,目的就是为了要实现从文本"语言形式"抵达"情思意蕴"这条"光荣的荆棘路"的勘探。尽管在实际教学过程中可能面临着不同程度的崎岖坎坷,但是在我看来,陈老师走得很"实",走得很"稳",让我受益非凡,委实感佩!

松花酿酒，春水煎茶

——我评《月光曲》和《皇帝的新装》两课的教学

一、文本意识和目标意识的着力凸显

王老师紧紧扣住《月光曲》作为"传说故事"的文本体式来展开教学，张老师的课也同样注重《皇帝的新装》作为"童话"的文本体式来展开教学。两位老师对文本体式的准确把握是整堂课走向核心教学的坚实的基础。要知道，目前的语文教学，教师对文本意识的淡忘是一大顽疾。小说、散文、戏剧、诗歌、实用文，不同的文本体式决定了不同的教学内容和教学目标的确立。邓彤老师曾以《蝉》为例，分享过一则教学设计案例。在这个案例里，一位老师设计了"体会文中精彩语句：表演一种奇怪的体操——拟人；词语的生动传神：腾、翻转、竭力展开"、"有感情地朗读课文，感受生命的蜕变"等教学内容。显然，这位老师对《蝉》的文本体式抓得不够准确——《蝉》是一篇科普性质的说明文，属于实用文范畴，而教学内容并没有体现出"说明文（实用文体）"的教学。再者，谭轶斌老师也提及过此类问题。沪教版六年级有个动物单元，其中有篇课文是《松鼠》，还有篇课文是《云雀》。没有阅读过这两个文本的教师也许会以题目臆断，以为是介绍两种动物的，指向说明文范畴。最致命的是，读过这两个文本的教师还是把这两个文本上成了同一个模式。这就有问题了——问题还是出在文本意识薄弱。为此，我想到了肖培东老师说过，拿到一篇课文，第一步就应好好想想这篇课文究竟是什么类型的文章，即理解它的文本特征、文体特征。

不仅如此，目标意识也是需要凸显的另外一个方面。两位老师面对课文，都能关注到一篇课文在整个单元里所应承担的教学价值（任务）。正如肖培东老师说的，编者为什么要把这篇文章放在这个单元，即了解编者的意图和单元目标。王老师更是在《月光曲》的教学设计撰写中将这一意识展现了出来：由上位的"单元教学目标"的叙写，再下移到"单篇教学目标"的叙写，这是值得我们学习的，非常细致，逻辑感很强。

二、"教"的逻辑和"学"的逻辑有效统一

纵观两堂课的教学，两位老师的教学逻辑是很严谨的，教师"教"的逻辑也正是学生"学"的逻辑。回顾王老师《月光曲》一课的教学：上课伊始，由"月光"导入课题"月光曲"，继而引导学生明确"月光曲是什么"。这是第一个学习台阶，信息的提取、梳理及整合，还是属于比较低阶的。接着，围绕"月光曲"的音乐属性，王老师带领学生通过语言的品味、画面的想象、朗读的指导来感受音乐（艺术）之美。这一阶段的学习相较于之前，必然是呈阶梯状提升的。最精彩的莫过于王老师设计的"感悟人情之美"的这一环节。这是第三个学习台阶，试图从"音乐美"拉升到"人情美"。三个问题的追问设计逻辑感真的是太棒了！第一问：贝多芬为什么会"走近"茅屋？第二问：为什么贝多芬"走进"茅屋，弹一首曲子给姑娘听？第三问：为什么贝多芬会再弹一首曲子给盲姑娘？学生的高阶思维训练效果就是在这样的问题链中生成。

再来看看张老师《皇帝的新装》的教学，也同样呈现出"教"的逻辑和"学"的逻辑统一的特点。一开始，由"《皇帝的新装》讲的是什么故事？"这一问题来探知学生学习的起点。由对童话初步的了解过渡到从三个方面（故事情节、语言形式、人物形象）来感受这则童话想象和夸张的特点，继而再把重点聚焦到品读人物上，以此来推断作者的感情倾向，明确课文的主旨。若要指出不足之处，其一，就如兰老师所言，故事情节、语言形式、人物形象这三个方面是不能单独分析的，"割裂感"太强了，有些内容还有重合之嫌；其二，童话的特点一上来没必要阐释。"概念"的产生往往会形成根据"概念"而进行"演绎"的教学方式。当然，张老师比较好的处理方式就是没有在"童话"的概念上"滞留"太久。总的来说，整堂课学生的学习路径还是能建构起来的。教学

的"线条感"还是非常清晰的,"教"的逻辑和学生"学"的逻辑达到了统一。

三、教师特质和教学风格的完美彰显

这也是第一次非常有幸地听王老师和张老师的授课。除去内容学理层面的分析,王老师的课堂给我最大的感受便是她语言的干净凝练,带有诗意化的美感。从"举头望明月,低头思故乡"诗意的语言导入,再到文本分析的过程中循循善诱、因势利导的语言启发,都是那样的纯净美好。没有啰嗦重复,没有拖沓停滞,精准的用词、适切的语速、有意识的停顿,整个语言的表达中那种亲切感、温馨感仿佛一下子就能浸润学生的心扉,这跟其本人的魅力特质是分不开的。听她的课就像品冬日里的茗茶,涩中带甜,越品越有味。

张老师的课堂又呈现出另一种独有的风格特质。如果说王老师是"一盏清茶"的话,那么张老师给我的感觉就是"一樽清酒",越喝越有劲。她对文本的解读很见功底,选词抓句的能力很强,特别是她引导学生关注作者安徒生对不同人物选用的评价语这个环节。我觉得这个发现太赞了,通过对不同人物评价语的捕捉,就能发现作者的匠心和情感倾向。正当我回味之余,张老师又带领着学生关注"数量词",通过数量词的比对来挖掘文本背后的内涵。这一发现再一次"惊艳"到了我,为她的发现智慧和解读功力点赞!不仅如此,张老师在适时提点学生的过程中,那种抑扬顿挫的语调,"哎呀,真是美极了!"真实的演绎一下子盘活了课堂的氛围,让我真真正正体会到带着学生在语言文字中遨游是多么快乐的一件事啊!至乐莫如读书,至乐莫如带领学生读书!

两堂课,两种风格;两位老师,两种特质。王老师的"茶""品"了,张老师的"酒"也"饮"了,那份惬意与情趣真是妙不可言,不妨借用元代张可久《人月圆·山中书事》曲中的话抒怀作结:

> 数间茅舍,藏书万卷,投老村家。山中何事?松花酿酒,春水煎茶。

抓住文体特质，注重学习过程

——我评《寒食》的教学

受新冠病毒疫情影响，未能开展实地公开教学，却非常有幸观赏了刘老师《寒食》一课的网上教学。现就我个人观课后的感受，谈谈我的一点"拙见"。

请原谅我的"古板"，暂且不想太多地从技术层面去分析、评价这堂课，比如 PPT 的制作、音效的和谐等等，尽管刘老师在这方面的确做得非常好。但是，我还是想从语文教学的层面来谈谈我的理解和思考。

我认为，这节课刘老师在三个方面做得非常出色。

第一，抓住文体的特质。《寒食》是一首古诗，是一首七言绝句。对于古代诗歌的学习，音韵节奏是绕不开去的。刘老师在教学过程中牢牢抓住了这点，能有效地引导学生充分地关注"押韵"，在深情的朗读中充分地感受"节奏"。在品词析句的环节，刘老师运用"替换法"引导学生对"春城无处不飞花"中的"飞"字和"日暮汉宫传蜡烛"中的"传"字进行比较，注重语言的品味，"沿波讨源"，效果非常不错。

第二，注重学习的过程。网课最大的弊端就在于互动的局限性，以讲授为主的授课形式会不会对学习过程的指导产生冲击，这个问题需要思考。通过观赏刘老师《寒食》一课的教学，个人认为其整堂课对学习过程的指导还是非常有效的，不是单一的教学逻辑，有学法的贯彻和落实。如上课伊始，考虑到学生前备知识不够，进入文本之前，刘老师先带领学生了解了"寒食"的文化习俗，进而再转入诗歌的学习。又如课堂尾声阶段，刘老师以思维导图的形式再次向学生呈现整堂课的学习经历。第一步做了什么，第二步做了什么，接着又做了什么，最终得到了什么结论。整个教的过程也是学生学的过程,这点是难能可贵的。语文课最大的弊端就是给了太多僵硬的"东西",却忽视了"这些东西"是怎么来的。反观刘老师这堂课,是在真实地"教"和"导",不是"给"和"喂"。

第三,多元开放的理解。在对《寒食》这首诗情感主旨的把握上,刘老师一开始并没有武断地给出某种倾向于她个人见解的结论,而是顺着诗歌内容,引导学生感悟提炼,形成"颂圣说"和"讽刺说"两种情感旨归。这就是语文学习的魅力所在,它不在于"彼岸",不在于"终点",而是在整个过程中的浸润、感受和审美。更何况,学生面对的还是诗歌作品——最唯美的一种文学形式。塞缪尔·早川在《语言学的邀请》里说:"诗歌将语言里所有情感性成分压缩成种种节奏精巧非凡、变化无穷的格式,它是一种效率最高的表情语言。"柯勒律治说诗歌是"最好的字按照最好的次序排列而成"。诗歌是用来体验的,不是用来下结论的,诚如刘老师的讲授——诗无达诂。在对待这首诗情感主题的问题上,刘老师多元开放的处理方式,我深表赞同。

那么,本节课的"遗憾"在哪里呢?恕我直言,依我之见,也有三个方面。

第一,遗憾在于"粗略的作业布置"。作业一是"请朗诵这首诗"。个人认为问题有二:首先,"朗诵"的层级还不够,应该上升到"背诵"的层级;其次,仅仅只有"背诵"还不够,这是隐性层面的,要用外化的方式——"默写"作为检测手段。当然,这只是我的一孔之见。作业二是"阅读杜牧《清明》,发挥想象,假如清明时节,杜牧来到韩翃的墓前,他会说什么?"看似情境创设感很强,又能发挥学生的主观能动性。但若仔细考究,个人认为这项作业的目标性不是很强,用安德森《学习、教学和评估的分类学》中相关理论比照,可以发现这一评价任务与此节课目标和教学联系不是特别紧密。当然,这也只是我的一孔之见。

第二,遗憾在于"韩翃的知识卡片"。"知人论世"的确是一种比较典型的诗歌理解手段,但不是碰到诗歌阅读教学就一定要"介绍诗人"的。姑且看看,刘老师是如何介绍的?

个人觉得相较于诗歌的理解,"诗人的介绍"好像并不能起到有效促进理解的作用。相反,徒然增添了学生学习任务、冗余信息的积压。"李端""钱起""吉中孚"何许人也?

郑朝晖老师在《满眼繁花——一个语文教师的成长手记》中有这样一段论述：

> 我们一般所用的"知人论世"的方法，就是先了解诗人生平经历和情感态度，然后用演绎法按照他的生平经历和情感态度去解释诗词中所包含的情感。比如：凡是杜甫必定是忧国忧民，凡是陆游一定是报国无门，凡是孟浩然一定是怀才不遇之类。但是，我认为这样进行教学实际上是不合理的。
>
> 那么能不能介绍作者的创作背景呢？当然是可以的，但是绝不要先入为主。我觉得在两种情形下介绍作者的创作背景是可行的：一种是当阅读遇到障碍，非要借助于背景的引入才能够深入理解的时候；一种是自己阅读出了内在的情感，然后再以作者的创作背景来做印证。这才是有意义的。

郑老师的观点我是认同的。所以，对于"韩翃的知识卡片"，我个人觉得不是特别有必要。当然，这还是我的一孔之见。

第三，"过密的语言表述"。对于这一点，王学岚老师也有相近的看法，称之为"语速的问题"。我姑且称之为是"过密的语言表述"，受制于网课的形式，缺少师生、生生之间的互动，只能靠教师的"讲"来支撑，时间又很紧张，造成这种情况也是在所难免。但是问题归问题，我觉得"过密的语言表述"会造成学生来不及反应——思考的弊端。学生的学习时间被压缩了，不能充分地体验思考，形成自己的认知。这一点对学生的学习是极为不利的，建议刘老师可以精简语言的表达，尽管你的语言表述很整饬干净，语音语调特别唯美（姑且点赞一下），但是为了促进有效学习的发生，还是尽可能地要精简语言，多用短句，句与句之间稍微留几秒钟的停顿时间（给学生以足够思考回味的时间）。当然，这还只是我的一孔之见罢了。

关注"生活经验"和"语文经验"

——我评《那个星期天》的教学

受兰保民老师所谓学生"学习经验""语文经验"的启发（有的时候，真的只需要那么几个关键词，就可以"刺激"我的"脑细胞"）。倏忽间，我脑海里即刻就想到了此前王荣生教授对此也有过相关的论述。为此，我想姑且就从学生"学习经验""语文经验"这个角度来谈谈我的一些听课思考和感受。

兰老师说："我们在教学过程中要考虑到学生的生活经验和语文经验，也就是说，教学如何能真正地建立于学生的生活经验和其已有的语文经验的基础上。"

课文《那个星期天》讲述的故事还是比较简单的：写了一个小男孩在某个星期天等候母亲带他出去玩的经历。一开始他既兴奋又满怀期待，后来因为母亲一拖再拖而焦急万分，到最后因母亲没有兑现承诺而失望、委屈乃至"绝望"。对此，学生应该有感同身受的经历（体验），即所谓"生活经验"。另一方面，学生能从史铁生的文章里读到一个孩子的"满怀期待"到最终的"落寞绝望"，即所谓"语文经验"。但是，这只是部分的，学生的"生活经验"和"语文经验"相较而言还是比较局限的。尤其对预备年级孩子来说，已有的"生活经验"和"语文经验"和"课文"之间还是有"很大的距离"的，比如"为什么要约星期天，星期六不行吗？"（缺少生活经验）；"作者是怎么展现'我'的心理情感变化，用怎样的语言形式为内容意蕴做支撑？"（缺少语文经验）因此，我想语文教学应该就是弥合这段"落差""距离"，最大达限度地给予学生"生活经验"和"语文经验"的扩充与提升。

王荣生教授在《阅读教学教什么》中指出：阅读教学的路径就是建立学生与这一篇课文的链接点或链接通道。阅读教学是基于学生的"学"。从学生阅读能力现状和发展看，在班级授课制教学情境中，阅读教学的基本路径有三条。

1. 唤起、补充学生的生活经验

龚老师上课伊始便让学生们"分享一下自己盼望某件事的经历"。目的就在于"唤起"学生的生活经验。秦艳老师则借用学生已学的课文来达到这一目的。铁凝的《盼》中描写了女孩"蕾蕾"急切地盼望穿上新雨衣的心理变化过程，以及她如愿以偿穿上新雨衣时，那种喜悦、欢快的心情仿佛还记忆犹新……

除了"唤起"经验，殷老师提议说是否可以补充一下"双休日"的来历——在文章中的那个时代还没有"双休日"（1994 年以前，我国法定的劳动者每天工作时间八小时，每个星期要工作六天，只有一天休息。上班族只能把所有的家务活都放在周日干，那时流行这样一个说法："战斗的星期天，疲劳的星期一"）。对此，我深表赞同。王荣生教授说："语文教师要把看起来是生活经验的问题转换为阅读方法的问题。"如果不能将生活经验的问题转化为阅读方法上的问题，一味在阅读课上补充学生的生活经验，语文课就会成为生活常识课。在我看来，补充是需要的，但王教授提醒我们不能走极端也是对的。"补充经验"是手段（方式），不是目的。如何将其融入语文教学实际，这又是一个有待思考的问题。

2. 指导学生学习新的阅读方法

让学生学会在哪里点，在哪里划，在哪里评，在哪里注。从点划评注的地方，看出作者的情感来。这其实就是教师指导学生"学"的过程，学生建构"语文经验"的过程。

龚老师让学生在"折线图"中画出"我"心情经历的变化。这一形式新颖、有创意感的活动背后其实已然暗含了学生学习过程与方法的指导，化有形于无形，不禁为之击节叫好！秦艳老师则采用"问题链——任务驱动"的方式落实学法的指导，同样精彩！具体如下：

本节课需要解决这样两个主要问题：文中的"我"经历了怎样的一场"盼望"？作者是通过哪些方式表达情感的？

任务一：浏览课文思考 1. 课文中那个星期天发生了什么事？ 2. 为什么"我"对这一天记忆如此深刻？

任务二：1. 关注"我"的心情变化过程。 2. 作者通过哪些方式描述"我"的心理？

3. 组织学生交流和分享语文经验

龚老师提问："在那个星期天，母亲答应了带'我'去玩，却没有兑现她的承诺，那么她还是不是一位好母亲呢？"

秦老师提问：在那个星期天，母亲答应了带"我"去玩，却没有兑现她的承诺，那么她还是不是一位好母亲呢？请找出文中的关键语句作为你观点的依据。

（两种态度，言之有理，有理有据）

个人认为，两位老师都是在落实第三条路径。初衷都非常好，但是问题设计、提问方式这方面还有待商榷（如何进行问题设计又是一个值得研究的课题）。两位老师的问题都是"二元价值"思维引导下的封闭式问题，正如王老师所言："我们不应该去谈论一位母亲是不是好母亲一类的问题。"这点我是赞同的。塞缪尔·早川先生在《语言学的邀请》中说道：二元价值观点只能产生争斗精神，而无法提升我们准确评价世界的能力。我们可以把二元价值观点比喻成一把桨。在原始航行方法中，它能同时用来启动和转向。在当今的文明生活中，二元价值观点可能仍是一种启动工具，因为它有传达感情的力量，能够引起人们的兴趣；然而，把我们载到目的地的转向工具却是多元价值观点或无穷多元价值观点。

为此，我们的语文课应该更多地要去追求一种"多元价值"思维引导下的开放式提问，比如"如何看待这位母亲"？当然，这个问题还比较粗糙，信口一说，没有设计感，还可以适当地加入一些情境化的创设。

当然,以上所述仅仅是我"一时""一孔"之见,很多问题都还有待继续往下思考。我想,观课的其中一种价值就在于能启发每一个观课者对于教学的种种思考和感悟。这种感觉"初极狭",逼仄至极,苦不堪言,但是"柳暗花明""豁然开朗"的那一刻,那种幸福感、喜悦感真的是很美妙,妙不可言!

也来说说"教学内容"的选择与组合

——我评《十六年前的回忆》的教学

受兰保民老师评课过程中关于"整合教学内容"这方面阐述的启发,我重新回顾了"空中课堂"以及"基地课堂"对于《十六年前的回忆》这篇课文的教学。借此机会,就"教学内容"的"选择与组合"也来谈谈我的一些琐碎的、甚至是不成熟的思考与理解。

诚如兰老师所言,课文一段一段"平推式"的教学显然是没有问题的,况且从"教的逻辑""文本逻辑"来看,整个教学环节倒还显得尤为清晰。但是,作为教学过程来讲,可能正是因为平推而显得波澜不惊,平铺直叙,貌似忽略了学生"学的逻辑"。回顾《十六年前的回忆》这篇课文的教学,基本的教学过程:先分析第一部分"被捕前",再分析第二部分"被捕时",接着再分析第三部分"被庭审",最后分析"被害后"。学生刚开始还有点学习的兴趣,但是越往后,兴趣就越低,积极性也被损耗得差不多了。课越是往后推,学生越是没耐心听,效率就很低。尤其对于"线上教学"这种特殊的"单向度"教学,以呈示教学为主要表现形态的教学而言,学生的学习效率就显得更加低下(就我自己的观课心理而言,到第三、第四部分的时候,兴致已经不是很足了)。

针对这样的问题,兰老师提出"整合教学内容"的见解,我是极为赞同的。在我看来,没必要把文本一段一段往后推,一来导致学习兴趣的严重损耗,二来致使文章的割裂感太强。与其如此,不如把整篇文章作为一个整体来看待,提高"统整意识",维护文本的"整体感",有机选择合适的"教学内容"(王荣生教授称之为"教学点")进行"整合",或者是"重组",从而形成学生"学的逻辑"。一定要在激发学生"学"的兴趣点、提高学生的思维含量等方面找到最佳的"教学内容"。换言之,别在讲析第一部分的时候,就被学生预知到后面要讲的内容。"剧情"如此发展,"观众"自然提不起多少兴致来。

另外一方面,在"教学内容"的选择上,单元导语明确提出:"学习本单元,要把握文章的写作顺序,抓住人物的神态、言行描写,体会人物的精神品质,理解作者对人物的认识和评价。"这是语文作为语言学科"工具性"层面的"教学内容"——文本的教学价值。"空中课堂"和"基地课堂"就《十六年前的回忆》的两堂课在这方面抓得做得都很扎实,扣得很牢。但是,语文作为母语学科,"人文性"层面的教学内容——文本的教育价值,在"立德树人"方面,尤其是本单元还有《为人民服务》《金色的鱼钩》这些课文组合在一起,两类"课堂"就《十六年前的回忆》这篇课文的"育人价值"的发掘还显得不够。

这也让我不禁想到王荣生教授曾经说过,语文教师都是"非正常"的读者,"非正常"的读者在读一篇文章时才会关注某个地方的语言描写、动作描写有什么作用,某个地方的修辞手法有什么效果。作为"普通的""正常的"读者而言,技巧、形式上的东西是不会这样特别关注的,读者的终极目的是阅读认知和体验。那么,是不是就意味着技巧、形式就不重要了呢?肯定不是。只有将技巧、形式的认识内化成读者阅读过程中的一种"无意识",读者对文本的理解、感受与体验才能更加深刻。

语文教师要做的就是要完成一个"解构——重构"阅读认知的过程。分析那些技巧、形式,属于"解构"的范畴,但绝不是停留在这个层面就结束了,"解构"的目的是为了"重构"。说到底,"形式"毕竟是为"内容"服务的,分析再多的"人物描写""修辞方法""用字用词特点"到头来还是要回归到"文本"本身去思考。《十六年前的回忆》这篇课文里的确要学"时间顺序""人物描写""对比烘托"这样的"语文知识",但是也决不能忽略承载这些"语言知识"背后的是一个令人感怀的、深刻的、具有教育意义的伟大的作品。借用兰老师的话来说,这是一个"应该在学生的心中播下一颗种子的作品"。说得太动人了!这才是语文课的魅力所在!它指向的是学生的心灵,以求滋养与灌溉;指向学生的情感,以求触动与熏陶;指向学生的思想,以求影响与启迪;指向学生的精神世界,以求宽广与明亮。

以上是我对"教学内容"的"选择与组合"方面的一些思考感发。简言之:

第一,平推式的课堂教学虽然比较顺手,但缺乏"教学内容"的有效整合,往往会流于平淡低效,建议构筑"整体意识",有效整合(重组)教学内容。第二,教学内容的选择要考虑"文本的教学价值"和"文本的教育价值",二者切不可偏颇,左支右绌,还是应追求二者平衡为宜。

总有光亮指引我前行（一）

——我评两堂文言文实践研讨课的教学

一、《庄子与惠子游于濠梁之上》：以理服人，以法授人

张老师《庄子与惠子游于濠梁之上》一课的教学有两点引发了我的思考。第一，是故事的运用；第二，是问题链的设计。

本节课由"故事"（《匠石运斤》）始，由"故事"（《惠子相梁》）终，再加上课文本身也是一个"故事"。这样的话，整堂课就形成了由"三个故事"串联起来的格局，形式上非常新颖别致。从教学层面上来看，"三个故事"不是随意凑合而成，内容上是有关联的，能起到相互补充、相互渗透、帮助学生理解的作用，教学内容的厚度与深度都得到了充实，文化的含量也得到了提升。这些都是值得肯定的地方，也是我要学习的地方。

话说到这里，读者朋友肯定要等我的"但是"出来。作为一种理性的思考，我不得不去想一想这样的一种"操作"会存在什么弊端？有没有我们要特别注意的地方？依我来看，第一，要注意所选"故事"和课文内容之间的关联性；第二，运用"故事"的意图是否明晰？决不能只是装装样子，摆摆门面。第三，选用的"故事"应该扮演配角的角色，决不能"喧宾夺主"。对于这三点，张珏老师都做得非常好，故事选用有关联性，意图导入和拓展的目的也很明确，将其作为媒介（配角）来帮助学生理解《庄子与惠子游于濠梁之上》一文，这根主线抓得很牢，没有买椟还珠之嫌。实在要鸡蛋里挑骨头的话，我想"故事"本身会不会对学生学习造成额外理解上的障碍或者是负担，造成冗余信息的

203

堆积？毕竟这两个故事也是文言语段,学生本有的认知水平和接受程度或许难以全然理解,对这一点我是存有疑虑的。当然,这也许也只是我杞人忧天罢了。

关于问题链的设计,张老师在文本讲解的过程中设计了下面这样一组问题链:①针对这个话题他们展开了论辩,我们来看看他们论辩的关键依据是什么? ②在这样针锋相对的一场论辩中,你能想象一下双方说话时的动作或样貌吗? ③在庄子和惠子之间的这场对话中,谁是最后的胜者? 你认为没有胜出的那一方有没有被说服? ④为什么庄子在似乎词穷之际哪怕故意曲解惠子的意思,也要坚持认为他知道"鱼之乐"?

我觉得这是非常好的一个设计,学生对文本的理解会非常明晰,一步一步往深里思考,思维的训练能落到实处,逻辑感特别强。在这样一组问题链的背后,隐含着一种思考问题的路径,学生遵循着这组问题链操作,不仅能对文本有更深入的理解,而且还能形成一种阅读文章的方法、一种思考的路径。

二、《爱莲说》:以情动人,以文化人

范老师《爱莲说》一课教学也有两点引发我的思考。第一,是"品莲""析爱""悟说"三个环节的设计;第二,是课堂尾声探究"君子之德"的主题阐述。

先来说说"品莲""析爱""悟说"三个环节的设计。从题目"爱莲说"出发,范老师可谓是匠心独运,开辟了这样三个教学的环节("板块"),非常自然,颇有余映潮老师"板块式教学"的风格。

所谓"板块式教学思路",就是在一节课或一篇课文的教学中,从不同的角度有序地安排几次呈块状分布的教学内容或教学活动,即教学的内容、教学的过程都是呈板块状分布排列。它与一般的阅读教学思路的区别在于:一般的阅读教学思路是"线性"的,基本上是开讲,一段一段分析,然后小结课文特点。而"板块式"思路是呈块状的。这种块状设计,主要着眼于学生的活动,着眼于能力的训练,以"板块"整合学习内容,形成教学流程,建构课堂教学。

"板块式教学"追求以鲜明的逻辑步骤形成清晰的教学层次,即由浅入深、由易到难、由知识到能力,显现出鲜明的分层推进的特点。范老师这三个

教学环节的设计也的确达到了这样一种追求，效果非常好。

再来说说课堂尾声探究"君子之德"的主题阐述。作为一个观课者，范老师引导学生"联系作者生平故事，探究'君子之德'以及文末所蕴含的作者的志向"。范老师不紧不慢，娓娓道来，由课文《爱莲说》讲到周敦颐的为人处世之道，进而讲到中国传统文化，讲到"君子"之品性，最终在每个学生心里播下一颗"君子"的种子。用兰保民老师的话来说："我们要思考用这样的文章让孩子掌握到什么程度？是不是能真正发挥文本对孩子成长过程中一种散播种子，尤其是精神成长的种子的价值，让他真正积淀一些深层的文化底蕴的价值。"

我想范老师做到了，至少我作为一个聆听者听了范老师的阐发之后，在心里是有共鸣的，有触动的。与其说学生学的是《爱莲说》这篇课文，不如说学生所收获的是一种"君子"的为人处世之道，感受品味到的是中华传统文化的韵味。范老师极力勘探发挥了《爱莲说》这篇课文的"育人价值"，这是值得我学习的。

总的来看，张老师的文言文教学注重阅读方法的指导，范老师则是更注重精神意蕴的阐发。前者以理服人，透射出理性思辨的光彩；后者以情动人，折射出华夏文化的瑰丽。教无定势，教无定法，两者风格迥异，但都散发着十足的"光亮"，指引我在语文教学之路上继续前行。犹记得兰老师告诫我们："高高山顶立，深深海底行"，"三人行，必有我师焉"，彼此借光前行，才会走得更远！

总有光亮指引我前行(二)

——我评三堂实践研讨课的教学

一、《青山不老》:层层深入,情感共振

《青山不老》的作者是梁衡,徐老师说自己是"梁粉",其实我也是。梁衡先生《跨越百年的美丽》《壶口瀑布》《晋祠》《把栏杆拍遍》等文章都被选入中学语文教科书里,甚为经典。得闻宋老师要上此课,心里还是很期待的。观摩宋老师这堂课的教学实践,有以下三点值得我学习。

1. 问题链设计

第一次听宋老师的课是去年他上的《竹节人》一课,那时候便对他的教学风格印象特别深刻,尤其是他所倡导的师生对话中的问题链设计。果不其然,在《青山不老》这一课的教学中,宋老师依然采用其一以贯之的"问题链设计"。

（1）再读课文,思考课文写了什么?

（2）老人创造了怎样的奇迹?

（3）这样一个了不起的奇迹是在什么情况下创造的呢?

（4）面临享乐与吃苦,老人选择了什么? 为什么这样选择? 从中可以看出什么?

（5）老人用他的坚毅抵住了环境的恶劣,而他生活的小环境又有着怎样辛酸的故事?

（6）作者为什么说"青山是不会老的"？

问题链的设计逻辑清晰，引导学生不断深入思考，6个问题的设计其实就是还原了整个读懂这篇文章的过程、整个思维的过程。能秉持这样一种理念或风格，并且不断挖掘、研究、创设、再塑，形成属于自己的教学风格，委实让我感佩。

2. 结构图总结

文末的结构图呈现得非常清晰，能让学生在学完整篇文章的基础上，对整篇文章又能有一个全貌（整体）的感知和深入的把握。兰保民老师课后点评说，只是时间稍微短了点，再一次道出了我的心声。

3. 情感引发共鸣

与《竹节人》一课不同的是，宋老师这节课的"情感投入"相较于之前更多，这种"以情动人"式的教学让观课的我触动不已，相信学生也能为此产生共鸣。这也启发了我认识到：教师上每一篇课文都应该是先感动自己，再感动学生。如果教师连自己都感动不起来，何谈去感动学生？如果感动不了学生，何谈什么"立德树人"，发挥文本的教育价值呢？

语文书上的一篇篇课文绝不是一个个印刷汉字堆积起来的机械产品，它也是有生命的，有灵魂的，有情感的。语文教师应该要读出这些文字背后的生命、灵魂和情感来，用兰老师转述于漪老师的话来说，就是课文里的每一个字都能站起来与你对话，能达到此境界，才不负语文教师教书育人的使命吧！宋老师对《青山不老》这篇课文的深情演绎，我想在这一方面他是成功的。

二、《陋室铭》：创意设计，生本意识

张老师执教的刘禹锡的《陋室铭》一文，是中学语文教材中非常经典的一篇文言文。此前听张老师《皇帝的新装》一课已深感张老师厚实的专业素养，她对文本总能形成一种自己的解读和领悟。课堂上，她总能游刃有余地引导学生不断走向文本深处。听了张老师执教的《陋室铭》一课，才发现她能给予我的远比我从她身上感受到的要多得多。

1. 学生本位

基于学生学习的课堂教学,教师一定要实现从"教的逻辑"转向"学的逻辑",从"教师本位""学科本位"转向"学生本位"。张老师《陋室铭》一课的教学对"学的逻辑"贯穿始终,凸显"学生本位"意识。如"初步感知"环节,从"散读"(读准字音、读出节奏、注意押韵)到"范读",再到"齐读",这些设计都非常符合学生"学的逻辑"。包括后面课文研读环节问题的设计、活动的设计、作业的设计都是基于学生学习的设计。张老师真正启发了我:只有真正抓住学生的"最近发展区",发现学生的疑难处,才能在这一锁钥之处发狠劲,帮助学生扭转乾坤。

2. 逻辑清晰

第一层逻辑:从"陋室"出发,张老师带领学生辨析"陋"与"不陋"。"陋"在何处?"陋"在"苔痕""草色""素琴";为什么又说"不陋"呢?进而再引出核心句:"斯是陋室,惟吾德馨。"第二层逻辑:理解"德馨"的内涵。张老师此处的解读又是如此精辟有理。三个层次的概括我是熟知的。但张老师能以"室之景——幽雅""室中人——儒雅""室中事——高雅"概括,让我感到尤为精妙。这些"雅"词的运用一点都不牵强附会,与其所对应的语句完美契合,让我赞赏不已。

3. 创意感强

这是本堂课尾声部分的亮点。张老师的计算机应用技术也堪称一流,她能将课文知识融入到小游戏中,作为评价的载体,真正实现了"寓教于乐"。这样的设计太有创意了,她把我一直以来想做却没有(没能)做的(开发一款游戏,里面有必备的语文知识)做到了。真的是太棒了!

三、《石壕吏》:关注"教",更关注"学"

周老师之前上过一堂《诗经》的研讨课,这回又给我们带来了《石壕吏》一课。深信周老师对文言诗歌持有一种喜爱在心头,也给我们带来了不少经验,也可以说是惊艳。

1. 教学思路清晰

整个教学过程如周老师自己所言,通过"朗读整体感知——还原人物对话——分角色朗读"一层一层由浅入深体味诗歌的内容、人物到作者的思想感情,通过多次多元的对话达到对文本的深透理解。整条教学线还是非常清晰的,特别是"还原人物对话"这个环节,花重力敲击,效果不错,学生对"藏问于答"手法的理解应该是能达到预期效果的。

2. 指导全面到位

周老师这节课对学生的指导很到位、很全面。比如朗读的指导——字音的校准。诗歌朗读,首要任务就是正其音。这是朗读的前提条件,教师有必要引导学生"正其音读"。书写的指导——字形的剖析,关于"戍"字的写法和释义,周老师给学生展示了"戍"字字形的整个演变过程。这让我想到了兰保民老师之前给我们讲的:教师在讲解一些知识的时候,比如字的读音、字形、字义,是不是可以体现"随文学习,适度有用"的理念。我想周老师已然践行了兰老师的这一想法。阅读的指导——背景知识和兵役制度的补充。在《石壕吏》这首诗歌里,学生应该要了解这些前备知识,否则对诗歌的理解总有些"搞不明白"的地方。周老师对诗歌背景知识的介绍和对兵役制度的补充,对学生理解《石壕吏》非常有帮助。

3. 吟诵效果精彩

关于吟诵,老师们评点时已经有所涉及,我也认为非常精彩。通过吟诵,能刺激学生的听觉神经,学生的整个心理情绪就会被点燃、被触动、被激发,对诗歌就会生出一种特有的情愫——或喜爱,或倾心,或感动,或回味。这就是语文课的价值所在吧!熏陶、感染、陶冶远比讲授、问答、默写要好得多。语文教学,尤其是诗歌教学,需要这样的吟诵。遗憾的是,我在这方面还远远不够,在未来的教学之路上,这项技能还需要修炼。

每一堂研讨课都散发着十足的"光亮",指引我在语文教学之路上继续前行。"三人行,必有我师焉",彼此借光前行,才会走得更远!此时此刻,我的这种感受越来越深刻,越来越强烈。请允许我再一次感谢三位老师带来的三堂研讨课,你们带给了我很多思考:有些让我反思自省,有些让我洞见不足,有些使我明确方向,有些给我指引帮助,而所有这些,都将成就一个更好的"我"。

我喜欢这样的语文课

——我评《只有一个地球》的教学

王老师《只有一个地球》的教学让我尤为触动。我想说我喜欢这样的语文课。

（1）我喜欢这样的语文课，因为它最接近语文的本真。

王老师在自述教学设想时援引特级教师王崧舟老师的一段论述："语文的本体是什么？显然不是语言文字所承载的内容，即'写的什么'，而是用什么样的语言形式来承载这些内容，即'怎么写的'。"这段论述可以说是精辟地道出了语文教学的实质。王老师据此理念展开了教学设计，这样的教学设计是"高位"引领的，绝不只是停留在内容层面，而是能带领学生沉潜到语言里，回归语言本身，真正实现语言的建构与运用。依我看，就是接近语文的本真状态。

这让我不禁想到了特级教师张大文老师也有一段与王崧舟老师如出一辙的精辟表述：从教六十年来，我始终在研究——这样的语言文字表达了怎样的思想感情？这样的思想感情为什么要用这样的语言文字，而不用那样的语言文字来表达？（这一个句子可简称为"语言——思想——语言"）我们通过教学，把学生摆渡到课文的彼岸，要让学生获得的就是这第三阶段的、渗透着作者思想感情的、代表着作者独特个性和语言风格的语言文字，以便他们贮存在自己的语言仓库里，以备不时之需。

非常佩服王老师对语文教学有如此深刻的认识。基于这样的认识，又能展开贯彻此种理念的教学设计，并付诸于教学实践，即形成"理念——设计——实践"三者自上而下一以贯之的个人教学体系。而大多时候，我们可能会在其中的某一环节产生断裂。这让我真切地感受到：非知之艰，行之惟艰。

（2）我喜欢这样的语文课，既有学法的指导，又有人文的熏染。

语文课程是一门学习语言文字运用的综合性、实践性课程。工具性与人文性的统一，是语文课程的基本特点。王老师这堂课对语文课程的性质和特点的贯彻是非常到位的。作者想表达什么？作者是如何表达的？王老师这堂课通过总问题设计，引导学生还原阅读的路径，落实阅读方法的指导，立足于文本本身，非常有耐心地指导学生顺着文本内容一节一节往后推进，仔细阅读，品词析句，理解内涵，体会情感，一步一步，方法与过程落实得非常有效。

不仅如此，王老师在学情分析中指出："学生对于说明性文字背后的情感体验往往是忽视的。"为此，在整篇课文教学过程中，王老师特别注意"人文主题（思想）"的启发和渗透，从而引导学生真正领悟"只有一个地球"的深刻含义，激发学生树立保护地球的主人翁意识。如此，则兼顾了文本特有的育人价值，真正发挥了语文课程"立德树人"的指归。像这样既有学法指导，又有人文熏染的语文课于我自然是极喜欢的。

（3）我喜欢这样的语文课，教师的教学语言干净凝练，课程节奏急缓适宜。

这是第二次听王老师的课，第一次是听她执教的《月光曲》，当时已经被其自身的语言魅力和课堂节奏把控所折服。这次听她执教《只有一个地球》，这种感觉便显得更为深刻。我始终认为，每一个偶像级语文教师身上总有我学习或模仿不来的特质，比如朱震国老师的朗诵范读、李百艳老师精致的语言表达、曹刚老师逻辑严谨的思维力度……当然，还有兰老师四两拨千斤般的对话启发——"随物赋形"，看似家常对话，不经意之间已然带领学生在文本深处"溯洄从之""溯游从之"。

在我看来，王老师身上也有这样一种独有的教师特质（魅力），即她干净凝练的教学语言以及急缓适宜的课堂推进节奏。"同学们，先听老师把这篇文章范读一遍""同学们，让我们回顾一下这节课的阅读过程"……，整个教学过程中，王老师的语言非常整饬，几乎不出现口误、重复、口头禅、拖音等状况。这种语言的干净和凝练正由于我自身非常欠缺，所以于我而言就显得尤为珍贵,也更为看重和仰慕。

　　语言干净是一方面,王老师课堂节奏感的控制也相当好。就一堂课而言,推进得太急,就仿佛面对美食,易产生狼吞虎咽之感,又如开机关枪似的,学生难以跟上这种"快节奏"的课堂,疲于应付,慌乱不堪;而课堂推进得太慢,又显得毫无生机,顿生倦意,犹如老牛耕地,整堂课就"掉"下去了,学生提不起"劲"。回观王老师的课,节奏感把握得相当有分寸感,在老师一两秒钟的停顿中,学生有思考、回味、记录的时间,但又不拖沓,等学生跨上一个思维层级后,教师又进行深一层的讲解或启发,整个节奏感(快慢的推进)把控得太棒了。

　　当然,课堂教学终究是遗憾的艺术。如果硬要吹毛求疵一下,我想王老师是否可以对于《只有一个地球》的教学内容做出调整与重组,一个自然段、一个自然段地带着学生研读,这符合"作者逻辑""文本逻辑",但"平推式"往往会造成"按部就班"之感。从学生"学的逻辑"来讲,是否可以对教学内容进行重组,比如围绕"一个怎样的地球"要求学生搜索全文,学生得出一些成果后,可以让其进行"聚类分析",哪些词或短语是一个层面的,哪些词或短语是另一个层面的,彼此之间存在什么关联。这样的话,是否更适合学生的学习认知呢?

　　其次,王老师在文本教学过程中已经充分关注到了行文思路的梳理,用"因为……因为……又因为……"的支架式填充,训练学生的逻辑思维。我建议可以做得再细致一些,既然一节一节推进了,何不带着学生分析一下第1节与第2节是如何推进的,第2节与第3节又是如何推进的……哪里到哪里是一个层次,上一个层次和下一个层次彼此之间是以怎样的关系衔接推进的。这样的话,学生对行文思路的梳理和认知效果会不好更好一些呢?

　　当然,这些也只是我的一己之见、聊备一说罢了。说到底,我是喜欢这样的语文课的。

在"平实"中迸发"力量"

——我评《回忆我的母亲》的教学

　　《回忆我的母亲》是一篇回忆性散文,在平实的语言文字背后迸发出感人的力量;张老师的课堂教学,也是在平实中迸发出强大的力量,真可谓是"课——文——人"三者如一,都在"平实"中迸发"力量"。

　　细说之,听张老师此节课,有三点让我印象尤为深刻。

　　第一,张老师这节课感情非常投入。要感动学生,先感动自己。张老师的确在这方面给我们提供了非常好的示范,言辞之间总感觉她的情感在迸发,理性的分析,借助感性的表达,在学生心底激起阵阵涟漪。《回忆我的母亲》这篇文章本身就是一篇回忆性散文,题材是"母亲",所以教师稍加引导渲染,就能引发学生的共鸣。张老师在课堂上不止一次带着学生朗读那些动人的语句,其情感的绝对投入,让我看到了一个情真意切的张老师。这样充满"情感"力量的课堂才是面对"生命"的课堂,我喜欢这股情感迸发的力量。

　　第二,张老师文本解读的功底特别深厚。这种感觉在之前听她的《皇帝的新装》一文时已有所觉知,听了《回忆我的母亲》一课的教学,这种感觉就变得尤为明显。张老师不仅有着深厚的文本解读能力,她还往往能将其转化为课堂教学实践,在教学过程中,她往往能抓住学生在文本中最容易忽略的一些地方,通过超强的品词析句的能力,引导学生深度挖掘、反复咀嚼,从而获取更深一层的认识。语文核心素养中最重要的一个维度是语言的建构与运用,张老师的课堂对于"语言"抓得特别牢、特别紧,仿佛在告诉学生这是"语文课",请关注"语言——内容——语言"。在《回忆我的母亲》一课的教学中,张老师引导学生关注第 4 段中"还要种田,种菜,喂猪,养蚕,纺棉花"中的"逗号"能否改成"顿号";引导学生关注第5段"母亲这样地整日忙碌着。我到四五岁的时候就很自然地在旁边帮她的忙"中"整日""很自然地"等词语背后的深厚内涵。

第三,张老师这节课体现了她非常善于设计、搭建学习支架的特点。如本堂课的第四个环节——"猜心语 念亲恩"。通过这一具体的、开放的语文实践活动把学生的思维激发了起来。不单单是思维,学生的内心情感也能被渲染、调动起来。若能配点背景音乐,让几个学生当堂表演,自由抒发几句,可能效果会更佳;又如在品味"我"对母亲怀有感激之情的环节,张老师给学生提供了"朱德之所以感谢母亲,是因为……"的句式来组织语言表达,其实这就是一种语言实践的支架,帮助学生完成语言的建构与运用。在学生需要的时候,适时扶一把,给他一点助力,就能呈现非常好的学习效果。

总而言之,张老师此节课带领学生们在文本平静的叙述中,感受情感的力量。她自己也在精彩的演绎中,带给我们听者一种异样的、感动的力量。如若实在要挑剔一下的话,我觉得以下一些细节不妨注意一下:

第一,教学目标需再细化。教案标题呈现的是第二课时,那么教学目标应该与之对应,而不是以总目标来呈现。

第二,在"赏语言 悟情感"环节,核心任务是"浏览2—13段,品味质朴平实的语言,感悟母亲对'我'的影响,品味'我'对母亲的情感。"但是,在该环节第3部分的预设中却呈现了"第14段""第15段"的文句,这与之前划定的段落范围不符。除此之外,在这一环节预设中设有"班级展示成果",但就学生学习实际来看,小组合作式学习可以再充分一些,成果展示可以再丰富一些。

第三,关于作业。作业一是让学生写一篇随笔《我的母亲》,仿照本文写法,借助具体事件表达自己对母亲的情感。但是,本文是什么写法呢?借助具体事件?学生对此的认知是不够的、琐碎的,还不成系统,个人建议在课文尾声阶段,可以把本文显著的一些写法给学生做个梳理与总结,在此基础上再布置此项作业更适宜一些。第二个作业是阅读其他作家回忆母亲的文章,例如:胡适的《我的母亲》、老舍的《我的母亲》、邹韬奋的《我的母亲》。要求:从三篇文章中选取一段内容摘抄,并回答:胡适/老舍/邹韬奋的母亲是一个怎样的母亲?这个作业布置里也存有几个疑问:(1)"选取一段内容摘抄"界线太模糊,选取的标准没有进一步界定,学生不知道选取哪一段摘抄,更有甚者可能会图方便选文字最少的一段;(2)推荐的文本都是陌生的,不妨从教材文本(如《秋天的怀念》)进行勾连拓展,进行比较阅读可能效果会更好一些。

此外,对于殷老师发现《回忆我的母亲》全文只有"两个感叹号",我也觉得特别有意思,在此姑且说上几句。

(1)这在母亲心里是多么惨痛悲哀和无可奈何的事情啊!(文章第3节)

(2)愿母亲在地下安息!(文章最后一节)

陆新全老师说,"回忆性散文"中一般有两个"我",教师要抓好这两个"我"。一个是写作主体,即现实中的"我",另一个是故事情境中的"我"。据此来看,《回忆我的母亲》一文中大多数都是"回忆"(故事)里的"我",只有上述两处感叹句是作为写作主体的"我"出现的。由此可以看出,作者其实是在很努力地压制自己的情感在写作,他想静静地、理性地表达,这也就是为什么作为读者,我们感受到的文字显得很平实、朴素,但是再理性的控制也抵不住情到深处的迸发,上述两处感叹句就是作者作为写作主体跳脱出故事要议论一下、抒情一下的感性表达。在"平实"中迸发"力量",实际上是作者"情到深处无法自控"的淋漓体现,在教学过程中,这两个句子不容放过,可引导学生在阅读回忆性散文的过程中关注像上述这样的作为写作主体的"我"的表达。

语文教学:备课备什么?

——我评《咏雪》的教学

　　语文教学:备课备什么? 兰保民老师对此已经强调过好多次,要关注文体,关注学情,关注教材,关注文本个性和共性,关注"语言形式与情思意蕴"之间的关系,关注语文学科核心教育价值,关注学生的学习,关注学习活动的设计,等等。在此,我想另辟蹊径,姑且借用肖培东老师提供的"九条"思路做个简析。因为,名师与名师之间关于语文教学的主张、思路、观念尽管会有所不同,有时却也有着惊人的"不谋而合"之处。这些"不谋而合"的内容就是语文教学共识性的成果,需要我们明确熟知。

　　(1) 这是什么类型的文章(文体特征)?

　　确定文体,依体而教。《周亚夫军细柳》是人物传记,《愚公移山》是寓言,《咏雪》出自《世说新语》,是志人小说。王老师以"小说"切入是不错的,拿捏得比较准确。

　　(2) 这是为什么而写的文章(写作背景)?

　　知人论世,要知道课文背后的故事。《咏雪》是南朝刘义庆组织编写的志人小说集《世说新语》中的一则小短文。主要记载了汉末至东晋士大夫的言谈逸事,以人物故事为中心,体现了魏晋时代士人对尊严、德性、智慧和美的理解与热爱。

　　李泽厚先生在《美的历程》中有这样一段论述:

　　　　自曹丕确定九品中正制度以来,对人的评议正式成为社会、政治、文化谈论的中心。又由于它不再停留在东汉时代的道德、操守、儒学、气节的品评,于是人的才情、气质、格调、风貌、性分、能力便成了重点所在。总之,不是人的外在的行为节操,而是人的内在的精神性,成了最高的标准和原则。完全适应着门阀士族们的贵族气派,讲求脱俗的风度神貌成了一代美的理想。不是一般的、世俗的、表面的、外在的,而是要表达出某种内在的、本质的、特殊的、超脱的风貌姿容,才成为人们所欣赏、所评价、所议论、所鼓吹的对象……

《世说新语》津津有味地论述那么多的神情笑貌、传闻轶事,其中并不都是功臣名将们的赫赫战功或忠臣义士的烈烈操守,相反,更多的倒是手执拂麈,口吐玄言,扪虱而谈,辩才无碍。重点展示的是内在的智慧、高超的精神、脱俗的言行、漂亮的风貌;而所谓漂亮,就是以美如自然景物的外观,体现出人的内在智慧和品格……"言不尽意""气韵生动""以形写神"是当时确立而影响久远的中国艺术——美学原则。

王老师对《世说新语》做了一定的拓展介绍,但还不够,点还不够集中,最好要跟《咏雪》主题关联起来。

(3) 这是写什么的文章(内容、主旨)?

第一,《咏雪》是选自《世说新语》的一篇文言散文,属"言语"类,文章客观叙述了谢家子弟"咏雪"一事的始末,以"咏雪"为线索,通过二人的比喻,生动形象地描绘了雪景的美丽以及谢太傅对二人的赞赏。就其在《世说新语》中属"言语"来看,本文应重在通过人物言行展示其精神风貌。

第二,文章主要描写了大雪日全家集会咏雪这一乐事。虽是日常生活中的一件小事,却可看出谢太傅一家和谐友好、崇尚知识的家庭氛围。在谢太傅抛出"白雪纷纷何所似?"这一问句后,兄子立刻说出"撒盐空中差可拟",兄女继而说出"未若柳絮因风起"。谢太公未对两人诗句作出评价,而是"大笑乐"。这充分体现了家庭和谐友好、崇尚知识的家庭氛围。

王老师的教学对第一点的落实是比较扎实的,还以"芝兰玉树"作为映衬;但是第二点,受制于时间,没做太多的深入,实属遗憾。

（4）这是怎样写出来的文章（手法、语言）？

肖培东老师说："语文教学要经由语言文字达到语文教学的新境界……语文教学要在语言文字上下功夫。"《咏雪》一文，刘真福认为要整体感知《咏雪》内容，应明了"言语"在文中的地位和作用。文章按内容和写法大致分三个层次。文章虽短而首尾俱全，详略各得其所，叙述、描写、说明各显其能。中间三人对话是故事主体或情节主干。读这三句话，一句比一句有味道。这是全文最精彩之处，一问一答尽显文人智慧和作者写作技巧；孙绍振先生着重分析了此文"比喻的艺术张力"；尤炜通过对比阅读，区分了《咏雪》与《晋书·列传六十六》（唐代成书）中同题故事的不同写法：

> 王凝之妻谢氏，字道韫，安西将军奕之女也。聪识有才辩……
> （谢安）又尝内集，俄而雪骤下，安曰："何所似也？"安兄子朗曰："散
> 盐空中差可拟？"道韫曰："未若柳絮因风起。"安大悦。

王老师此节课重点也放在了对"比喻"的分析上，个人建议可对故事各层次表达方式进行梳理，或用史书材料进行比较阅读，不失为一种教学策略的选择。

（5）为什么放在这个单元、这个位置（单元目标、编者意图）？

课堂首先是编者意图做主、单元目标做主，把单元目标和文本特性结合起来。《咏雪》一文是统编教材七年级上册第二单元的一篇课文。该单元导语：

> 亲情，是人世间最普遍、最美好的情感之一。本单元课文，从不同角度抒写了亲人之间真挚动人的感情。阅读这些课文，可以加深我们对亲情的感受和理解，丰富自己的情感体验。
> 学习本单元，要继续重视朗读，把握文章的感情基调，注意语气、节奏的变化。在整体感知全文内容的基础上，体会作者的思想感情。有的文章情感显豁直露，易于直接把握；有的深沉含蓄，要从字里行间细品味。

对照导语,回顾王老师的教学落实得如何呢? 还是不错的,重视朗读,把握文章的感情基调,整体感知全文内容,这些在课上都有落实。欠缺之处就是没有呼应到家庭、家教、亲情的理解上,在"比喻句"部分逗留太久,无关拓展太多。

(6) 最能体现文章特色的重要语段或句子是哪几个(教学聚焦)?

课堂教学要做到教学聚焦。做到长文短教,短文长教。就《咏雪》这篇课文,王老师聚焦在"两个比喻句",抓得还是比较牢的。但是就停留在这两个比喻句,没有往纵深再深挖下去,这是比较可惜的,只是在比喻层面做了横向拓展,如补充写雪的名句、让学生创写比喻句等等。更合理的处理方式应通过这两个比喻句,过渡到对家教家风、门第清谈等文化层面的思考和解读。如此,教学才能往深里再走一层。

(7) 思考当下为什么要教这篇课文(教学价值)?

这点指向了文本核心教学价值。既然这是一篇文言文,那么可以理解为文字、文章、文学、文化四个层面的价值。为什么要教这篇课文(教学价值)?第一,积累古汉语字词;第二,学习文章的选材布局、语言组织形式等等;第三,学习作品的主题思想;第四,体会作品背后渗透的思想文化。就王老师这堂课,个人认为在第二个层面和第四个层面比较欠缺,还有提升的空间。

(8) 学生自己能读懂的和不能读懂的可能是什么(学情预判)?

备课时,回到学生角色,实行角色互换,站在学生角度看文章。针对这点,王金花老师本节课对学情有比较准确的估量:学生对由 71 个字组成的故事内容并不存在太大的理解障碍。为此,王老师并没有花太多时间在故事内容层面。在教学实施过程中,她立足于整体感知,针对课题,引导学生关注事件是"咏雪",时间是"寒雪日",地点是"谢太傅家中",人物有"谢太傅、兄子胡儿与兄女谢道韫"。而把整节课的核心聚焦在学生"不能读懂的地方",即"两个比喻句"。王老师循循善诱,抽丝剥茧,先从比喻句本身的表达效果带领学生进行品读、比较、赏析,再从不同人物说话的口吻、语气上再作深入探讨与分析。总的来看,学生的学习效果是不错的。

（9）教材提供了怎样的助学资源（教学资源）？

　　预习提示：①《世说新语》中记录了东汉、魏晋时期一些儿童的智慧故事，本课所选的就是其中较为著名的两则。预习课文时，注意感受古代儿童的聪慧机敏和良好的家庭教养。②借助注释，把握课文大意。画出你不懂的语句，与同学交流，尝试解决问题。

　　思考探究：①朗读课文，体会古代汉语和现代汉语在用词上的不同，并用自己的话讲述这两个故事。②把大雪纷飞的情景分别比作"撒盐空中"和"柳絮因风起"，谢安认为哪个比喻更好？你有不同看法吗？

　　积累拓展：解释下列句中的加点词。（暂不罗列）

对照王老师《咏雪》一课的教学设计和教学实践，对以上内容都有所顾及。显然，王老师对于课文"助学资源"的关注是充分的，但时间所限，在实际教学过程中"家庭教养"这块内容没有做深入的挖掘实属遗憾。

总的来看，肖培东老师提出的"九条"备课思路是一种比较容易上手的备课要领，和兰老师的教诲多有"不谋而合"之处。当然，也不是说一定要将他们所言奉为圭臬或作为金科玉律，但是，以此为参考，对照自己的教学设计和教学实践，我们可以检视自己的备课和教学，对于我们的教学成长，显然是裨益十足的。

语文教学要有"两个远方"

——我评三堂实践研讨课的教学

语文教学要有"两个远方",一个指向学生作为生命个体的成长,面向的是学生的未来。从这个方向思考,那么我们的语文教学不能只停留在"教课文"的层面,而是要实现从"教文"到"育人"的转变与提升,要发挥文本的育人价值,体现语文学科"立体化多功能"的特性,否则教上百篇文章,也顶多只能算是个"匠",而绝非"师";另一个方向指向学生作为阅读个体的发展,面向的是语文能力,也就是我们现在常说的语文核心素养。从这个方向思考,那么我们的语文教学也不能只停留在"教课文"的层面,而是要实现从"教知识"到"教能力"的转变与提升,要发挥文本的教学价值,提升从"这一篇"到"这一类"文章的阅读能力,让学生的语文学习真实有效发生,真正实现语言的建构与运用、思维的发展与提升。否则,仅仅只是教会了学生理解"这一篇"文章,没有教给学生一些有效的阅读路径与方法,只是留下了很多的标签与结论,并无多大裨益。

听了项老师《走一步,再走一步》、邱老师《苏州园林》和周老师《故乡》三篇课文的教学,现就结合语文教学的"两个方向",谈谈我观课后的一些心得与体会。

1.《走一步,再走一步》:以小见大,渗透生命教育

项老师的这堂课可以说是行云流水,不着一丝刻凿之痕。她能紧扣本堂课的教学重点"圈画关键语句,品味心理描写,把握人物内心变化和心理成长历程"展开教学,这既是打开这篇课文的突破口,也是在传授阅读方法——叙事类文章需要关注人物描写(心理描写)以感受人物的内心(情感)变化,人物

的形象特点在变化中渐次分明,作者的写作意图也逐渐清晰明朗。除此之外,颇为精彩的"发朋友圈"活动让我印象尤为深刻。学生的发言质量非常高,参与感特别强,师生的交流非常亲切自然,生命教育正潜移默化通过此篇课文在落地实践。课堂结束之际,项老师仍不忘引导学生从课文故事情境回到现实生活中的真实情境。面对学习与生活,我们要学会"走一步,再走一步"。这堂面向"两个远方"的语文课是真实的、有效的。

2. 《苏州园林》:全景导览,蕴含审美教育

邱老师能拿一篇经典说明文作为公开课教学的对象,本身就是非凡的。用王君老师的话来说,"如果你没有对说明文教学产生过浓厚兴趣,并且在对说明文的文本解读和课堂设计当中享受到和教学小说诗歌散文一样的高峰体验,你对语文的理解可能不会特别透彻。"如此说来,敢于挑战说明文公开课教学的邱老师对语文的理解不说全然透彻,但必有自己的深刻思考。邱老师整堂课以"唤起美—感知美—欣赏美—创造美"来架构整篇课文的教学。借用兰保民老师的话来说,设计是有巧思的。有没有落实说明文这一类文体的阅读路径呢?有的,即"了解总分式的说明结构";够吗?个人观点,不是特别够。有没有面向学生生命个体的教育呢?有的,即"逐层次理解苏州园林美的内涵",有"美育"渗透。够吗?个人观点,不是特别够。可以说,这堂课走在"两个远方"的路上,但是走得还不够"远"。为什么?兰老师的话点醒了大家:我们要让学生品味的是《苏州园林》这篇课文的美,而不只是苏州园林本身的美?后者是次,前者才是主。抛开了"语言"的语文课,会有"失魂落魄"的危险。

3. 《故乡》:化大为小,省思社会人生

小说不怕教,就怕教很长的小说;很长的小说不怕教,就怕教很长的鲁迅的小说;很长的鲁迅的小说也不怕教,就怕教初三年级的很长的鲁迅的小说。初三年级的学生课堂参与往往不太踊跃。在这样一种惨淡淋漓的现实背景之下,周老师敢于执教九年级上册鲁迅先生《故乡》一文,这种精神诚如鲁迅先生所谓"真的勇士"。本堂课,周老师能化大为小,抓住"闰土"这一人物形象,引导学生充分感受人物前后的变化,从而分析产生变化的原因,设计感强,逻辑感鲜明,走在正确的"路"上。遗憾之处可能在于教学形式还需要适当的调整,课堂还需要"活"起来,学生还需要"读"起来。受制于课文难解程度及学生互动实情,在另外一个"远方"之路上,社会人生省思方面只能蜻蜓点水,没有深入挖掘,这是比较遗憾的。兰保民老师课后的评点完美弥补了这一缺憾,"《故乡》一文回望故乡,指向远方;怀念的是过去,展望的是未来;过去和故乡不值得留恋,远方与未来又渺不可期。"鲁迅先生《题〈彷徨〉》诗:"寂寞新文苑,平安旧战场。两间余一卒,荷戟独彷徨。"兰老师强调要读出鲁迅应有的深度。用深邃的思想启迪学生,用冷静的眼光解读社会人生。

兰老师常常教诲我们:"语文教师须立在高处,行在实处。"唯有如此,才能左右逢源,上出真实的语文课。《论语·雍也》有语云:"质胜文则野;文胜质则史。文质彬彬;然后君子。"我们的语文课也要上得"文质彬彬",既活泼生动,又有思想深度。"一堂课就是一个艺术品,一定要上出富有生命力的语文课。"兰老师的话总能点醒我、激励我、启迪我。正因为如此,我愿意相信语文教学是需要有"两个远方"的。

指向学生学习的语文教学

——我评《桃花源记》的教学

殷老师本堂课的一大特点在于其作为执教者表现出来的精神状态——充沛热情,陶醉投入,用兰保民老师的话说就是"课堂上越来越自信"。教师唯有自己先"爱"上文本,才能将自己的"爱"真实有效地传递给学生。殷老师说钟爱"陶渊明",通过她的课堂,我的确能真实地感受到这种"爱"是真挚而强烈的。课堂里,她的范读声情并茂,不经意之间还有肢体动作的投入,这是不自觉、不自知的,而这足见教师不是刻意而为,而真的是源于"爱"而形成的一种潜移默化感发的力量,进而引导学生逐步进入"桃花源"的学习情境。

其次,殷老师本堂课的教学体现出非常用心的设计。如对于"渔人甚异之"中"异"字的理解,她善于激发学生的思维,引导学生在充分关注课文注释的同时,联系上下文具体语境,比较"惊异"与"惊喜"的不同表意效果;又如针对文章第2-3段,殷老师引导学生尝试用"那里_____,真是个_____的好地方,可见桃花源的_____美"这一语言表达支架来训练学生的表达。在这一语言实践任务中,学生语言思维方面的建构和发展、审美文化方面的感知和理解都在相互渗透交融、相互促进中提升。用兰老师的话说,就是"要充分考量每一个教学环节多功能的价值",我想,殷老师在这个环节的确是做到了。

第三,殷老师本堂课的教学充分关注到了学生的"学",显得非常有耐心。如在学生对某个问题保持沉默、难以回答之际,殷老师不会急着去催促他,也不会全盘托出自己的预设,而是会走到学生的边上,给其一定的点拨和指导;抑或是问问学生,需不需要讨论一下? 这些教学细节不容忽视,足见教师对于学生"学"的关注，而不是只顾着自己的教学流程盲目推进，全然不顾及学生的学习实际。这是非常难能可贵的，也给了我很大的启示。一堂课能否圆满成功不是以教师的个人意志为转移的，而必须是教师通过深厚的专业学识、灵活丰富的教学方式与学生展开"周旋"，给学生架一段梯子，他能自己爬上来，他就成功了，教师也就成功了，这堂课也就成功了，而不是代之以教师"越位"，强行牵拉。所以，很多时候，教师需要有耐心，需要等待，需要给学生更多思考的时间。因为要相信，等待是值得的，花开终有时。

当然，殷老师本堂课还可以在以下三个"结合"方面做得更好。

第一，从学生课堂参与来看，需要做到"点面结合"。本堂课就观感而言，"点"盛开得还不够多，只有零星几个学生得到了充分表达的机会，是不是可以鼓动更多的学生"说"出来；"面"上没有充分铺展，指的是在一些情感有共鸣、认知有共识的地方不必采用个体回答，可以采用"群言"，形成浓厚的学习情境。

第二，从学生学习行为来看，需要做到"读思结合"。除了初入文本时的朗读，随后的理解与感受过程中，"读"好像变少了，无力了。其实，倒不妨采用各种形式的"读"，如两人共读、小组演读、男女分读、师生互读，在充分"读"的基础上，"桃花源"的美好才能真正入脑入心。语言的建构，绝不是靠机械的纸笔训练，而应该依托充分有效的"读"。因此，有必要对"读"进行一番呼吁，这是其一；其二，关于对"读"的方法进行指导的呼吁。一个班级的语文水平如何往往只要看这个班级学生的朗读就能窥见其端倪。因此，语文教师对"读"必须要有规范指导。当然，我们不是要训练朗诵的大家名角，但是对于学生朗读方面最基本的字正腔圆、抑扬顿挫、节奏疾缓、情感融入等方面，教师是要努力的。

顾振彪先生在《文言文教学的六个原则》中就指出："把诵读放在首位。"朗读时要注重"因声求气"法，"声"指文辞的音节美，"气"指作者所表达的气势，在表达思想感情时所形成的气势的抑扬疾徐顿挫。用"因声求气"法是通过诵读文言文，从音节的抑扬顿挫里体会作者的辞气，体会作者表达的思想感情，好比演员说台词，从台词的抑扬顿挫中，体会角色的思想感情。张必锟先生也指出："学文言非诵读不可……为什么文言文教学要以诵读为主？简单地说，就是为了培养语感；没有良好的语感，任何一种语言都是难以学好的。"

第三，从学生学习逻辑来看，需要做到"文本逻辑"与"心理逻辑"的结合。就课堂推进来看，整个教学逻辑是根据"文本逻辑"展开的，即平推式，由文章的第1段开始，逐段往后分析。但是，有的时候学生的"心理逻辑"往往不是按照"文本逻辑"形成的，学生可能会关注到文本的"末端"、可能会关注到桃花源内的"美好"……，也就是说，教师应该充分关注学情，紧紧抓住学生的"心理逻辑"，在其最感兴趣、最感疑惑的地方发力较劲儿，撬动他们的思维，这是最有价值的。谭轶斌老师在《语文教学的现实与图景》中指出："走出知识本位，从仅仅关注学科逻辑转向关注学科逻辑与心理逻辑的整合……语文课堂必须改变教师'独白'的现状，让学生的力量充分发挥，从单向度教学走向主体性对话，从假结构走向真结构，从'岩石逻辑'走向'岩石'与'水'的逻辑的整合。"

总而言之，指向学生学习的语文教学是不容易的，需要权衡的方面有很多，难免会造成"收之桑榆，失之东隅"，左支右绌的局面。殷老师《桃花源记》的教学已经做得很好了，在这条正确的道路上勇敢而自信地前行，我相信她能带领学生走得更稳、更远。

附 录

愿为出海月，不作归山云。

——贾岛《卧疾走笔酬韩愈书问》

中文自修专访

在"中文自修杯"第十四届上海市语文大讲堂上,我有幸以第一名的成绩荣膺"语文教学之星"。从学生到老师,我是怎样完成身份转变的;从青年教师到教学之星,我又是怎样不断提升自我的? 受《中文自修》"魔都语文课代表"公众号邀请接受采访,分享自己的成长经历和教学经验。

1. 可以和大家分享一下您的求学、成长经历吗?

小时候,8 月尾巴出生的我,坐在课堂里年龄是最小的,一年级的时候拼音难辨,大字不识几个,被老师点名到讲台前读拼音的场景历历在目。用当下流行的话来说,是名副其实地输在起跑线上。真正展现对语文的热爱要感谢我的初中语文老师。有一个学期,他鼓励我用一周的时间背诵了古诗文大赛专辑的 60 首古诗词,发掘了我的背诵天赋,更激发了我对语文的热爱。初中阶段,自我感觉是阅读的黄金期。读得比较杂,除唐宋诗文广泛涉猎以外,二月河的历史小说、金庸的武侠小说、韩寒的《三重门》《零下一度》是那时候的最爱。

高中免试直升进入了上海南汇中学,遇到了我的高中语文教师金慧老师(目前是华东师范大学附属东昌中学的语文教研组长)。金老师帮助我进一步建构了字词句篇、语修逻文各方面的知识体系。让我最动容的是她的亲和力和包容度,我永远记得高考前的最后一节语文课,金老师特意来到我的身边,叮嘱我高考作文需要注意的方面(担心我行文恣肆,不按作文要求),那份叮咛,真的让我特别感动,时隔 15 年,还依然历历在目。

三年的磨砺,我考取了华东师范大学商学院经济学专业,在曼昆和凯恩斯的经济学世界里摸爬滚打。入学第一个学期,在一个百无聊赖的午后,我在寝室里想象四年后的自己在哪里? 脑袋里立即闪现出一个画面:我坐在一家银行的柜台前点钞。我的内心告诉自己:那不是我想要的工作状态,我想要从事有丰富精神滋养的工作。于是,我参加了学校的转专业考试,顺利转入了汉语言文学(师范)专业,用了三年时间修完了汉语言文学专业四年所要求修满的学分,如期毕业。本科喜欢词学,跟随朱惠国教授,完成了毕业论文《李清照和辛弃疾咏梅词比较》,拿到了文学学士学位。与此同时,也辅修了心理学专业,师从熊哲宏教授,完成了毕业论文《张爱玲中短篇小说的爱情心理学透视》,拿到了理学学士学位。

研究生毕业于华东师范大学学科教学(语文)专业,师从王意如教授,在王老师的精心指导下,完成了毕业论文《沪教版初中语文教科书诗词曲注释研究》,获得了教育硕士专业学位。同时也有幸荣获华东师范大学硕士专业学位优秀学位论文和全国第五届教育硕士专业学位优秀论文。每每在邮箱里回顾跟王老师往来的邮件,我能满满感受到导师的关怀和鼓励,那段受王老师指导研究与论文写作的日子,为我的科研能力打下了坚实基础,真有"一日为师,终身为母"之感。

作为教师的成长经历,我想,我要感谢我从教之初的两位带教师父,无论是班主任带教,还是学科带教,她们都给予我日复一日的指导和关心,工作生活中的点滴教诲都让我委实感动;感谢我们浦东教发院的教研员(夏老师、王老师、谢老师和季老师),他们都是我的专业引路人,在学科素养与学科教学方面给予我很大的支持与教导。

当然,我要由衷感谢我生命中遇到的三个"特级":第一个"特级",是我们的特级校长朱国花校长。感谢追求完美、高标准、严要求的花花校长对我成长的引领和鞭策;在她身上,我仿佛永远看不到疲惫和懈怠,她永远充满热情和力量,她用行动向我诠释了用生命来做教育的真谛。她常常说,让每一个生命礼遇美好。我想是的,我要做的,就是用语文的方式,让每一个生命礼遇美好。

第二个"特级"是曹刚老师,很幸运,我参加了由曹老师组织的上海市第二届青年语文教师骨干班的培训。在培训班,我遇到了姚婧媛、杨蔚昀、谢穿、张一凡、余毅这些"明星",让我可以跟他们讨教学习,近距离地追随"语文教学之星"的脚步,那段时间是我语文专业认知提升最快的一段时间。这里,真的要感谢"语文大讲堂",我是在追"星"的路途上,不小心把自己也变成了一颗"星"。

第三个"特级"是兰保民老师,2019 年,我通过遴选成为浦东新区青年新秀,有幸进入了兰保民语文教师培训基地学习。跟随在兰老师身边受教的三年时光,让我对语文教育、语文教师有了更深刻的理解。兰老师经常用当年跟随于漪老师学习的故事来启发我们,同时也会引经据典、现身说法教导我们,让我感到导师的学识就像一片海,渊博无底。我知道,他就是那道引领着我前进的光,我想要成为像他一样的那道光,我还需要不断努力修行!

2. 毕业后为什么会选择澧溪中学? 您花了多久时间完成学生到教师的身份转变? 中间经历了怎样的心路历程?

毕业后我是先在川沙中学华夏西校工作了四年,后来,经由区内流动来到了澧溪中学。澧溪是我们周浦的别称,我是周浦这方水土养育的孩子。我愿意回到梦开始的地方,看到众多的澧溪学子,就如同看到了从前的自己,让我更有一种归属感、亲切感,也更有一种责任感和使命感,为周浦教育、浦东教育做一点自己力所能及的努力。钱学森先生说:我的事业在中国,我的成就在中国,我的归宿在中国。我想化用之,我的事业在澧溪,我的成就在澧溪,我的归宿在澧溪。

没有准确地去计算过,究竟花了多久完成学生到教师的身份转变。但的确需要有那么"特殊一刻"来完成转变。记得从教第一年,第一次参加家长会,初出茅庐的我对着满教室的家长有点胆怯,开场白直呼:各位"叔叔阿姨好"! 说完以后,整个人就有点懵,才发现自己不应该这样称呼,那时候角色显然还没有转换过来。可能就是那一次特殊的经历之后吧,对我的触动挺大的,那一刻,真正意识到自己的角色应该是"教师"了。自此之后,再对着满教室的家长,就不再惶恐了,角色也慢慢适应了,也更加明确了自己身上的责任。

3. 备战语文大讲堂,您做了哪些准备工作? 在这个过程中,身边的师友、学生为您提供了哪些帮助?

坦诚而言,没有做太多的准备。我没有将语文大讲堂看作是"比赛"或者是"擂台",而是一个非常宝贵的学习交流的"平台",充分展现自我的"舞台"。如果真要说准备工作的话,我想,十年关于语文教学日常点滴的积累和思考就是准备本身吧!我相信,静下心把自己喜欢做的事(语文教学)做到极致,再加上日积月累的坚持(阅读写作),就会有厚积薄发的成功。

非常感谢我的师友!首先,他们给予我莫大的信任和鼓励;其次,无论是专业发展、学术研究,还是日常教学、生活学习,师友们总是用满满的爱滋养我,指导我论文写作,向我分享教学心得,同我一起备课磨课,点点滴滴都让我铭记于心,我自当勤勉努力,不负厚爱。当然,还有我的学生,他们平日里的思考和追问,是我不断学习、钻研和探究的源泉,决定了我的"语文观",让我从容行走在语文教学的"自由王国"里。如果可以,我想跟他们说:"你们是我的骄傲,正如此刻我是你们的骄傲一样!"

4. 本次语文大讲堂的主题是"双新背景下的语文教学"。您觉得"双新"课改对语文学科的教学乃至评价产生了哪些影响? 与以往相比有什么差异?

说及"双新"对语文学科的教学与评价产生的影响,我还真没有系统深究过。我的感性认识,就是有了很多新的提法,"核心素养""学习任务群""整本书阅读""跨学科"等等,这些跟高中课标是一脉相承的,它更加强化了语文教学在"事实层面"(教什么)、"价值层面"(为何教)和"技术层面"(怎么教)三个维度的关联性。

与以往相比,有何差异? 我觉得是从"教师"本位转向了"学生"本位,从"知识能力"本位转向了"核心素养"本位,建立起了学科与学科、学科与学生、学科与真实生活的关联,正如谭轶斌老师在《语文教学的现实与图景》中说的,语文教学要从"传递接受"范式转向"平等对话"范式,从"容器教学"转向人的培养,关注情境对认知的作用,告别"教教材",走出知识本位,从关注学科逻辑转向关注学科逻辑与心理逻辑的整合。语文课堂实施由控制转为交互,让学生的力量充分发挥,从单向度教学走向主体性对话,从假结构走向真结构,从"岩石逻辑"走向"岩石"与"水"的逻辑的整合。

5. 执教 10 年,您是否遇到过一些难题或者有意思的事情,让您产生了独特的心得体会并总结成教学经验?

在应试语文和理想语文之间,出现过挣扎和困惑。"比喻句作用是生动形象地写出了……"、"说明方法是举例子,作用是……""这篇文章表达了……的情感。写下来!背出来!明天默!"这是自己早些年常有的教学样态(当然,现在可能也有)。回看自己早年的教学,强迫学生用宝贵的时光学习这些无价值的东西,或是重复简单的过程,我觉得非常惭愧!

所以,对于语文教学,我提出了自己的经验思考:语文教学要从"必然王国"迈向"自由王国"。在学习《伤仲永》《周处》两篇古文,尝试让学生用线条标示出"方仲永"和"周处"两个人的人生发展态势,结果呈现出两条截然相反的线条。在这发现背后,无需教师过多的说教,因为他们已然懂得高起点不代表有大成就,低起点未必就不能成才。人生是掌握在自己手里的,努力奋斗方能成就精彩人生。如此,每一个生命在潜移默化中都收获了成长,这种"润物无声"之感真好!《溪水》里不愿被束缚的生命、《百合花开》里努力拼搏的生命、《我不是懦夫》里与逆境抗争的生命……学习语文,其实就是与学生一起感受生命的真谛。在生命的不同展现形式中使学生拥有更多情感的体验、真善美的感知、精神的感召以及生命的滋润和成长。

坚持思考和改变每一个生命学习的困境!

坚持倾听和接纳每一个生命追问的声音!

坚持创造和建构每一个生命成长的课堂!

6. 相比刚成为教师时,您觉得自己在哪些地方取得了显著的进步,在哪些方面仍有所不足?在您看来,利用业余时间提升专业水平对于教师而言是否重要?具体又该怎么做呢?

对语文课程的认识、理解和感悟更深了。能尽可能地去思考和改变每一个生命学习的困境;能尽可能地去倾听和接纳每一个生命追问的声音;能尽可能地去创造和建构每一个生命成长的课堂。肖培东老师说:批改、考试、质量分析……语文不是清晨的琅琅书声,不是课堂上的真诚对话,不是黄昏下的凝思遐想,而只是幻化成一次次会议、一个个评价、一页页目标和决心……我不想如此!该是什么决定我的语文?我希望是学生的眼睛,是文章的思想,是文字的魅力,是我们的生命,是我们的精神诉求,是我们的灵魂体验,是我们的语文梦想……那里,有种植,有浇灌,有萌芽,有盛开。如果这样,我会微笑并幸福着,我会像尘埃一样很自信、很渴求地低语着:"记住我。"我想,他同样道出了我的心声。

在哪些方面仍有所不足？我想，压根就没有"足"的方面。教书是一场修行，自己永远在修行的路上，文本解读、课堂教学、教学语言、提问反馈、活动创设、板书设计、作文讲评、朗读演讲……这些方面，自己都是远远不足的。这同时也展现了"语文大讲堂"的另一重意义，它让我洞见了自己的无知与渺小，我这颗"星"虽"亮"了起来，却也"小"得微不足道，还需要不断修为。

利用业余时间提升专业水平对于教师而言十分重要。在我看来，业余时间需要多阅读，多写作，多研究。

要有阅读的习惯。以语文教育教学书籍作为阅读核心点，不断向外辐射，可以涉及文化(《大美中国》)、语言(《语言学的邀请》《汉字的魔方》)、历史(《人类简史》)、思想(《第三帝国的语言：一个语文学者的笔记》)、哲学(《中国哲学史》)等其他领域的书籍阅读。有一次，去教发院探访兰保民老师，兰老师的办公桌上正好摆着程俊英的《诗经译注》和高亨的《诗经今注》，我马上想到兰老师曾经的教导：身处繁华闹市，心中要有田园风光。每天即使留 15 分钟阅读时间，日积月累，也能有很多收获。

要有写作的目标。可以定期给自己制定写作的计划，把自己的所读、所思、所研形成文字，驱策自己做一些理性的提炼，拙作《隐喻理论在散文阅读教学中的运用》《用注释撬动"教"与"学"——也谈注释在文言诗文教学中的运用》有幸在《中学语文教学参考》上发表。当然，也要感谢《中文自修》，让我相继发表了《落实梳理路径，强化统整意识——关于中考文言诗文复习的思考》《天时人事日相催，冬至阳生春又来——品味唐宋诗中的"冬至"情思》《人生一知己　足以慰风尘——唐代酬赠诗赏析》等关于古诗文阅读的思考成果。此外，我撰写的《初中语文"三段式"作业设计与实践思考》荣获了上海市教委教研室《上海课程教学研究》征文二等奖；《语文教学：从"必然王国"通往"自由王国"》荣获黄浦杯征文浦东新区二等奖，"长三角"三等奖。用余映潮老师的话来说，就是随时把思想所得变成文字，唯此才能逼着自己向前走。

要有研究的热情。业余时间，我觉得一定要永葆研究的热情。研究的问题从哪儿来？我觉得，从学生的质疑和追问那里来是最好的。既可以表达我对他们的尊重，又可以此成为引领他们做学问的一个契机、一种榜样；第二种,我觉得从自己感兴趣的点展开研究,有一片属于自己的"自留地""后花园",不断地开垦拓荒、施肥浇灌,会让自己的语文世界、精神世界更加丰裕充实。在研究的路途上,我主持的第一个课题《改善教师教学行为,提升学生学科素养的实践与研究》很荣幸荣获了浦东新区第十届教育科研教学成果三等奖,自己也很荣幸获评浦东新区第十届教育科研先进个人。与此同时,自己主持负责的三个课题项目:上海市青年教师教育教学研究课题《统编初中语文教材文言文注释运用的实践与研究》;上海市大中小学教师学科研修基地教师专业发展实践研究项目《指向生命教育的〈诗经〉阅读课程校本化建构与实践》;区级课题《初中古诗文阅读课程校本化"三合"模式的实践与研究》都在研究实践中。

7. 给年轻的语文教师们一句寄语吧!

语文教师是学生精神成长的原乡,让语文课堂焕发生命的活力与光彩,用语文的力量去激励、唤醒和鼓舞一个个鲜活的生命。

《敬业与乐业》教学

《敬业与乐业》文本解读

《敬业与乐业》是梁启超先生 1922 年 8 月 14 日在上海中华职业学校的演讲。从文章体式上来看,这是一篇议论性的演说稿。作者提出"敬业与乐业"的观点,深入地阐述了其重要性,殷切希望大家能够发扬"敬业""乐业"的精神,并最终达成"责任心"和"趣味"的"实现与调和"。全文主旨鲜明,层次清晰,语言通俗容易理解,引经据典层出不穷,理性的逻辑思考结合感性的真诚演说,产生强烈的演讲效果,直击人心,发人深省。

一、文章脉络

第一部分:(第 1 段)提出"敬业乐业是人类生活的不二法门"的中心论点。(引论部分)

文章一开始,作者便引用了儒家经典《礼记》中的"敬业乐群"和道家经典《老子》中的"安其居,乐其业"两句话,开宗明义地提出"敬业乐业是人类生活的不二法门"的中心论点。

第二部分:(从第 2 段"本题主眼"……到第 8 段:"这种生活,真算得人类理想的生活了")分点论述中心论点。(本论部分)

第一层:(从第 2 段"本题主眼"……到第 5 段"告诉他们对于自己现有的

职业应采取何种态度")论述"有业"的重要性。

在这个部分,提出"有业之必要",架构好论证前提,使后面"敬业与乐业"的论述更缜密。运用孔子两句话里的两类人作为反例,再以百丈禅师的故事作为正例,两者形成对比论证,得出"人人都要有正当职业,人人都要不断劳作"的观点,强调"有业"之必要。与此同时,作者也明确了此次演讲的对象是学生,专为现在有职业及现在正做职业预备的人而言的,告诉他们对于自己现在的职业应采取何种态度,点明"演讲"的特殊性。

第二层:(从第6段"第一要敬业"……到第7段"我说的敬业,不外这些道理")论述"敬业"的重要性。

作者先援引朱熹"主一无适便是敬"阐述了"什么是敬"的问题,即"凡做一件事,便忠于一件事,将全副精力集中到这事上头,一点不旁骛,便是敬"。接着,阐述"为什么要敬"的问题:从"人"的方面来看,"人类一面为生活而劳动"(人类生存的需要),"一面也是为劳动而生活"(个体生活的意义);从"事"的方面来看,用"当大总统"和"拉黄包车"的事例阐明了"凡职业没有不是神圣的,所以凡职业没有不是可敬的"的道理。沿着前两个问题,作者进而具体阐述了"如何为敬"的问题。为了使这个部分的言说更具有说服力,作者以《庄子》"佝偻承蜩"的故事、木匠与政治家、挑粪工与军人作为事实论据,再以曾国藩、庄子、孔子等人的话作为理论论据,两者结合有力地阐述了"唯一的秘诀就是忠实,忠实从心理上发出来的便是敬"的观点。

第三层:(从第8段"第二要乐业"……到第8段"真算得上人类理想的生活了")论述"乐业"的重要性。

作者联系大众百姓,由现实生活感到"做工苦"出发,阐述"苦乐全在主观的心,不在客观的事",进而再提出"凡职业都是有趣味的,只要你肯继续做下去,趣味自然会发生"的观点。对此,作者深度剖析了四个层次的原因:变化、奋斗、竞争和专注。最后,援引孔子的两句话阐述"人生能从自己职业中领略出趣味,生活才有价值"的道理。

第三部分:(第9段)用"责任心"和"趣味"总结全文旨意。(结论部分)

在结尾部分,作者言简意赅地做出了总结,强调"敬业即是责任心,乐业即是趣味","我深信人类合理的生活总该如此,我盼望诸君和我一同受用"。

如此一来,既呼应了开头,又深化了中心论点。

二、文章特色

1. 清晰的写作思路

文章结构严格按照"引论—本论—结论"的顺序推进展开,是典型的"总—分—总"结构。在"本论"部分,又是一个问题接着一个问题,"有业—敬业—乐业",一一道来,特别是文中有些标志性词语的运用更显条理分明。如"先要说说""第一""第二"就分别领起"有业""敬业""乐业"。此外,在论述"乐业"时,作者在提出"凡职业都是有趣味的,只要你肯继续做下去,趣味自然会发生"的观点后,理由也分"第一""第二""第三""第四"分条陈述,有条有理,思路清晰。

2. 丰富的论证方法

1)精彩的引用

演讲一开始就引用周围人熟悉的儒家经典《礼记》和道家经典《老子》中的格言提出了"敬业乐业"的中心论点。在论述"有业"时,孔子"饱食终日,无所用心,难矣哉!""群居终日,言不及义,好行小慧,难矣哉!"的名言及百丈禅师"一日不做事,一日不吃饭"的格言,有力地证明了"有业"之必要。在论述"敬业"时,朱子"主一无适便是敬"是作者认同并提出的观点。此外,又引用了曾国藩"坐这山,望那山,一事无成"、庄子"用志不分,乃凝于神"及孔子"素其位而行,不愿乎其外"为作者"敬业"的论点作结。在论述"乐业"时,孔子"知之者不如好之者,好之者不如乐之者""其为人也,发愤忘食,乐以忘忧,不知老之将至云尔"也穿插于论证过程中。格言的引用增强了文章的说服力。

2)贴切的举例

如唐朝的百丈禅师每天都必须做事,否则他那一天就不肯吃饭、"佝偻承蜩"的故事以及"当大总统"和"拉黄包车"、"木匠与政治家"、"挑粪工与军人"等事实论据的呈现都为论证提供了有力的支撑。

3)鲜明的对比

在论述"有业之必要"的部分中,作者运用孔子两句话中的两类人作为反例,再以百丈禅师的故事作为正例,两者形成对比,得出"人人都要有正当职业,人人都要不断劳作"的观点,强调"有业"之必要。再如作者在论述"敬业"的部分中,又运用了"当大总统"和"拉黄包车"、"木匠与政治家"、"挑粪工与军人"形成鲜明对比,有力地论述了对待职业要"敬"的观点。

3. 亲民的演讲风格

1)语言通俗

作者在引用古籍名言时常用通俗的话进行解释,如:对孔子的两句话"饱食终日,无所用心,难矣哉!""群居终日,言不及义,好行小慧,难矣哉!"就做了生动而饶有趣味的讲解:"孔子是一位教育大家,他心目中没有什么人不可教诲,独独对于这两种人便摇头叹气说道:'难!难!'可见人生一切毛病都有药可医,惟有无业游民,虽大圣人碰着他,也没有办法。"对"主一无适便是敬"也做了通俗的解释:"用现在的话讲,凡做一件事,便忠于一件事,将全副精力集中到这事头上,一点不旁骛,便是敬。"有时如话家常,如讲百丈禅师的故事时,说"这位言行相顾的老禅师,老实不客气,那一天便绝对地不肯吃饭。"又如:"人生从出胎的那一秒钟起到咽气的那一秒钟止,除了睡觉以外,总不能把四肢、五官都搁起不用。"

2)情境互动

作者非常注意结合演讲时的情境和观众交流。例如:"今日大热天气,我在这里喊破喉咙来讲,诸君扯直耳朵来听,有些人看着我们好苦;翻过来,倘若我们去赌钱去吃酒,还不是一样在淘神费力?"演讲最后,"盼望诸君和我一起受用!"更是对听众直接的心灵诉求。

三、文本教学思考

从议论性演说稿出发,暂且以议论文为突破口,可以引导学生把握作者的主要观点,对本文的观点与材料做出区分;梳理文章的层次结构,理解作者的论证思路;了解运用的论证方法,体会这些论证方法的作用。

然后,再以"演说稿"为提升点,引导学生真切感知梁启超的"演讲艺术",了解"演讲稿"的特色。最后,立足于此篇演讲稿的受众,明确演讲的目的深意,启发学生理解中国传统文化是一种有等级色彩的文化,中国人的职业观向来是"万般皆下品,惟有读书高",人们读书的目的又是"学而优则仕""朝为田舍郎,暮登天子堂"。官本位的文化极度蔑视普通职业,尤其是体力劳动,人们纷纷以出人头地、显亲扬名为人生价值的实现。梁启超提出"敬业和乐业",有矫正世风、改良国民劣根性的积极作用。基于新教材"立德树人"的宗旨,此篇课文的德育价值也不容忽视,对于"业"的思考,可以适时引导学生联系自身"学生"这一特殊的"业"谈谈该有的态度以及对未来职业的思考等等。

梁启超先生的《敬业与乐业》一文距今将近百年,放在今天依然具有独特的价值和深远的影响。从议论文理性论证的角度、演说稿语言艺术的角度以及择业的正确态度的角度等等来看,它们都是学生语文学习非常重要的载体。不得不说,经典的文章是可以跨越时代的,依然具有鲜活生命力的存在。梁氏此文在当年是振聋发聩的激情演绎,在今天依然是直击人心的深省回荡。致敬《敬业与乐业》! 致敬梁先生!

《敬业与乐业》教学设计

一、教学目标

(1) 梳理行文思路,掌握说理方法,理解"责任心"与"趣味"二者"实现与调和"的人生态度。

(2) 理解关键语句,体会文章引经据典、通俗诙谐、感情真挚的演说风格。

二、教学重点与难点

重点:剖析说理的层次及方法。

难点:体会文章引经据典、通俗诙谐、感情真挚的演说风格。

三、教学过程

1. 谈话导入课文

课文题目是——敬业与乐业(板书),作者是——梁启超(板书)。

导语:了不起的人物写了一篇了不起的文章——《敬业与乐业》,这篇文章篇幅较长,同学们一定要做好攻艰克难的心理准备。越是困难的任务,越能激发我们学习的斗志,也越能体现我们的智慧和实力。

2. 梳理行文思路

任务一:速读课文,根据提示完成填空。

文章开头就提出了作者的观点"＿＿＿＿",而后分别论述了"＿＿＿＿之必要""要＿＿＿＿"和"要＿＿＿＿",最后一段总结全文,"＿＿＿＿"就是"＿＿＿＿","＿＿＿＿"就是"＿＿＿＿",这就是人类合理的生活。

任务二:用图示法标注出文章的结构

例:①/②③④⑤/⑥⑦/⑧/⑨

任务三:思考探讨

(1) 能否删除文章 2—5 段"有业之必要"这个部分?

(2) 能否把"敬业"和"乐业"两个部分互换顺序?

小结:梳理思路:寻找中心句,巧妙串联起。浓缩全文意,脉清见层次。

3. 剖析说理方法

任务一:浏览学习资料单上罗列的各类论据,按照论据类型进行分类。

任务二:给这些论据找到它所对应的观点(服务的对象)。

任务三:思考探讨

(1) 下面两句话都是为同一个观点服务,能否删去其中一个?

庄子说:"用志不分,乃凝于神。"

孔子说:"素其位而行,不愿乎其外。"

(2) 下面这段材料是从原文摘选而来,请将其放回原文,应放在哪个小节?

到英国人公事房里头,只看见他们埋头执笔做他们的事;到法国人公事房里头,只看见他们衔着烟卷像在那里出神。

小结:别淹没在事件和名言的繁杂中,事件就是事实论据,名言就是道理论据,它们都是为证明观点服务的,找到相对应的观点就是找到了"家"。

4. 感受演讲风格(可放第二课时)

任务一:哪些语句表明作者充分考虑在场听众?体会其中的效果和深意。

明确:今日大热天气,我在这里喊破喉咙来讲,诸君扯直耳朵来听,有些人看着我们好苦;反过来,倘若我们去赌钱去吃酒,还不是一样的淘神费力?难道又不苦?须知苦乐全在主观的心,不在客观的事。

任务二:扮演"梁先生",演讲"一小段"。(要求:揣摩口吻语气)

小结:引经据典真丰富,增强论证说服力。举用事例很明了,能让他人易接受。语言有理又活泼,讲了道理又亲切。联系自身和听众,堪得演说第一流。

任务三:作为听众的你,作为学生的你听了梁启超先生的演讲,有了哪些收获?你是如何看待"业"的呢?

① 人的思想是了不起的,只要专注于某一项事业,就一定会做出使自己感到吃惊的成绩来。——马克·吐温

② 本来事业并无大小;大事小做,大事变成小事;小事大做,则小事变成大事。——陶行知

③ 一个有真正才能的人在工作过程中能感到最高度的快乐。——歌德

④ 我们的事业就是学习再学习,努力积累更多的知识,因为有了知识,社会就会有长足的进步,人类的未来幸福就在于此。——契诃夫

总结:学习路径重温巩固(把握观点—梳理层次—剖析说理—感受语言)

5. 布置读写作业

(1)摘录文中语意丰富的词汇、引经据典的语句和作者自己有道理的语句,并熟背于心,作为积累。

(2)课文里梁启超说:"事的性质,从学理上解剖起来,并没有高下。"然而,有人却引用拿破仑的话说:"不想当元帅的士兵不是好士兵。"请对这个问题进行思考,写一篇200~300字左右的随笔阐述自己的看法。

(3)沪教版课文有许多"职业达人"符合"敬业与乐业"的标准,试着整理出来作为知识卡片。(如永远执著而美丽的袁隆平、看见自己骨头的伦琴、坚持上好最后一课的韩麦尔先生……)

《敬业与乐业》教学反思

之所以选《敬业与乐业》这篇课文,主要原因在于两个关键词:致敬和挑

战。梁启超先生的这篇文章我初读完便深爱非凡,挂念于心。每次品读,都会在内心燃起对先生的无限崇拜和敬意。所以,很想将这份"喜爱""敬意"传递分享给学生,同时也很想通过课堂这样一种形式来向先生"致敬"! 其次,这篇课文也是我去年职称考评的课文,我很想再演绎、再突破、再挑战自己。尽管这是一篇非常具有理性色彩,逻辑思辨力很强的论说性文稿,面对的又是初三的学生,但我依然"初心不改",敢于接受"挑战"。诚如《诗经·蒹葭》中所言"所谓伊人,在水一方。溯洄从之,道阻且长。溯游从之,宛在水中央。"这种"追求"(挑战)的过程可能是艰辛的,但却也是无比幸福喜悦的。

对于这堂课,我的设想就是以议论文为突破口,引导学生把握作者的主要观点,对本文的观点与材料做出区分;梳理文章的层次结构,理解作者的论证思路;了解作者运用的论证方法,体会这些论证方法的作用。然后,再以"演说稿"为提升点,引导学生真切感知梁启超的"演讲艺术",了解"演讲稿"的特色。最后,立足于此篇演讲稿的受众,明确演讲的目的深意,启发学生理解中国传统文化是一种有等级色彩的文化,中国人的职业观向来是"万般皆下品,惟有读书高",人们读书的目的又是"学而优则仕""朝为田舍郎,暮登天子堂"。官本位文化极度蔑视普通职业,尤其是体力劳动,人们纷纷以出人头地、显亲扬名为人生价值的实现。梁启超提出"敬业与乐业",有矫正世风、改良国民劣根性的积极作用。基于新教材"立德树人"的宗旨,此篇课文的德育价值也不容忽视,对于"业"的思考,也想适时引导学生联系自身"学生"这一特殊的"业"谈谈该有的态度以及对未来职业的思考等等。

设想是完美的,但现实是骨感的。这节课在"缓缓"中进行,"匆匆"中结束。有零星的亮色,但感觉文本沉入得不够深,还浮在表面。碍于教学内容繁杂,不舍割舍,教学容量庞大,导致学生真正沉浸于文本思考学习的时间很少。自己讲得多,点拨得少。关注了学生的学习实际,但未能有即时的辅助性的"推一把"帮助学生理解掌握的教学行为。教学节奏感还不够,后面的环节都是"匆匆"走过场,没有深入,"感受演讲风格"这一板块几乎是"蜻蜓点水""悬空飘过"。正如张老师所说,"文"和"言"之间关系的权衡利弊还要做深入的思考和调整,也正如王老师所讲,对"敬业""乐业"部分的语句内涵还未足够深挖,还浮于表面。至于课堂"推进慢,拉不快"的现象,王老师给了我一个很好的启示,这堂课如果要压缩在一课时来演绎,预习作业一定要"量身定造",这样才能节省时间在课堂上"有的放矢"。课已上完,孰好孰坏,皆已成过往,找出问题,总结思考,再实践,再思考才是最重要的。

《诗词三首》教学

《诗词三首》文本解读

《行路难(其一)》《酬乐天扬州初逢席上见赠》《水调歌头(明月几时有)》三个诗歌作品统属于统编初中语文教材九年级上册第三单元《诗词三首》一课。

李白《行路难(其一)》是一首乐府诗,形式上以七言为主,杂以"三言",表现出乐府诗的鲜明节奏。"行路难"是乐府古题,多咏叹世路艰难及贫困孤苦的处境,"备言世路艰难及离别悲伤之意"(吴兢语)。李白这首《行路难(其一)》以"行路难"比喻世道险阻,抒写诗人在政治道路上遭遇艰难时产生的不可抑制的激愤情绪;但他并未因此放弃远大的政治理想,仍盼着总有一天会施展自己的抱负,表现了他对人生前途乐观豪迈的气概,充满着积极浪漫主义的情调。全诗围绕诗人苦闷、希望、迷茫、信念的情感波澜层层宕开,犹如蜿蜒河流左冲右突,最终汇为浩瀚江海,情绪在低回中走向高亢,境界由沉郁渐趋阔远。悲愤中不乏豪迈气概,失意中仍怀有希望。生活不只有眼前的苟且,还有远方的诗与田野。"天生我材必有用",百折不挠,永不言弃,相信未来,才是太白之秉性与执著。千古雄句"长风破浪会有时,直挂云帆济沧海"一扫儿女悲情,高亢豪迈,激励着诗人自己,也激励着后世无数志士砥砺奋进,超越困境,活出生命的意义。

245

刘禹锡《酬乐天扬州初逢席上见赠》是一首七言律诗,形式整饬雅致,音韵华美。首联紧承白居易《醉赠刘二十八使君》末联"亦知合被才名折,二十三年折太多"之句,对自己被贬谪、遭弃置的境遇表达了无限辛酸和愤懑不平。颔联诗人运用"闻笛赋"与"烂柯人"两个典故写自己归来的感触:老友已逝,只有无尽的怀念之情;人事全非,自己恍若隔世之人。无限悲痛怅惘之情,不禁油然而生。诗人于是推开一步,沉舟侧畔,千帆竞发;病树前头,万木争春。一洗伤感低沉情调,尽显慷慨激昂气概。尾联点明酬赠题意,既是对友人关怀的感谢,也是和友人共勉,表现了诗人坚定的意志和乐观的精神。"超越困境,活出生命的意义"于"诗豪"刘梦得而言同样适用。全诗感情真挚,沉郁中见豪放,不仅反映了深刻的人生哲理,也具有很强的艺术感染力,堪称"酬赠诗"中的上品。

苏轼《水调歌头(明月几时有)》是一首词,题材是"咏月",是"中秋词"中最著名的一首。它以巧妙的艺术构思和丰富的想象,表现了自己旷达的胸襟,颇具哲学韵味,即便是千年之后的今日,仍被广为传颂。胡仔在《苕溪渔隐丛话》说:"中秋词自东坡《水调歌头》一出,余词尽废。"全词以咏月为贯穿始终的线索,句句写月,创造出明月一般皎洁的意境。把抒情、议论和美丽的传说、飞腾的想象包融进去,既玄想天外,又笔墨圆转,境界浑成,天衣无缝,不见一毫人工连缀的痕迹。"但愿人长久,千里共婵娟"——这是诗人的愿望,也是诗人对待"悲欢离合"的态度。人长团聚月长圆的想法是不现实的,那就不必为这些事而苦恼了,但愿大家都平平安安地生活,虽然远隔千里,也能共对一轮明月,借这美好的月光传达彼此的情谊,不要再为分离而伤心了。超越亲友分隔、人生失意的困境,活出生命的意义,得出生命的哲理,寄予真诚的祝福,这就是苏轼的豁达与洒脱,这就是苏轼的魅力与品性。从词作题材上来看,苏轼《水调歌头(明月几时有)》这个作品也超越了以往"词为艳科"的主流倾向,扩大了词的内涵意蕴与表现力,提高了词的文学地位,使词从音乐的附属品转变为一种独立抒情诗体,从根本上改变了词史的发展方向。

根据以往的教学常规安排,一般都是按作品的先后顺序依次进行讲解教授,即平推式的教授方法。但是,我发现这三个作品其实在主题层面具有"同质性"——都是"超越困境",都能"活出生命的意义"。那么,能否在一堂课的时间里同时呈现"三个作品"的学习？能否有一种"教学样态"来实现作品与作品之间的共融互通呢？

基于上述疑问与思考，"群文阅读"的教学设想便在我的脑海里萌芽。于是，便有了《行路难》《酬乐天扬州初逢席上见赠》《水调歌头》三个作品"群文阅读"的教学实践。做"群文阅读"的教学设想主要来源于以下四点思考：

第一，从 2020 年开始，上海中考语文将原先的"课内诗歌鉴赏"与"课内文言文阅读"两个部分合二为一，更加凸显"文言诗文"的"统合性"。语料选用上多是采用摘录两则古诗文的方式，即呈现出"诗＋文""诗＋诗""文＋文"三种组合形式，更加趋向于"比较阅读""联合阅读"的形式。这对学生"文言诗文阅读"的综合能力提出了更高层级的要求，教师也应有意识地将若干文言诗文作品以某一"议题"为聚焦点将文言诗文篇目统合起来进行梳理复习。在这样一种现实背景驱使之下，"古诗文群文阅读"的设想便是现实所趋。

第二，越来越深感于传统单篇课文教学的弊端与无力，而对"整本书阅读"又报之以"高山仰止，景行行止"的姿态。在阅读蒋军晶老师的专著《让学生学会阅读——群文阅读这样做》之后，个人认为"群文阅读"可以很好地弥合两者之间的鸿沟，发挥由"单篇课文"教学向"整本书阅读"教学转向的"桥梁"功能。

第三，在兰保民语文教师培训基地学习的这段时光里，自己对语文教育教学有了更系统、更深入、更推陈出新的理解与体悟。最深刻的一点便是兰老师常说的语文课要发挥"立体化""多功能"优势，要通过语文学科来实现"育人"的价值。依我之见，《行路难》《酬乐天扬州初逢席上见赠》《水调歌头》这三个经典作品对学业繁重的初三学生而言不单单只是学习内容本身，它更应该是启发学生思考人生、重塑人生观最有用、最直接的载体。为此，基于"生命意义""超越困境"的角度，作为语文教师，除了教给学生关于语文的本体性知识之外，我更多地想带给他们关于成长的收获与启迪，希望未来的他们走出校园，能以一种从容、自信、乐观的姿态去面对不确定的未来所可能遇到的各种困境抑或是坎坷。基于这样的思考，我甚至希望这堂语文课可以是超越语文本身的，这是我最大的心愿。

第四，追随"青春语文"倡导者王君老师的步伐，彰显"青春语文"的本色。

青春之语文,是恪守最不完美的创新也比最完美的守成伟大一百倍之信条;青春之语文,是坚信教学艺术的本质不在于传授本领,而在于激励,唤醒,鼓舞;青春之语文,是激情不灭的梦想、坎坷岁月里的干将莫邪、平凡人生里脚踏实地的浪漫。每每观看聆听王君老师一次次课堂创新实践,总能带给我许多启迪与鼓舞。

原本设想的是能否针对整个第三单元(加上范仲淹《岳阳楼记》、欧阳修《醉翁亭记》和张岱《湖心亭看雪》)进行"群文阅读"教学设计,但考虑到课堂容量与学生的适应度,所以准备下放一个梯度,仅聚焦三个作品进行"群文阅读"。

考虑到初三学生早前已经学习过这些作品,故教学设计不再囿于词句的疏通、中心主旨揭示。此番教学主要聚焦两个方面:第一,引导学生形成"归类"意识,提升聚合思维的能力;第二,引导学生形成"比较"意识,提升比较分析的能力。在"异中求同""同中求异"过程中,有效打通三个经典作品彼此之间的障壁。在此基础上,再追求实现与其他文学作品的打通。在上述两方面的能力训练达成的基础上,教师则可以进一步引导学生针对"人生困境""生命意义"展开深入思考与交流,在学生心灵深处"猛敲重锤",建构"精神小屋"。

另外,本文标题摘自奥地利心理学家维克多·弗兰克尔的经典著作《活出生命的意义》,里边有许多值得我们每个人省思的语录:

(1)人们活着是为了寻找生命的意义,这也是人们一生中被赋予的最艰巨的使命。

(2)只要我们拥有自主选择如何应对处境的自由,我们就不会一无所有。

(3)生命在任何条件下都有意义,即便是在最为恶劣的情形下。

(4)如果说生命有意义,那么遭受苦难也有意义。苦难、厄运和死亡是生活不可剥离的组成部分。没有苦难和死亡,人的生命就不完整。

(5)正是在极端困苦的环境下,才有实现精神升华的机会。

(6)我们期望生活给予什么并不重要,重要的是生活对我们有什么期望。我们不应该再问生活的意义是什么,而应该像那些每时每刻都被生活质问的人那样去思考自身。我们的回答不是说与想,而是采取正确的行动。生命最终意味着承担与接受所有的挑战,完成自己应该完成的任务这一巨大责任。

(7)因为生命的意义在每个人、每一天、每一刻都是不同的,所以重要的不是生命之意义的普遍性,而是在特定时刻每个人特殊的生命意义。

(8)在勇敢接受痛苦之挑战时,生命在那一刻就有了意义,并将这种意义保持到最后。

由此,我想说:李白、刘禹锡和苏轼,他们三个不仅仅是伟大的诗人(文学家),站在我们今天这个时代,他们也可以是伟大的心理学家。维克多·弗兰克尔的核心思想在千百年前《行路难》《酬乐天扬州初逢席上见赠》《水调歌头》三个作品里早已流露。这三个作品是经典的文学作品,也可以是经典的心理学作品——超越困境,活出生命的意义。我始终相信,经典是可以超越时空而永恒的。

《诗词三首》教学设计

一、学习目标

(1)描画诗人心理变化曲线图,整合分析,理解共性主题:诗人面对困境展现的积极乐观、豁达自信的情感态度,培养积极向上的人生观。
(2)运用联读、比较的方法,从语言形式层面探析三首诗歌的艺术价值。

二、学习重点与难点

学习重点:理解三首诗歌的共性主题,培养积极向上的人生观;从语言形式层面探析三首诗歌的艺术价值。

学习难点：从语言形式层面探析三首诗歌的艺术价值。

三、学习过程

1. 学习导入

逆商（Adversity Quotient，简称 AQ）全称逆境商数。它是指人们面对逆境时的反应方式，即面对困境、超越困境的能力。

结合《行路难》《酬乐天扬州初逢席上见赠》《水调歌头》三个作品，分别找出三位诗人在诗歌中所展现的人生困境以及代表他们实现困境超越的诗句。

	困境	超越
李白		
刘禹锡		
苏轼		

自古以来，那些伟大的诗人（文学家），他们的逆境商数都非常高。与其说他们是诗人（文学家），不如说他们还有另外一个现代版角色：心理学家。走进李白、刘禹锡和苏轼的心灵世界，做一次"心灵 SPA"。

2. 内容主题发掘："心理分析师"——分析诗人的情感世界

活动：任选一位诗人及其作品，分析其在诗歌中所呈现的情感态度，用线条描绘诗人在作品中所呈现的"困境——超越"过程中的心理情感变化（"心电图"），完成一份微型心理报告。

微型心理报告
姓名：　　　　　　　　　　别名：
现居住地：　　　　　　　　紧急联系人：
情感变化曲线（"心电图"）：

3. 表现形式发掘："基因破译员"——破解诗歌的基因密码

三位诗人在作品中都体现了对"困境"的"超越"，那么，他们是如何通过自己特有的言说形式来实现"超越"的呢？破解诗歌的基因密码，找到每首诗歌的艺术价值。

活动:选定一个作品,尝试分析这首诗歌的艺术价值,完成基因分析报告。

基因分析报告	
诗歌:	体式
基因1:	特性:
基因2:	特性:
……	
上述基因与另两个作品有无相同:	

4. 材料拓展提升:"跨时空笔友"——宽解作者的负面情绪

(1) 阅读下面两则材料,如果是你,你会如何安慰他们? 完成"穿越时空的明信片"创作。(要求:结合作品内容进行安慰)

李清照《如梦令》:昨夜雨疏风骤,浓睡不消残酒。试问卷帘人,却道海棠依旧。知否,知否? 应是绿肥红瘦。

柳宗元《小石潭记》:坐潭上,四面竹树环合,寂寥无人,凄神寒骨,悄怆幽邃。以其境过清,不可久居,乃记之而去。

穿越时空的明信片
致:

(2) 了解维克多·弗兰克尔的《活出生命的意义》。

著名心理学家维克多·弗兰克尔是20世纪的一个奇迹。纳粹时期,作为犹太人,他的全家都被关进了奥斯威辛集中营,他的父母、妻子、哥哥,全都死于毒气室中,只有他和妹妹幸存。弗兰克尔不但超越了这炼狱般的痛苦,更将自己的经验与学术结合,开创了意义疗法,替人们找到绝处再生的意义。

① 如果说生命有意义,那么遭受苦难也有意义。苦难、厄运和死亡是生

活不可剥离的组成部分。没有苦难和死亡,人的生命就不完整。

② 正是在极端困苦的环境下,人才有实现精神升华的机会。

③ 在勇敢接受痛苦之挑战时,生命在那一刻就有了意义,并将这种意义保持到最后。

(3) 总结:

伟大的诗人是伟大的心理学家,伟大的诗歌同时也是伟大的心理学作品。通过这三个作品,我们要收获的不仅是机械的默写和枯燥的解释,不是那几行字和几个中心,我们要从他们身上学会如何"超越困境","活出生命的意义",做一个"三高"之人("3Q"——IQ、EQ、AQ)。

5. 布置作业

(1) 将第三单元《岳阳楼记》《醉翁亭记》《湖心亭看雪》三篇古文作品加入探究序列,用所学的整合归类、比较分析的方法进行研读,完成一份探究报告。

(2) 书目推荐:①维克多·弗兰克尔的《活出生命的意义》;②黄玉峰的《天生我材必有用:黄玉峰说李白》;③黄玉峰的《千古风流人物:黄玉峰说苏轼》;④卞敏,卞宁的《江苏历代名人传记丛书:刘禹锡》。电影推荐:①《美丽心灵》;②《风雨哈佛路》;③《洛奇》。

四、背景材料补充

《行路难》:唐玄宗天宝元年(742),李白奉诏入京,担任翰林供奉。他才高志大,很想像管仲、张良、诸葛亮等杰出人物一样干一番大事业。可是入京后,却没被唐玄宗重用,只是在歌舞游乐时让他写些助兴的诗文,还受到权臣的谗毁排挤,两年后被"赐金放还",变相撵出了长安。李白被逼出京,朋友们都来为他钱行,求仕无望的他深感仕路艰难,满怀愤慨写下了此篇《行路难》。

《酬乐天扬州初逢席上见赠》:唐顺宗永贞元年(805),刘禹锡参与王叔文集团的政治改革,失败后被贬到外地做官二十多年。唐敬宗宝历二年(826),刘禹锡在扬州遇到白居易,酒宴上白居易写了《醉赠刘二十八使君》,对刘禹锡屡遭贬谪、怀才不遇的命运寄予深切的同情,刘禹锡作此诗答谢。

《水调歌头》:作于宋神宗熙宁九年(1076),苏轼因为与当权变法者王安石等人政见不同,自求外放,辗转各地为官。他曾经要求调任到离苏辙较近的地方为官,以求兄弟多多聚会。到密州后,这一愿望仍无法实现。这一年中秋,词人面对明月,心潮起伏,于是乘酒兴正酣,挥笔写下了这首名篇。

《诗词三首》教学反思

《行路难》《酬乐天扬州初逢席上见赠》《水调歌头》群文阅读教学是一次带有试验性质的教学实践。先来阐述一下设计思路与意图。本堂课以心理学名词"逆商"作为导入语,引出本堂课的关键词("议题")"困境——超越",随后导入三个诗歌作品的学习。主要通过三个语文学习活动作为学生学习的支架:

第一个学习活动是完成"微型心理报告",设计意图在于让学生在掌握关于诗人基本常识以外,能理解诗歌内容,并据此判断出诗人的情感态度。通过描画诗人情感变化曲线,充分感受诗人对于困境的超越,从而发现三个作品共性主题:诗人面对困境展现的积极乐观、豁达自信的情感态度。

第二个学习活动是完成"基因分析报告",设计意图在于促使学生掌握读懂诗歌的基本方法,关注一些语言表现的技巧:即体式、修辞、句式、换韵、生动的动词、值得品咂的副词等,要求学生围绕表现手法进行作品与作品之间的比较,实现对三首诗歌艺术价值的探析。

第三个学习活动是完成"穿越时空的明信片",设计意图在于通过以上两个活动的学习,引导学生借助"活动一"中充分感受的"正能量"和"活动二"中探析而出的"表现力",由学生自己来完成创作,完成对作者负面情绪的宽慰。这一活动带有一定的综合性和情境感,试图提高学生语文综合素养。

课堂尾声以心理学家维克多·弗兰克尔的《活出生命的意义》作为总结,呼应课始关于心理学的导入语,从而进一步激发学生对"超越困境""生命意义"的思考,并通过音乐作品《怒放的生命》引发学生的情感共鸣,重新思考生命意义。

基于上述教学设计思路及意图说明,再来谈谈对本堂课教学实践后的感受。

在第一个学习活动中,学生们的"情感变化"曲线图描画得非常出色,请了三位同学在黑板上作展示。令我始料未及的是,学生对于诗人的基本信息还有些不甚清楚,在李白"紧急联系人"那里"旁逸斜出";再者,选"苏轼"的同学较少(只有一位),以至于对《水调歌头》的情感分析不能充分展开。总的来说,从学生对三位诗人做出的"综合评价"来看,学生对三位诗人"困境——超越"的感知和理解是充分的,遗憾之处在于没有让更多的学生分享他们的"微型心理报告",自己对他们的回答反馈还很欠缺。

在第二个学习活动中,学生起初对"诗歌基因"的说法难以把握,这在自己的预料之中。我便利用 PPT 向学生提供了一些思考的"支架",学生便能很快进入学习情境之中。"典故""押韵""对偶""夸张""疑问""生动的动词""值得品咂的副词"等都有被学生捕捉到。但是,当时自己忙于和学生互动开展效果的分析,又受制于第三个活动需要时间,这个部分缺少足够的时间让学生品读和吟读,缺少将"作品基因"与另两个作品进行关联和比较的探讨,这是非常缺憾的。这个环节,没有"敲重锤",学生在这个活动中的收获只是停留在一些概念性的名词上面,并没有转化成一种内心的自我习得,这是值得我反思的。

在第三个学习活动中,学生的表现出乎了我的预想。我担心他们会在这个环节出现表达困难等状况。想不到学生在我的点拨、提醒之下马上就进入了"创作"的情境。一位女生以"纵使绿肥红瘦,明年盛开依旧"来宽慰李清照;一位男生则尝试用"如梦令"的方式回劝李清照;还有学生现学现用,将李白的"长风破浪会有时,直挂云帆济沧海",苏轼的"此心安处是吾乡"等语来宽慰柳宗元。这些创作成果太让我惊喜了,这个活动的效果远远超出了我的预想,而临近课堂尾声,没有对学生的作品做更多的分享和吟读,这是非常遗憾的。假如再多"五分钟",我相信那肯定是精彩非凡的"五分钟"。

评课阶段,殷老师和兰老师都提出了"超越困境"这一设计的一大不足——仅呈现了结果,却没有进一步深挖"如何超越"。我也觉得这是比较大的缺失,我只是关注了三个作品内容主题的共性层面,其实忽略了三个作品在"如何超越"这个问题上存在的"个性特点",这是非常精彩的一处地方,而我的确没有抓住。

总体而言，结合初三学生的心理特点，整堂课的课堂效果自己感觉尚可，学生的思考表达与读写能力都在本堂课中都得到一定程度的展现。除此以外，本堂课立足于"超越困境""生命意义"开展教育，以期实现语文学科"立体化""多功能"的学科属性，正如兰老师自始至终都教诲我们的："语文教学是'德'与'智'的融合。语言文字不是无情物，要充分发挥育人价值。"本堂课的不足之处尚存很多。如文本课堂纵深深度还有待进一步挖掘，即"如何超越"的问题；其次，教师的衔接语、总结语还不够，还需提升教师语言的表达力。这是一堂群文阅读教学实践课，也是一堂跨学科（语文——心理学）整合教学实践课，还需要进一步理清概念界限，否则很容易陷入"四不像"的境地，这也是我需要警惕的。

作为语文教师，教学之路上还有很多的语文课要上，而我始终坚信最不完美的创新也要比最完美的守成伟大一百倍。最后，化用维克多·弗兰克尔《活出生命的意义》中的话作为结束：在勇敢接受语义教学之挑战时，语文教师在那一刻就有了意义，并将这种意义保持到最后。

参 考 文 献

一、图书

［1］中华人民共和国教育部. 普通高中语文课程标准(2017 年版)[S]. 北京：人民教育出版社，2018.

［2］中华人民共和国教育部. 义务教育语文课程标准(2011 年版)[S]. 北京：北京师范大学出版社，2012.

［3］中华人民共和国教育部. 义务教育语文课程标准(2022 年版)[S]. 北京：北京师范大学出版社，2022.

［4］埃里克森，兰宁. 以概念为本的课程与教学：培养核心素养的绝佳实践[M]. 上海：华东师范大学出版社，2018.

［5］安德森，等. 学习、教学和评估的分类学：布卢姆目标分类学修订版[M]. 上海：华东师范大学出版社，2022.

［6］彼格斯，科利斯. 学习质量评价：SOLO 分类理论可观察的学习成果结构[M]. 北京：人民教育出版社，2010.

［7］曹刚. 课文可以这样读[M]. 上海：上海教育出版社，2017.

［8］曹刚. 探索文本解读的路径[M]. 上海：上海教育出版社，2020.

［9］常生龙. 读书是教师最好的修行[M]. 北京：教育科学出版社，2015.

［10］邓彤. 微型化写作教学研究[M]. 上海：上海教育出版社，2018.

［11］弗兰克尔. 活出生命的意义[M]. 北京：华夏出版社，2018.

［12］葛兆光. 汉字的魔方：中国古典诗歌语言学札记[M]. 上海：复旦大学出版社，2019.

［13］顾之川. 叶圣陶吕叔湘张志公语文教育名篇精选[M]. 福州：福建教育出版社，2021.

［14］哈蒂. 可见的学习[M]. 北京：教育科学出版社，2015.

［15］莱考夫，约翰逊. 我们赖以生存的隐喻[M]. 杭州：浙江大学出版社，2015.

［16］李清照著，徐培均笺注. 李清照集笺注[M]. 上海：上海古籍出版社，2017.

［17］李泽厚. 美的历程[M]. 北京：生活·读书·新知三联书店，2014.

[18] 普通高中语文课程标准修订组.普通高中语文课程标准(2017年版)解读[M].北京:高等教育出版社,2018.

[19] 塞尔登,威德森,布鲁克.当代文学理论导读[M].北京:北京大学出版社,2006.

[20] 塞缪尔·早川,艾伦·早川.语言学的邀请[M].北京:北京大学出版社,2015.

[21] 上海市教育委员会教学研究室.初中语文单元教学设计指南[M].北京:人民教育出版社,2018.

[22] 圣埃克苏佩里.小王子[M].北京:人民文学出版社,2015.

[23] 苏霍姆林斯基.给教师的建议[M].北京:教育科学出版社,2016.

[24] 谭轶斌.语文教学的现实与图景[M].北京:商务印书馆,2014.

[25] 王君.一位青年教师的专业成长之路:王君专业求索笔记[M].北京:中国轻工业出版社,2012.

[26] 王宁.文言文阅读基本能力培养[M].北京:学苑出版社,1990.

[27] 王荣生.散文教学教什么[M].上海:华东师范大学出版社,2014.

[28] 王荣生.文言文教学教什么[M].上海:华东师范大学出版社,2014.

[29] 王荣生.语文教师专业发展十四讲[M].上海:华东师范大学出版社,2015.

[30] 王崧舟.美在此处:王崧舟讲语文课上什么[M].上海:上海教育出版社,2019.

[31] 王崧舟.美在此处:王崧舟讲语文课怎么上[M].上海:上海教育出版社,2019.

[32] 王意如.语文素养和语文教师的素养[M].上海:文汇出版社,2011.

[33] 王意如.中国古代文学与语文教育[M].上海:上海文艺出版社,2015.

[34] 维特根斯坦.文化的价值[M].重庆:重庆出版社,2006.

[35] 夏承焘.唐宋词欣赏[M].北京:北京出版社,2011.

[36] 义务教育语文课程标准修订组.义务教育语文课程标准(2022年版)解读[M].北京:高等教育出版社,2022.

[37] 殷国明.漫话狼文学[M].银川:宁夏人民出版社,2006.

[38] 于漪.语文教学谈艺录[M].上海:上海教育出版社,2012.

[39] 余映潮.听余映潮老师讲课[M].上海:华东师范大学出版社,2006.

[40] 余映潮.致语文教师[M].上海:华东师范大学出版社,2013.

[41] 雨果.巴黎圣母院[M].上海:上海译文出版社,2014.

[42] 张必锟.我教语文:张必锟语文教育论集[M].北京:人民教育出版社,2016.

[43] 张大文.行者大文[M].上海:上海教育出版社,2019.

[44] 张大文.中学语文教学体系新探:在积累中实践[M].北京:人民教育出版社,2005.

[45] 郑朝晖.满眼繁花:一个语文教师的成长手记[M].上海:上海教育出版社,2019.

[46] 周振甫.文心雕龙今译[M].北京:中华书局,2013.

[47] 朱光潜.文艺心理学[M].合肥:安徽教育出版社,2006.

[48] 佐藤学.学校的挑战:创建学习共同体[M].上海:华东师范大学出版社,2010.

二、期刊

［1］丁宏喜.统编教材古诗文注释编排特点和教学建议［J］.教学与管理,2020,(23)：69－72.

［2］郭跃辉.教材注释也是讨论的支点［J］.课程教学研究,2013,(10):95－96.

［3］兰保民.让课堂成为生命激荡的现场［J］.语文教学通讯,2011,(29):18－19.

［4］兰保民.20世纪后期语文教学艺术研究之典范:《语文教学谈艺录》与于漪语文教育思想研究［J］.语文教学通讯,2016,(28):4－10.

［5］李百艳.谈艺明道　道术合一:于漪《语文教学谈艺录(修订本)》导读［J］.语文学习,2012,(10):75－77.

［6］李华平.三大文本解读观的检讨［J］.语文教学通讯,2020,(02):55－60.

［7］陆伯鸿.深度教研:系统设计与实践推进［J］.上海课程教学研究,2022,(03):3－11.

［8］苗兴伟,廖美珍.隐喻的语篇功能研究［J］.外语学刊,2007,(06):51－56.

［9］倪文锦.群文阅读中的思维策略［J］.课程·教材·教法,2020,40(02):72－76.

［10］倪文锦.语文核心素养视野中的群文阅读［J］.课程·教材·教法,2017,37(06):44－48.

［11］戎仁堂.谈中国古代诗歌的教学层次:从《归园田居》教学"问题链"设计说开去［J］.中学语文教学参考,2019,(13):38－41＋2.

［12］司艳平,司体忠.群文阅读教学的思维观照与功能凸显［J］.中学语文教学参考,2019,(08):21－27.

［13］谭轶斌.语文项目学习:实现教与学方式的变革［J］.语文学习,2020,(01):20－21.

［14］王君,司体忠.群文阅读的本质:意义整合与文化融通［J］.语文教学通讯,2020,(29):19－22.

［15］王意如.文言文教学的概念、目标和路径探析［J］.语文建设,2017,(07):8－12.

［16］吴欣歆.核心素养背景下作业发展功能的实现［J］.中学语文教学,2022,(01):4－8.

［17］谢有顺.散文的后面站着一个人［J］.当代作家评论,2006,(03):27－32.

［18］徐林祥.教书育人是于漪语文教育思想的核心价值:谈《语文教学谈艺录》的价值［J］.上海教育,2019,(01):33.

［19］郑桂华.《爱莲说》教学设计及反思［J］.中学语文教学,2018,(01):62－65.

索 引

259

后　记

从 2019 年 9 月开始,我连续带了 4 届初三毕业班,前前后后加在一起总共担任了 7 个班近 300 名学生的语文老师。感谢这样的机缘,让我有更多的可能走近少年们的生命中,跟他们零距离地开展更为平等真诚的交流。跟他们在课内、课外交流的过程也是我对语文教育教学的认识理解不断增进重塑的过程。因此,作为他们的语文老师,我还是想花点笔墨说说他们。

(一)

热爱阅读写作的杨语哲(目前就读于上海市建平中学)在初中阶段就已经阅读涉猎各类文学、哲学作品。就我所知道的,诸如赫尔曼·黑塞《悉达多》《德米安》、毛姆《刀锋》《月亮和六便士》都是他非常喜欢的作品。小杨不仅热衷于阅读,还有超越同龄人的深刻思考,然后将其转化成自己的写作实践。给他指导写作的过程,同样也倒逼着我跳出自己的"舒适圈",去做更多的阅读与思考。

在《有路就不会遥远》中,他写道:

《穆斯林的葬礼》微笑着揭示这将是一次惊艳的阅读经历。"月冷""玉殇",蓦然抬首,却见夜阑深邃,一轮皓月悬在天心。仰着头,我无视灯光,航班,忘记打盹的他人,内心盈落清辉。我理解了文字属于它的土地,真切感受到血脉里的锁被那道月光契合而激动。那就是属于中国人的月亮:脚踩在这片土地,我产生道通天地的浩大感,那是"明月出天山,苍茫云海间"的月,那是书中穆斯林的月,甚至由于那场景的壮观,那也是"海上明月共潮生",甚至由于归乡心切,那也是"千里共婵娟"。

在月色里读着书中人的叹月、喜月,我含着幸福感迎接黎明。亘古不变的月光为我开启一个中国人的精神家园,先人把月光编织入无眠的夜晚——有路清辉如昼,消愁解忧,那份"此心安处是吾乡"的安全感就不会遥远。

(二)

热爱古典文学的潘子墨(目前就读于上海师范大学附属中学)曾夸赞我说:"如果把老师的课堂比作一泓清水,那我们就是其中悠游自在的鱼。老师为我们开拓出一片自由的天地,清水般的赤诚。我一直很喜欢古典文学,张老师便向我推荐了许多评传、选集,为我补习文史知识,让我能够以蓬头稚子之姿与老师一起遥望古人之月。"其实,我想说,是热爱本身成就了她,我做的就是尽一切力量去保护好这份珍贵的热爱。

在阅读程千帆《唐诗的历程》后,她写下了这样的见解:

陈子昂的诗歌符合急需改变初唐梁陈余风的时代要求,因而引发了群体阅读,得以保留下来被世人看见;杜甫尤受褒奖的诗歌题材面相战争的受害者与决策层,穿插着个人命运,平铺在整个唐江山上,绵延后世。他们都是有预见性的诗人,都为或长或短的时代做出总结,因为铭记历史,所以歌颂他们。

在观看央视《唐宋八大家》纪录片之后,她写下了这样的感悟:

这八支敦厚坚毅的笔杆子有一种独特的力量感,成了国人心中最亲近的"士"。他们是文人高标,乘飞盖盛骑者有如荆国公、欧阳太师,布衣作揖者有如东坡、柳愚溪,丰盈的人生差异只会加深他们在我们心中的印记，央视的综艺绝对有利于让更多的爱好者找到自己惺惺相惜的八分之一，牵着他的手走向更自由多元的诗家世界。

（三）

热爱思考追问的顾奥咪（目前就读于上海市川沙中学）是最独特的那一个，自称不爱阅读与写作的她去年中考语文取得了 142 分。在为她取得好成绩而高兴的同时，这也给我提出了一个更为宏大的思考命题：语文教师在教学生取得理想成绩的同时，如何教出他们对语文的热爱？从这层意义来看，我好像还是一个"失败者"，还需要不断修炼，因为她还没有抵达"热爱"。

不过，回想过往种种，她的"思考与钻研""质疑与追问"，甚至是"调皮的指责""活泼的玩闹"一直让我忍俊不禁，她身上这股特有的潜质时不时会督促我——我的备课、讲课从不敢"无中生有""牵强附会"，而是"老老实实""认认真真"拿出点"看家的本事"，在学习交流莫泊桑《我的叔叔于勒》之后，与之形成了这样的共识性理解：

> "叔叔"是亲情的代名词，莫泊桑通过这篇小说叩问"亲情意识"的丧失，鞭挞"金钱至上"的冷酷现实，这是他作为批判现实主义作家对现实做出的犀利"批判"；"于勒"是一个人，是一个具有完整生命意义的人，是生活在社会底层百姓的缩影。即使生活在社会底层，莫泊桑也寄予了他作为人文主义者该有的社会良知和悲悯情怀，这是他对现实做出的深情"关照"；"我的叔叔于勒"，莫泊桑以一个孩子的叙述视角道出了他对理想社会的憧憬与希望，饱含了莫泊桑对温情和良善的坚守与召唤，这是他对现实做出的努力"超越"。从"批判"到"关照"到"超越"，这是莫泊桑作为批判现实主义作家、短篇小说巨匠带给我们的三重思考。

这段经历让我深刻地认识到学生对语文和语文老师是有高期许和真诉求的，语文教师要在"教什么""为什么教""怎么教"以及"教得如何"等层面做积极的思考,"教什么"归属事实层面的思考,"为什么教"归属价值层面的思考,而"怎么教"归属技术层面的思考,"教得如何"归属评价层面的思考。

在这其中,语文教师首先要在"教什么"上下足功夫。很多时候,我们"教"的其实是孩子不需要"学"的东西,而那些模糊未知、值得"教"和"学"的恰恰也是我们教师自己模糊未知的。同样身处黑暗,语文教师一定要做一束能够自燃的光,先点醒自己,再点亮学生,用生命影响生命,用生命成就生命,诚如我们朱国花校长的教育追求:"教育是生命与生命的美好礼遇。"

华东师范大学李政涛教授《活在课堂里》有这样一段动人的表达:

> 生命在,课堂在;课堂在,生命在。真正的课堂,都是用生命活出来的。
>
> 教师的生命世界,就是课堂世界。理想的教师的生命境界,就是带着冲创意志和宁静致远的意境,以游心之心境,独与天地精神往来,独与课堂天地往来,课堂之精神就是教师与日夜往来的天地之精神。
>
> 这一境界中的课堂,是用"你"的生命凝结和绽出的,是展现生命价值、生命光彩的地方。课堂于"我"和"你"的真谛,以及它昭示出的使命和责任就在于此:把全部生命都献给课堂。

因此,我始终相信教师是幸福的事业,幸福在于我们工作的创造性。我们与美妙的生命打交道,我们与美丽的青春打交道,我们与美好的未来打交道。语文教师是学生精神成长的原乡,语文课堂里焕发出的生命活力与光彩足以去唤醒、激励和鼓舞每一个鲜活生命的成长。

还有许许多多的"杨语哲们""潘子墨们"和"顾奥咪们"在我的语文教育生命中"在场",恕我不能一一尽言了。无可否认,每一个学生都是一座巨大的宝藏,在他们身上有着无限的可能,是他们构筑起了我的语文世界、语文情怀、语文理想、语文信仰,决定并塑造了我的语文教育教学观。

如果未来允许,我想跟他们有一个约定——基于教育现象学的视角,用叙事的方式把我跟他们之间用生命影响生命、用生命成就生命的故事表达出来。这也许是漫步语文教学之路的另一番景象吧！

张 驰

2024 年人间四月芳菲尽之际